나는 내 나이가 참 좋다

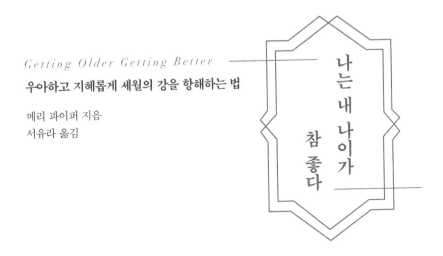

Getting Older Getting Better

우아하고 지혜롭게 세월의 강을 항해하는 법

메리 파이퍼 지음
서유라 옮김

나는 내 나이가 참 좋다

티라미수
THE BOOK

일러두기

이 책의 원제는 《Women Rowing North(북쪽으로 노를 젓는 여자들)》로 본문 중에 강에 대한 은유가 자주 등장합니다. 특히 'rowing'이라는 단어는 세월의 강 위를 둥둥 떠다니거나 그저 흘러갈 것이 아니라 노년이라는 북쪽 땅으로 가는 동안 긍정적인 태도와 방향감각을 유지하는 것이 중요하다는 메시지를 담고 있습니다.

나와 함께 강줄기를 따라 여행하는

모든 여성에게 바칩니다.

들어가는 글

내 머릿속에는
행복에 필요한 모든 것이 들어 있다.

제인 자비스 Jane Jarvis

이 책은 여성이 중년에서 노년으로 향하는 과정에서 맞닥뜨릴 구체적인 문제를 다룬다. 삶의 이 단계에서는 즐거움과 위험을 포함해서 앞으로 펼쳐질 그 모든 변화에 얼마나 큰 회복력을 보일 수 있는지가 가장 중요하다. 회복력은 집중과 노력을 재료로 만들어진다. 우리는 스스로의 태도에 책임을 질 수 있고 자신의 강점과 기쁨에 초점을 맞출 수 있다. 문제에 깊이 파고들어 진실을 파헤칠 수도 있다. 새로운 기술을 얼마든지 배울 수 있고, 따라서 어떤 환경에도 적응할 수 있다. 그렇다. 말 그대로 어떤 환경이라도 적응 가능하다.

인생의 다음 단계로 나아갈수록 그전까지 효과를 발휘했던 여러 전략은 더 이상 우리의 성장 속도를 따라오지 못한다. 새로운 단계에 도달한 우리는 현재의 능력으로 감당할 수 있는 것보다 더 많은 도전과제를 마주하게 된다. 만약 그에 걸맞은 성장을 이뤄내지 못하면 쓰라린 현실이 눈앞에 펼쳐질 것이다. 너무나 큰 문제에 부딪

혔을 때 우리가 보일 수 있는 가장 건설적인 반응은 그에 대응할 능력을 키우는 것이다. 이는 질적인 성장이다. 우리는 이러한 성장을 통해 더욱 깊고, 자신과 타인에게 더욱 친절하고, 더욱 행복한 사람으로 거듭난다.

태도가 전부는 아니지만, 거의 전부에 가깝다고 봐도 좋을 것이다. 많은 상황에서 태도는 우리가 가진 유일한 무기다. 우리는 나이 들어가면서 모든 상황에 통제권을 쥐고 있지는 못하더라도 선택권 정도는 갖고 있다는 사실을 분명히 깨닫는다. 이것이 바로 우리의 힘이다. 선택은 우리가 고인 물로 남을지, 온전히 충족된 사람으로 성장할지를 결정하는 핵심 열쇠다.

물론 세상 모든 여성을 '성장한 여성'과 '성장하지 못한 여성'이라는 이분법적 잣대로 나눌 수는 없다. 사실 우리는 매일같이 두 집단에 동시에 발을 걸치고 살아간다. 때로는 회복력과 적응력이 넘쳐나지만, 때로는 지극히 수동적이고 비관적인 인간이 되고 만다. 고통과 슬픔, 분노는 언제나 우리와 함께한다. 하지만 의지와 계획 그리고 적절한 기술을 갖춘다면, 우리는 삶이라는 긴 여정을 조금 더 행복하게 걸어갈 수 있다.

세상에는 날 때부터 긍정적인 성격을 타고난 운 좋은 이들도 있지만, 대부분은 행복을 쉽게 얻지 못한다. 나는 지난 긴 세월 동안 슬픔과 불안을 이겨내기 위해 노력한 끝에 지금 지니고 있는 행복에 대한 지식을 겨우 얻어낼 수 있었다.

나는 늘 다른 사람을 돌보는 법과 남에게 좋은 사람이 되는 법을 알고 있었다. 그러나 정작 나 자신을 돌보는 법을 배우는 데는 평생이 걸렸다. 우리 가족과 친척 중에는 정신질환자와 우울증 환자, 알코올중독자, 자살한 사람이 골고루 분포돼 있다. 어린 시절 나는 부모님의 무관심에 괴로워했고, 결과적으로 지나친 책임감과 경계심으로 무장한 큰딸이 됐다. 한번은 친구와 대화를 나누다가 "내가 이론적으로는 행복한 것 같다"고 말한 적이 있다. 친구는 깔깔 웃더니 이렇게 받아쳤다. "세상에서 이론적으로 가장 큰 행복을 느끼는 순간은 이론적으로 오르가즘을 느낄 때야."

기쁨과 행복을 탐구하려는 내 노력이 완전한 성공을 거뒀다고 할 수는 없겠지만, 적어도 내가 인생의 여정을 통해 뭔가를 배운 것만은 사실이다. 지금의 나는 영원한 행복을 바라지 않는다. 우울함이 찾아올 때 자신을 다독이는 방법을 알고, 과거에 비해 한층 더 평온하고 덜 호들갑스러운 사람이 됐다. 물론 여전히 실수를 저지르고, 현재에 집중하고 감사하는 마음을 잊지 않기 위해 끊임없이 노력해야 한다. 하지만 나는 점점 발전해나가고 있고, 완벽한 결과물보다는 과정에서 행복을 느낄 수 있게 됐다.

삶의 이 단계에서 행복을 얻고 싶다면 젊음이 쇠락해가는 현실에 마냥 안주해선 안 된다. 생각과 행동의 방식을 바꿔야 한다. 이 책은 과거를 떠나보내고, 새로움을 포용하고, 상실에 익숙해지고, 지혜와 진실과 희열을 경험하기 위해 갖춰야 할 인생의 태도 및 기술에 초점을 맞추고 있다.

우리는 오래도록 갖고 있던 정체성의 일부를 잃겠지만 그 대신 새로운 정체성을 얻고 다양한 측면으로 확장해나갈 것이다. 어떤 역할을 상실하는 대신, 신선하고 유용한 새 역할을 받아들임으로

써 균형을 맞출 것이다. 나는 우리 모두가 자신에게 조금 더 관대하고 친절한 사람이 되길 바란다.

《나는 내 나이가 참 좋다》는 나처럼 변화의 정점에 서 있는 여성들을 다룬다. 나는 올해로 만 70세가 된다. 60대에서 70대 초반의 여성은 인생의 경계를 넘어서고, 그 과정에서 온갖 흥미로운 일을 겪는다.

물론 자신이 경계에 있다고 느끼는 시점은 사람마다 다를 것이다. 사실 숫자로 표기된 연대기적 나이보다 몸과 마음의 건강이 훨씬 더 중요하다. 21세기를 살고 있는 여성 중 상당수는 60대 중반까지도 자신이 중년이라고 느낀다. 심각한 질병을 앓거나 사랑하는 사람들을 죽음으로 잃기 전까지, 우리는 젊음의 활력을 계속 유지할 수 있다.

발달심리학자 버니스 뉴가튼Bernice Neugarten은 젊은 노년Young-old Age과 늙은 노년Old-old age을 이렇게 구분한다. 하고 싶은 일을 거의 다 하며 지낼 수 있는 한, 우리는 나이에 관계없이 젊은 노년에 속한다. 하지만 건강이 악화돼 삶의 방식을 바꿀 수밖에 없는 시점부터는 늙은 노년에 진입했다고 봐야 한다. 내 경험에 비춰보면 우리 세대 대부분은 시력 감퇴나 관절염 같은 저마다의 건강 문제를 안은 채 이 두 단계 사이에 머물고 있다. 우리 삶은 기본적으로 예전과 크게 다르지 않지만 어느 정도의 적응 과정은 필요하다.

또한 제2차 세계대전 이후에 태어난 사람들의 수명에 대해 연구한 인류학자 메리 캐서린 베이트슨Mary Catherine Bateson은 현재 살아 있는 인류 대부분이 80대에서 90대까지 생존할 가능성이 높으며,

이렇게 연장된 황혼기를 '2차 성년기Adulthood II'라고 불러야 한다고 주장한다.

이 책은 처음부터 끝까지 내 경험을 바탕으로 하고 있다. 나는 큰딸이자 아내이자 엄마이자 할머니이자 치매로 고통받은 여동생의 간병인이었다. 나는 부모님의 임종을 경험했고, 다섯 명의 손주가 태어나던 날 하루도 빠짐없이 그 곁을 지켰다.

나는 주로 여성을 돕는 심리치료사로 일했다. 네브래스카대학교에서 여성심리학과 성 역할, 젠더를 가르쳤고, 경력 내내 여성에 대한 글을 쓰고 강연을 했다.

나는 발달심리학과 트라우마를 전문 분야로 삼은 문화인류학자이자 임상심리학자로서 책을 쓴다. 1994년 출간된 《리바이빙 오필리아Reviving Ophelia》가 10대 소녀들을 다뤘다면, 지금 쓰고 있는 이 책은 나이 든 여성들에 대한 책이다. 이 두 단계는 삶의 강줄기가 급격히 바뀌며 정체성의 변화를 요구한다는 공통점을 지니고 있다.

《리바이빙 오필리아》와 마찬가지로 이 책은 페미니스트의 관점에서 특정한 삶의 단계를 탐구하며, 지배적인 문화적 스토리와 정반대되는 여성의 삶과 현실을 조명한다. 우리는 대부분의 미국 중심적 이야기가 주장하는 것보다 훨씬 더 복잡하고, 강렬하며, 매혹적인 존재다.

지금의 문화는 나이 든 여성에 대해 다분히 여성혐오적인 관점을 제공한다. 우리는 연령에 따른 차별과 성별에 따른 도전에 동시에 저항해야 한다. 나이 들면서 우리의 몸과 마음, 성적인 능력에 대한 가치는 싸잡아 평가절하당한다. 나이 든 여성을 향한 부정적인 고정관념은 한두 가지가 아니지만, 그중에서도 나는 '시어머니'를 주제로 삼은 흔해빠진 농담을 가장 싫어한다. 이러한 농담은 우리가 권위적이고, 참견하기 좋아하고, 불평 많고, 귀찮은 존재라는 암시를 담고 있다.《나는 내 나이가 참 좋다》는 우리의 복잡한 특성과 재능 그리고 우리가 직면한 도전에 대해 완전히 새로운 주제를 제시할 것이다.

문화적 고정관념과는 정반대로, 노년 여성의 상당수는 행복한 삶을 살고 있다. 2014년 브루킹스연구소Brookings Institute가 발표한 조사 결과에 따르면 사람들은 20대에서 40대 초반 사이에 가장 낮은 행복감을 느끼며, 그 이후로 나이를 먹어갈수록 삶에 더욱 감사하는 마음을 갖게 된다고 한다. 실제로 대부분의 여성은 만 55세를 기점으로 점점 더 행복해지며, 인생의 막바지에 이르러 행복의 절정을 느낀다.

캘리포니아대학교 샌디에이고캠퍼스의 딜립 제스티Dilip Jeste 교수는 2016년에 나이 들수록 만족과 행복, 웰빙 지수가 전반적으로 올라가며 불안과 우울, 스트레스 지수가 내려가는 경향을 보인다고 밝혔다. 나이 든 이들의 정신건강 수준은 젊은이보다 훨씬 좋았고, 여성의 행복도는 남성보다 꾸준히 더 높았다. 최근 영국 정부가 발표한 통계조사는 만 65세에서 만 79세 사이의 여성이 가장 행복하다는 사실을 보여줬다.

여성이 남성보다 더 행복한 이유를 다룬 이론은 이미 많이 나와 있다. 우선, 우리는 남성보다 더 건강하고 활동적인 삶을 누린다. 일반적으로 가족이나 친구들과 더 가까운 관계를 유지하고, 친밀한 대화를 나누는 데 익숙하며, 자신의 진심을 솔직히 털어놓고 타인의 진심을 이끌어내는 법을 알고 있다. 평생을 함께할 반려자가 있거나, 자신을 있는 그대로 받아들여주는 수십 년 지기 친구가 있을 가능성도 더 높다.

얼마 전 나는 오랫동안 몸담았던 대학교의 레크리에이션 센터에서 노년층을 타깃으로 한 헬스클럽으로 운동 장소를 바꿨고, 그곳에서 나이 든 여성의 행복을 생생히 보여주는 일화를 경험했다. 나는 두 시설의 탈의실 분위기가 크게 다르다는 사실을 눈치 챘다. 대학교 레크리에이션 센터의 탈의실은 불행과 스트레스에 짓눌린 젊은 여성으로 가득했다. 그들은 늘 운동 파트너나 휴대전화 너머 상대방을 향해 체중이나 재정 상황, 학점, 인간관계 등에 대한 불평을 늘어놨다. 옷을 벗을 때면 남들의 시선을 의식하며 몸을 웅크렸다. 누군가 주말이나 공휴일 계획을 자랑하는 짧은 순간을 제외하면, 그곳 분위기는 언제나 축 처져 있었다.

반면, 새로 등록한 헬스클럽의 탈의실에서는 나이 든 여성들이 아무 거리낌 없이 벌거벗고 돌아다니거나 최소한의 속옷 혹은 수영복만 입은 채 자유롭게 활보하는 모습을 쉽게 볼 수 있다. 우리 몸은 주름과 튼 살, 셀룰라이트로 가득하지만 그런 것에 신경을 쓰는 사람은 아무도 없다.

우리는 서로의 몸보다 수십 년의 기쁨과 고통이 새겨진 얼굴에 더 큰 관심을 갖고, 종종 자신의 삶을 솔직히 공유한다.

나이 든 여성들은 자신의 문제를 터놓고 이야기하며, 특히 건강 이야기를 할 때면 '장기자랑' 수준으로 길고 구체적인 대화가 펼쳐진다. 하지만 가장 자주 등장하는 화제는 역시 가족과 여행, 책, 영화, 취미생활이다. 우리는 서로 가벼운 농담을 건넨다. 하루는 어떤 여성이 이런 말을 꺼냈다. "조심스레 대할수록 더 오래 유지할 수 있는 법이지." 그의 친구가 되물었다. "누구를?" 그러자 주변 여성들이 끼어들어 저마다 자신의 생각을 내놨다. "무릎이겠지.""은행 잔고 아냐?""난 수영복이라고 생각해.""아냐, 남편이야."

어떻게 하면 우리가 처한 수많은 어려움을 극복할 수 있을까? 나는 이 글을 통해 우리의 행복을 결정하는 요인이 유전자나 외부 환경과는 거리가 멀다는 사실을 보여줄 생각이다. 행복은 주어진 상황에 어떻게 대응하느냐에 따라 결정된다.

고통을 경험하지 않는 이는 없지만 그 끝에서 모든 이가 성장을 이뤄내는 건 아니다. 나이를 먹었다고 해서 자동으로 어른이 되는 것도 아니다. 삶의 각 단계에서 직면하는 도전과제의 해결책은 절대 공짜로 주어지지 않는다. 노력 없이는 지혜를 얻을 수 없다. 성장하기 위해서는 타인의 관점을 수용하는 능력과 감정조절 능력, 친밀한 인간관계, 긍정적인 삶의 이야기를 두루 갖춰야 한다. 우리는 매일 조금씩 기쁨과 감사, 삶의 의미를 배워나가며, 이러한 교훈을 통해 감정적인 회복력을 기를 수 있다.

우리는 유머와 감사, 타인을 향한 배려를 통해 스스로 행복을 키워나갈 수 있는 잠재력을 지니고 있다. 물론 이런 일이 늘 마음먹은 대로 되지는 않는다. 하지만 완벽해져야 한다는 강박관념은 오히려 초조함을 키울 뿐이다. 잘되지 않더라도 매일 습관처럼 노력하다 보면 상황에 긍정적으로 대처할 수 있는 빈도가 조금씩 늘어날 것이다.

무엇보다 친절하고 쾌활한 삶과 부정적인 삶을 명확히 구분하는 것이 중요하다. 전자는 기쁨으로 이어지지만, 후자는 감정적 죽음으로 이어진다. 나는 심리치료사로 일하면서 현실을 부정하고 회피하며 뭔가를 숨기는 태도가 문제를 악화시킨다는 사실을 배웠다. 앞으로 나아가기 위해서는 주어진 상황을 똑바로 바라봐야 한다.

사랑하는 사람을 잃거나 건강이 악화됐을 때 우리는 저도 모르게 완전한 절망으로 빠져든다. 공황과 무기력증이 찾아오며, 때로는 삶의 의지를 잃어버리기도 한다. 최초의 충격에서 벗어난 후에도 온갖 고통스러운 감정이 우리를 괴롭힌다. 하지만 다치지 않고서는 치유될 수 없다. 고통을 극복하려면 한동안은 고통과 마주해야 한다.

나는 감정을 통제하기보다 받아들이기를 권한다. 감정은 우리가 회복하는 데 꼭 필요한 중요한 정보를 담고 있다. 우리는 온몸과 온 마음으로 지금 느껴지는 감정을 오롯이 체험해야 한다. 이렇게만 할 수 있다면 조금씩 치유와 희망을 향해 나아갈 수 있다.

역설적이게도, 과거의 절망은 우리가 현재 삶에 깊이 감사하고 주어진 시간을 음미할 수 있도록 해주는 중요한 요소다. 절망은 성장의 발판이다. 트라우마에서 좌절, 투쟁, 적응, 회복으로 이어지는 고리는 오랜 역사를 통해 보편성을 인정받은 순환주기라고 볼 수 있다. 우리는 이러한 주기를 반복적으로 체험하면서 다음에 닥칠 단계를 준비할 수 있게 되고, 결국 다른 이들에게 마음을 열고 삶의 작은 선물에도 감사하는 사람으로 거듭난다.

내 롤 모델은 상황을 회피하는 여성이 아니라 앨리스 폴Alice Paul 이나 틸리 올슨Tillie Olsen, 그레이스 보그스Grace Boggs처럼 현실을 명확하게 직시하고 개선하려고 노력했던 사회운동가들이다. 나는 다양한 얼굴을 지닌 희대의 지성인 마거릿 풀러Margaret Fuller를 언제나 존경해왔다. 풀러는 1800년대 초반 산아제한정책과 여성인권을 주제로 사회운동을 펼친 인물이다. "나는 온 세상을 받아들인다"라고 선언하기도 했던 그는 실제로 세상을 받아들였고, 현실을 부정하는 대신 이해했으며, 여성의 권리를 위해 싸우는 동시에 자신의 인생을 즐기기 위해 있는 힘껏 노력했다.

자기 자신에게 모든 것을 마음껏 보고 듣고 느낄 자유를 허락하자. 단순히 충동적인 행동에 몸을 맡기라는 게 아니다. 나는 지금 우리 모두가 풀러처럼 진실을 당당히 마주하고 그에 따른 행복을 만들어나갈 용기를 지니고 있다고 말하는 것이다.

삶의 이 단계에서 우리가 만들어갈 여정은 아름다운 결실에 대한 약속에도 불구하고 무척 고될 수밖에 없다. 노화에는 언제나 상실이 따른다. 결국 어떤 식으로든 우리는 사랑하는 모든 이들에게 작별을 고해야 한다. 60~70대에 다다른 우리는 콘서트장보다 병원에서 더 많은 시간을 보내고, 결혼식장보다 장례식장에 더 자주 방문한다. 이 시점에 인생의 흐름을 현명하게 조종하고 싶다면 유연성과 더불어 모호성을 향한 관용, 새로운 풍경에 대한 열린 마음, 모든 경험을 긍정적 개념으로 받아들이는 태도를 갖춰야 한다.

나이 든 여성은 이러한 인생 항해에 꼭 필요한 기술을 갖췄을 뿐 아니라 그 기술을 습득하는 과정에서 얻은 경험까지 갖고 있다. 우리는 강한 폭풍을 이겨내고 인생의 여정을 내다보는 장기적 시각을 손에 넣었다. 우리는 스스로 만들어내고 겪는 감정의 온갖 변화를 책임질 수 있다.

이 발달단계에 찾아올 경험을 가장 적절하게 묘사하는 단어는 '동시에'일 것이다. 우리 대부분은 인생의 가장 깊은 슬픔과 가장 황홀한 기쁨을 동시에 느낀다. 부모님의 죽음을 경험하는 동시에 갓 태어난 손주를 품에 안는다. 건강이 악화돼 활동에 제약을 받지만, 동시에 바흐의 협주곡을 즐기고, 집에 놀러 온 딸을 위해 복숭아 파이를 굽고, 초원이나 해변에 돗자리를 깔고 앉아 아름다운 석양을 감상할 수 있다.

이 책에 담긴 삶의 기술을 발전시키고 중요한 기로에서 현명한 선택을 내린다면, 우리의 성장 속도는 한층 빨라질 수 있다. 호기심을 키우고 걱정을 줄이며 자기 자신을 깊이 성찰하고 사소한 일에 예민하게 반응하지 않는 삶을 목표로 나아가자. 우리는 모두를 포용하는 방법을 배울 수 있다. 말 그대로 모든 것을 받아들여야 한다. 그렇게만 된다면 우리는 당장 처한 환경이나 선천적인 장애물에 관계없이 평온과 행복, 지혜를 찾을 수 있다.

《나는 내 나이가 참 좋다》는 이러한 목표를 현실로 만들어줄 안내서다. 나는 이 책을 통해 우리가 노년이라는 발달단계를 지속적이고 활기차고 풍요롭게 항해하는 방법을 탐구할 것이다. 현대사회는 우리에게 정서적, 사회적, 정신적으로 발전할 수 있는 기회를 제공한다. 그런 의미에서 이 책의 핵심 주제는 '우리는 모든 것을 할 수 있다'이다. 우리는 언제나 자신을 앞으로 이끌어줄 회복력의 은빛 물결을 찾아낼 수 있다.

이 책에는 이야기와 지침이 함께 담겨 있다. 나는 평생 심리치료
사로 활동하면서 얻은 성장에 대한 교훈을 공유하고, 노년의 단계
에 이른 여성에 대한 다양한 관점을 인터뷰와 이야기 형식으로 묘
사할 것이다. 우리는 서로를 통해 배움을 얻을 수 있다. 바라건대,
《나는 내 나이가 참 좋다》가 행동을 강요하기보다는 생각하는 방
법을 안내하는 책이 되면 좋겠다.

나는 출신지와 교육 및 경제 수준, 문화적 배경이 다양한 여러
여성을 인터뷰했다. 여성을 인종에 따라 분류할 마음은 없지만, 백
인부터 라틴계, 아시아인, 아프리카계 미국인, 북아메리카 원주민
까지 온갖 피부색의 여성에게서 이야기를 들었다. 그들이 처한 상
황과 대처방식은 사람마다 판이하게 달랐다. 어떤 이는 슬픔의 구
렁텅이에 빠져 있었고, 또 어떤 이는 능숙한 항해술로 활기찬 일상
을 누리고 있었다. 하지만 그 모든 여성은 하나같이 삶의 단계에
주어진 과제를 극복하기 위해, 기쁨과 행복을 찾기 위해 저마다의
방식으로 최선을 다하는 중이었다.

꼭 실명을 사용해달라고 부탁한 몇 명을 제외하면, 인터뷰 대상
자들의 이름은 대부분 가명이다. 개중에는 몇 개의 인터뷰를 합치
거나 익명성을 보호하기 위해 세부사항을 변경한 경우도 있다. 이
책에는 많은 여성이 등장하지만, 그중에서도 윌로우, 케스트럴, 엠
마, 실비아의 이야기는 책을 관통하는 주된 소재다.

나의 기억과 경험담 또한 자주 등장한다. 나는 중산층의 전형적
인 노년기 여성으로, 세상에서 나를 가장 잘 아는 사람이다. 온통

공화당 지지자들로 가득한 네브래스카주에서 유일하게 민주당 득표율이 더 높은 중간 규모의 대학도시에서 살고 있다. 아직 건강이 크게 악화되진 않았지만, 슬슬 몸 이곳저곳이 삐걱거리기 시작했다. 나는 변덕과 결함, 실망, 자아비판으로 가득한 인간이다. 그러나 죽는 날까지 더 나은 사람이 되기 위해 노력할 것이다.

우리 또래의 여성을 분류하는 기준으로는 인종과 문화적 배경, 직업, 사회경제적 지위, 거주지, 성 정체성 등이 있다. 아픈 가족을 부양할 의무가 있는지 여부를 기준으로 삼을 수도 있다. 가까운 가족이나 동성 친구, 파트너, 각종 동호회, 저축을 포함한 자원에 대한 접근성 또한 중요한 구별 요소다. 내 주변에는 아직 60대임에도 90대처럼 무기력한 삶을 사는 여성도 있고, 만 75세의 나이에 또 다른 모험을 준비하고 있는 여성도 있다. 각자가 겪는 육체적·정신적 고통과 그에 대한 회복력은 사람마다 다르다. 누군가는 활기를 찾지 못해 고통스러워하지만, 또 어떤 이는 가진 것을 내려놓지 못해 괴로워한다.

우리 대부분은 이 양극단 사이에 머물고 있다. 어떤 날에는 괴로움을 쉽게 떨쳐내지만, 때로는 그렇지 못한 날도 있다. 특정한 스트레스에서는 빠르게 회복하지만 다른 종류의 스트레스와 마주하면 그대로 무너지기도 한다. 우리의 공통점은 강가에 지은 집처럼 아슬아슬한 시기를 지나고 있다는 것이다.

이 연령대의 여성 전체를 대표할 수 있는 단 한 사람을 꼽는 건 불가능하다. 우리 중 일부는 파트너와 함께하지만 일부는 싱글이다. 우리 사이에는 건강한 여성과 노쇠한 여성, 만족스러운 삶을 누리는 여성과 비참한 여성이 골고루 섞여 있다. 만 65세에서 69세 사이의 여성 중 30퍼센트는 여전히 직업을 갖고 있다. 따라서 이 책에 등장하는 인물들은 비슷한 삶의 단계를 지나고 있는 다양한 여성 중 극히 일부에 해당하는 표본이라는 점을 미리 밝혀두고 싶다.

1부에서는 연령차별주의와 외모지상주의, 아픈 가족에 대한 부양 의무, 상실, 외로움을 포함해서 여성이 노년에 접어들면서 마주하게 되는 다양한 문제를 다룰 것이다. 2부에는 긴 인생이라는 여정에 꼭 필요한 여러 가지 기술, 다시 말해서 자기 자신 이해하기, 현명한 선택 내리기, 공동체 만들기, 자신의 이야기 만들기, 감사를 표현하기 등이 담겨 있다. 나는 언제나 타인에게 도움이 되는 삶의 중요성을 강조한다. 작가 바버라 킹솔버Barbara Kingsolver가 말했듯, '행복한 사람은 자신에게서 훌륭한 도구의 모습을 발견하는 법'이기 때문이다. 3부에서는 장기적이고 친밀한 관계라는 인생의 구명보트로 당신을 안내한다. 가족이 있든 없든, 우리는 서로 의지하며 살아갈 수밖에 없다. 상호작용은 우리의 성장을 좌우하는 열쇠이며, 고립은 침체기로 향하는 지름길이다. 마지막으로 4부에서는 희열과 진실성, 장기적인 시야를 포함해서 삶의 이 단계에서 얻을 수 있는 보상에 대해 살펴볼 것이다.

나는 이 책의 제목을 지을 때 물 위를 둥둥 떠다니거나 바람을 타고 흘러가는 대신 '노를 저어 나아가는' 이미지를 형상화하려고 했다. 눈과 얼음으로 뒤덮인 겨울의 땅으로 향하는 동안 길에서 벗어나지 않으려면 긍정적인 태도와 방향감각을 유지하려는 노력이 반드시 필요하기 때문이다.

1년에 한 번씩 모이는 전여성캠핑여행All-Women's Camping Trip을 통해 동성 친구들과 30년 동안 좋은 관계를 유지할 수 있었던 건 내 일생의 행운이었다. 전원이 직장 여성이었던 우리는 만날 때마다 직업과 상사, 회사 동료, 직장 내 성희롱 등에 대해 이야기를 나눴다. 시간이 지나면서 아이를 낳는 구성원이 생기기 시작했고, 대화 주제는 자연스레 모유수유와 젖니, 배변 교육 등으로 옮겨갔다. 우리는 남편에 대한 고충을 공유했다. 몇 년 후에는 공교육 시스템과 자녀의 사춘기가 화두에 올랐다. 대학에 입학한 아이들이 하나둘씩 집을 떠날 때, 우리는 함께 울며 서로를 위로했다. 매사가 짜증스럽게 느껴지는 폐경기 또한 거의 동시에 찾아왔다. 우리는 그 우울한 시기를 그다지 재미있지 않은 캠핑 몇 번으로 극복했다. 각자의 부모님이 돌아가셨을 때는 저마다 힘을 보탰다. 그리고 지금 이 모임의 가장 중요한 화제는 우리 자신의 노년기다.

우리는 플랫강Platte River 주변에서 많은 시간을 보냈다. 네브래스카주를 가로지르는 이 얕고 구불구불한 강은 흔히 '1마일 너비에 1인치 깊이(1마일은 1.6킬로미터, 1인치는 2.5센티미터가량 – 옮긴이)'라는 수식어로 불리지만, 사실 항상 그렇게까지 얕지는 않다. 봄이 와서 로키산맥에 쌓인 눈이 녹기 시작하면, 플랫강은 강한 물살과 그 위에서 서로 부딪쳐 깨지는 얼음 덩어리로 뒤덮인다. 비가 많이 오는 여름날이면 흙빛 강물이 수영도 할 수 있을 높이까지 차오른다.

전여성캠핑여행을 생각하면 가장 먼저 플랫강을 따라 걸으며 웃고 떠드는 친구들의 얼굴이 떠오른다. 다른 평범한 여행과 마찬가지로 이 모임은 매번 놀라움과 위험으로 가득하며, 우리는 그 도전

앞에서 용기와 재치를 발휘해 해결책을 찾아낸다. 우리의 시간은 강변의 모래톱과 통나무 더미, 딱총나무 꽃, 황홀한 석양, 야생 거위의 울음소리로 채워진다.

우리는 오랜 세월에 걸쳐 사람의 발길이 닿지 않은 야생의 장소를 여러 군데 발견했다. 길을 잃거나 일이 뜻대로 풀리지 않을 때면 누군가 나서서 다른 동료들을 안심시킨다. "잊지 마. 야생에서의 첫 번째 규칙은 '절대 당황하지 말라'라는 걸."

이것은 세월의 강을 따라 노를 젓는 여행자가 반드시 명심해야 할 규칙이다. 위기의 순간에 이성적으로 생각하고, 기지를 발휘하며, 감정을 능숙하게 관리할 수만 있다면, 인생은 더없이 즐거운 경험의 장이 될 것이다. 신중하게 생각하고 철저하게 준비한다면 그리고 좋은 지도와 안내서를 갖춘다면, 우리는 이 여행에서 최고의 시간을 맛볼 수 있다.

차례

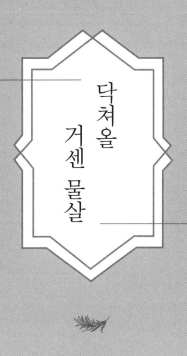

1부

닥쳐올
거센 물살

비록 이 여행이 쉽진 않을지라도

1장
새로운 강줄기

문제는 노년의 삶이 청년은 물론
중년에게조차 아무런 흥미를 유발하지 못하는,
도착하기 직전까지
완전히 낯선 이방의 세계라는 것이다.

메이 사튼 May Sarton

결국 인생의 목적이란 최대한 경험하고,
보다 새롭고 다양한 일에 두려움 없이
열정적으로 도전하며 살아나가는 것이다.

엘리너 루스벨트 Eleanor Roosevelt

＊

　　한 사람의 일생은 많은 생애주기로 구성된다. 나는 1947년 미주
리주 오자크에서 태어났고, 당시 부모님은 제2차 세계대전의 해군
복무를 마치고 막 돌아온 참이었다. 그러니까 나는 베이비붐 세대
의 선발주자다. 나는 어머니가 마을 의사로 일했던 네브래스카주
비버 시티에서 자랐고, 대가족의 첫째 딸이었다. 우리 가족은 도시
외곽에 살았고, 비버크리크 주변에서 책을 읽거나 뛰어 노는 것이
어릴 적 내 일상이었다.

　　10대 시절의 나는 인간관계에 서툰 괴짜 소녀였다. 감리교회에
다닌 덕분에 절대로 음주와 욕설, 흡연을 하지 않고 혼전 순결을
지키겠다는 신실한 맹세도 했다. 내 빨간색 전축에서는 언제나 〈카
멜롯Camelot〉이나 〈남태평양South Pacific〉 〈플라워드럼송Flower Drum
Song〉 같은 브로드웨이 뮤지컬 OST가 흘러나왔다. 고등학생 때는
데이브 브루벡Dave Brubeck이나 스탄 게츠Stan Getz의 음악을 들으며
중서부 지역을 영원히 탈출하는 날을 꿈꿨다.

고등학교를 졸업하고는 UC버클리대학교에 진학했다. 대학 생활은 상상할 수 있는 모든 경험과 자유의 신호탄이었다. 나는 당시 샌프란시스코에 살던 남동생과 함께 골든게이트 공원으로 놀러 가거나 필모어Fillmore, 아발론Avalon 같은 유명한 라이브 공연장을 찾아가서 그레이트풀 데드Grateful Dead와 재니스 조플린Janis Joplin의 노래를 들었다. 타로카드와 점성술, 이슬람 신비주의에 빠져들었고, 홈메이드 그래놀라와 요거트 만드는 법도 배웠다. 졸업 무렵에는 감리교회 청년부에서 했던 모든 맹세를 깬 상태였다.

그 이후에도 네브래스카주를 무대로 다양한 생애가 펼쳐졌다. 나는 심리학을 전공한 대학원생이자 어린아이들의 엄마였고, 심리학자 겸 뮤지션인 짐의 아내이기도 했다. 심리치료사이자 작가이자 강연자로서 일도 했다. 지난 17년 동안은 근처에 사는 다섯 손주의 할머니로 지내는 고마운 특권을 누렸다.

이 모든 생애주기에는 하나의 연속된 흐름이 있다. 나는 언제나 가족과 가까운 친구들 곁에서 보내는 시간을 좋아했고, 야외 활동과 여유로운 산책, 수영을 즐겼으며, 하늘을 바라보는 순간을 사랑했다. 아주 어렸을 때부터 독서에서 위안을 찾았고, 사람과 동물을 돌보는 데서 보람을 느꼈다.

하지만 각 주기 사이에는 확실한 불연속성도 존재한다. 지금의 나는 레이스가 잔뜩 달린 짧은 원피스 파자마를 입고, 트위스트 춤을 추며, 라디오 음악방송을 즐겨 듣고, 잠들기 전이면 흰색 가죽 장정의 성경을 읽던 소녀를 거의 기억하지 못한다. 법정에서 전문가 증언을 할 때 입을 격자무늬 정장을 사기 위해 200달러를 긁어

모아야 했던 새파란 심리학자 시절 또한 무척 낯설게 느껴진다. 그 모든 젊은 날의 경험이 마치 타인의 일처럼 여겨질 때도 있다.

우리 또래의 대부분은 50년대에 유년기를, 60년대에 청소년기를, 베트남전쟁이 한창이던 시기에 대학 시절을 보냈다. 이제 우리는 새로운 세기와 함께 인생의 새로운 단계에 진입했으며, 자기 자신을 포함한 모든 것이 얼마나 쉽게 무너질 수 있는지 잘 아는 나이가 됐다.

이 우주에서 변하지 않는 유일한 진리는 모든 것이 변한다는 것뿐이며, 삶에서 예측할 수 있는 유일한 법칙은 아무것도 예측할 수 없다는 것뿐이다. 인생의 이 시기에 다다른 우리는 이제부터 각종 내적·외적 위기에 시달릴 것이다.

생애의 단계가 전환되고 정체성이 바뀌는 순간, 우리는 인생에서 새로운 목적과 의미에 대한 감각을 찾아내야 한다는 가장 큰 도전에 맞닥뜨린다. 이는 말처럼 쉬운 과제가 아니다. 의사였던 내 남동생은 건강상의 이유로 은퇴를 택해야 했을 때 이렇게 말했다. "목적이라는 게 그냥 원한다고 휙 얻어지는 게 아니더라고." 존의 말이 옳다. 우리는 무슨 일을 할지, 어떻게 남을 도울지, 자기 자신에게 어떤 이야기를 들려줄지 하나하나 선택하면서 인생의 의미를 만들어나가야 한다.

물론 매일같이 목적의식을 갖고 살아야 하는 것은 아니다. 어떤 날에는 늦잠을 자거나 친구들을 만나거나 영화를 보며 한가롭게 지내고 싶을 수도 있다. 이것은 어디까지나 균형과 대조의 문제다. 일과 휴식을 적절히 조화시키는 법을 찾아낼 때, 우리는 비로소 최선의 결과를 얻을 수 있다.

삶을 지탱해주는 익숙한 역할을 갖고 있다는 점에서 볼 때, 여성은 남성보다 훨씬 운이 좋은 편이다. 우리는 일상적으로 집안일을 하고, 가족을 돌보고, 친구들을 만난다. 우리 중 상당수는 마거릿 미드Margaret Mead 교수가 'PMZ'라고 이름 붙인 폐경후활력기(Post-Menopausal Zest, 월경과 월경전증후군에서 해방된 여성들이 겪는 자유롭고 활기찬 생애주기 – 옮긴이)를 경험하고 있다. 하지만 이 새로운 단계에 주어질 과업을 성취하려면 지금까지와는 다른 습관을 익혀야 한다. 이러한 도전은 언제 시작해도 늦지 않다. 솔직히 말해서, 조금이라도 젊을 때는 절대 이런 배움을 얻을 수 없다.

나이가 들면 우리의 신체와 인간관계에는 변화가 찾아오고, 그 속도는 시간이 갈수록 빨라진다. 70대가 된 사람이 50대 때와 똑같은 수준으로 활동할 수 있을 가능성은 거의 없다. 지금부터 펼쳐질 경험의 틀을 잡기 위해서는 신선한 시각과 새로운 패러다임, 더 나은 항해술이 필요하다. 어제까지만 해도 멀쩡히 작동하던 기술이 내일은 더 이상 충분하지 않게 느껴질 것이다.

어쩌면 변화가 천천히 나타날 수도 있지만, 깨달음의 순간은 벼락처럼 찾아온다. 아바는 시카고미술관 매표소에서 입장권을 사려다가 그 순간을 경험했다. 카운터에 앉은 청년이 아바에게 경로 할인이 필요한지 물었던 것이다. 그건 지금껏 그를 대하던 남성들의 태도가 아니었다. 아바는 물결치는 갈색 머리와 매끈한 각선미로 늘 이성의 마음을 사로잡아왔다. 그런데 할머니 취급을 하다니!

물론 아바도 자신이 만 65세라는 사실을 모르지는 않았다. 하지만 마음 한구석에서는 자신에게 여전히 30대의 매력이 남아 있다고 생각했다. 실제로 남편을 비롯한 주변의 많은 남자들은 아바를 여전히 그런 식으로 대했다. 하지만 낯선 이들과 새로 알게 된 이들은 어쩐 일인지 그에게서 서른 살 젊은 여성의 모습을 전혀 발견하지 못했다. 거리를 걸을 때마다 아바를 귀찮게 하던 남성들의 휘파람 소리가 딱히 그립지는 않았지만, 어쨌든 그때와 사뭇 다른 지금의 침묵은 자신이 더 이상 매력적이지 않다는 의미로 느껴졌다. 아바는 상처받았다.

청년의 말에 저도 모르게 한 걸음 물러선 그는 한 손을 가슴에 얹고 호흡이 진정될 때까지 잠시 기다렸다. 그러고 잠시 후 할인을 해달라고 말했다.

아바는 삶에 미모와 성적 매력보다 더 중요한 요소가 있다는 사실을 잘 아는 지적인 여성이었다. 그러나 이 두 가지 역시 그의 정체성을 구성하는 결정적인 부분이었다. 젊음이 사라졌다는 사실을 알게 된 아바는 방향감각을 잃은 듯한 느낌을 받았다. "나는 자신이 평범하고 별 인상을 주지 못하는 사람이라는 사실을 인정할 수 없어요. 그런 건 내가 아니에요." 아바가 내게 한 말이다.

60대와 70대를 발달 관점Developmental Perspective에서 바라보면 이성적으로도 감성적으로도 한층 열린 시각을 취할 수 있다. 성장할 수 있다는 믿음을 스스로 제한하는 순간, 우리는 성장을 향한 동기를 잃어버린다. 그러나 능력과 재능이 계속 발전할 수 있다는 마음가짐과 함께라면 세상 모든 곳이 학교고 만나는 모든 사람이 스승이 된다. 이 단계에서 겪는 다양한 도전과 기쁨은 마치 촉매와도 같이 우리 삶을 변화시킨다. 우리는 매번 보는 친구의 얼굴에서 사랑을 발견하고, 빗방울의 향기를 음미하며, 잔디가 부르는 노래를 들을 수 있다. 관절염으로 고통받는 순간이나 장례식장을 나서는 순간에도 이러한 생각은 할 수 있다.

회복력은 선천적인 자질이 아니라 요리나 운전, 요가와 마찬가지로 노력을 통해 배워나가는 기술이다. 성장은 결코 저절로 찾아오지 않는다. 어떤 여성은 익숙하면서도 시대착오적인 생각을 담요처럼 두르고 작디작은 자신의 틀에서 벗어나지 못한다. 개중에는 시간이 갈수록 감정이 메마르거나, 인생의 시련을 견디지 못한 채 이기적이고 고립된 사람으로 변해가는 이들도 있다.

오스트리아의 소설가 마리 폰 에브너 에셴바흐Marie von Ebner-Eschenbach는 이렇게 말했다. "어떤 사람은 나이를 먹을수록 변화하고, 어떤 사람은 그대로 굳어버린다." 누구나 살면서 한 번쯤은 끊임없이 불평을 늘어놓고, 노상 자기 얘기만 하며, 쉴 틈 없이 남 욕을 하고, 그러면서도 정작 자신은 돌아보지 못하는 사람을 만나봤을 것이다. 가끔은 스스로 이런 모습을 보이기도 한다. 우리 모두는 투덜거리고, 우울해지며, 어리석은 선택을 하는 사람들이다. 가끔은 식욕과 충동 앞에서 자제력을 잃는다. 하지만 더 나은 사람이 될 기회는 여전히 남아 있다.

우리는 도덕적 상상력을 통해 성장한다. 상상력은 자신과 타인의 괴로움에 대한 공감능력을 키워주는 매개체다. 우리는 고통을 통해 더 깊이 있고 친절하고 강인한 사람으로 거듭난다. 거친 물살을 견뎌내는 법도 배운다. 우리는 용기의 화신이 될 수 있다. 이론적인 이야기가 아니다. 나는 실제로 상담 고객과 친구, 가족 구성원에게 이런 변화가 일어나는 모습을 여러 차례 지켜봤다.

《리바이빙 오필리아》를 쓸 때, 나는 고등학생 딸을 키우면서 온갖 종류의 분노와 고통, 반항심으로 가득 찬 10대 소녀들을 주로 인터뷰했다. 나는 그 아이들이 청소년이라는 발달단계를 거치면서 겪는 문화적 도전을 파헤치고 싶었다. 이제 우리 딸은 40대가 되어 10대 여자아이를 키우고 있고, 나는 머리가 하얗게 센 할머니가 되어 지금 이 발달단계에 주어진 문화적 도전과 마주하고 있다.

10대 소녀가 가족의 품 안에서 쉴 수 있던 어린 시절을 떠나보내야 하는 것처럼, 나이 든 여성은 더 이상 젊음과 건강을 누릴 수 없다. 지금까지처럼 삶의 평범한 흐름에 마냥 몸을 내맡길 수도 없다. 청소년기와 노년기 여성은 새로운 목표와 책임이 주어지는 사회 안에서 자신의 자리를 찾아야 한다는 공통된 과제를 안고 있다. 이들은 근본적으로 변화하는 몸과 낯선 기대, 문화적 고정관념에 대응해야 한다.

현재 청소년기를 지나고 있는 손녀 케이트와 이 책에 대한 이야기를 나누면서, 나는 삶의 모든 단계에 저마다의 어려움이 있다는 사실을 강조했다. 지난 인생을 10년 단위로 쪼개서 돌아보면 그중 어느 한 시기도 고통 없이 수월하게 지나가지 않았다.

손녀와 나는 각자의 도전을 하고 있다. 나는 건강 문제와 씨름하면서 이따금 친구의 장례식에 참석하는 슬픔을 견뎌야 한다. 쭉 홈스쿨링으로 공부하다가 이제 막 고등학교 생활을 시작한 케이트는 선생님과 친구들의 다양한 관점에 적응하느라 애쓰고 있다. 케이트는 새로운 음악적·문학적 취향을 만들어가고 있으며 자기 자신에 대해 알아가는 중이다. 나는 이 열정적이고 적응력 뛰어난 소녀가 결국 현명한 선택을 하리라고 믿는다. 하지만 그 과정은 결코 쉽지 않을 것이다. 그 또래 중에서 쉬운 선택을 하는 사람은 없다.

나는 케이트에게 지금보다 인간관계에 대한 고민이 더 많았던 내 젊은 시절 이야기를 들려줬다. 당시의 나는 감정이나 열정을 조절하는 법을 몰랐다. 평생 함께할 배우자를 찾아야 한다는 압박부터 직업 선택, 가족 부양 따위를 걱정하느라 머리가 터질 지경이었다. 더불어 나는 10대 자녀를 키우던 시절은 물론이고 작가로서 큰 성공을 거뒀지만 늘 서두르고, 불안하고, 지쳐 있던 예전보다 지금이 훨씬 행복하다고 말해줬다.

70대가 된 나는 전에 없이 차분하고 안정된 삶을 누리고 있지만, 돌이켜보면 내 인생은 전반적으로 체계적이고 뚜렷한 목표를 향해 달려왔던 것 같다. 하지만 당시에는 언제나 다음에 무슨 일이 일어날지 모른다는 두려움을 안고 있었다. 때로는 운과 우연이 모든 것을 결정했다. 그 순간에 주어진 정보를 토대로 차례차례 다음 결정을 내렸지만, 그 선택의 결과가 어떻게 나올지는 전혀 예측할 수 없었다.

모든 삶의 단계에는 기쁨과 불행이 동시에 존재한다. 그중에서도 한 개인에게 가장 힘든 시기가 언제일지는 순전히 운명과 주변 상황에 따라 결정된다. 하지만 가장 중요한 것은 태도와 계획이다. 각 단계가 주는 시련을 통해 성장하는 방법을 찾는다면, 인생의 여정은 결국 구원으로 이어질 것이다. 청소년들이 자신을 이끌어줄 북극성을 찾아야 하는 것처럼, 우리 나이 든 여성들 또한 자신이 원하는 모습에 대한 명확한 이미지를 찾고 유지해야 한다.

우리는 새로운 환경에 적응해야 하는 상황에서 더욱 빨리 성장한다. 이 시기에는 시간이 너무 빨리 흘러서 인생이 공기 중으로 사라지는 것처럼 느껴진다. 우리는 끊임없이 현실을 파악하고 문제를 해결하려 노력한다. 틈만 나면 스스로에게 이런 질문을 던진다. "이제 겨우 여행 갈 시간이 생겼는데, 어디로 떠나야 하지?" "제일 친한 친구가 애리조나로 이사 가버렸으니, 이제 누구랑 영화를 본담?" "허리가 안 좋아졌는데, 이제 어떻게 13킬로그램짜리 사료통을 옮기지?"

동시에, 우리는 인생의 가장 중요한 문제를 탐구한다. 나는 시간과 재능을 현명하게 사용했는가? 지금은 어떤가? 나는 사랑을 베풀며 살았는가? 지금은 어떤가? 나는 누군가에게 사랑받는 사람이었는가? 지금은 어떤가? 이 세상에서 내 자리는 어디인가?

우리는 해답을 찾는 과정에서 어떤 태도를 보일지 선택할 수 있다. 대부분은 행복과 고통의 조합을 통해 주어진 삶의 단계를 정의하고 성장을 촉진한다. 우리는 행복하고 고통스러운 일이 '동시에' 일어나는 인생을 통해 자기 자신을 정의한다. 행복은 희망과 활력을 주고, 고통은 공감능력을 향상시킨다. 이러한 모순은 노년이라는 삶의 단계에서 우리의 영혼을 넓혀주는 문 역할을 한다.

만 72세의 윌로우는 어두운 갈색 눈동자와 적갈색의 곱슬머리를 지닌 건강하고 세련된 여성으로, 사회봉사 분야에서 쌓은 길고 만족스러운 경력 끝에 커리어의 정점에 오른 상태였다. 그는 러시아 이민자 가정의 외동딸이었고, 어머니와 아버지는 각각 60대 때 뇌졸중과 심장마비로 세상을 떠났다.

윌로우는 자신이 부모님처럼 60대를 넘기지 못할 거라고 생각했다. 하지만 아이러니하게도 이러한 두려움은 건강한 생활습관의 밑거름이 됐다. 그는 담배를 피우거나 과음을 하거나 마약을 즐기지 않았다. 언제나 몸에 좋은 음식을 챙겨 먹고 점심시간마다 운동을 했다. 윌로우는 자신이 또래보다 스무 살은 젊게 산다고 생각했다. 남편 사울은 여전히 아내의 아름다움을 칭송했고, 윌로우 또한 그 말을 믿었다.

윌로우는 부모님이 돌아가시기 전부터 삶이 영원하지 않다는 사실을 정확히 이해하고 있었다. 부모님은 생전에 어리거나 젊은 나이에 세상을 떠난 친척들에 대한 이야기를 종종 들려주곤 했다. 그의 친척 중 상당수는 제2차 세계대전과 유대인 학살로 목숨을 잃었다. 아버지는 어린 딸에게 유대인이야말로 시간의 귀중함을 진정으로 이해하는 사람들이라고 가르쳤다.

하지만 철저한 자기관리의 힘에도 한계는 있었다. 사울은 점차 기력을 잃어갔고 윌로우 또한 자신이 이끄는 비영리단체에서 계속 일하기가 버겁다는 사실을 체감하고 있었다. 이사회는 젊은 후

임자를 원하는 눈치였다. 여든 살이 다 된 이사의 존재는 홍보 측면에서 별 도움이 되지 않는다. 윌로우가 만들고 유지했던 인맥 중 상당수는 사망하거나 은퇴했다. 젊은 직원들은 나름의 튼튼한 인맥을 쌓는 중이고, 무엇보다 열두 시간 근무도 너끈히 버티는 체력이 있다.

하지만 윌로우는 일하지 않는 삶을 상상할 수 없었다. 그에게 정체성이란 곧 일에 대한 능력을 의미했다. 그의 부모님은 담배 가게에서 하루 종일 일했고, 딸 또한 같은 수준의 성실함을 보여주길 바랐다. 부모님의 바람에 따라 새벽부터 자정까지 공부에 매달린 윌로우는 고등학교와 시립대학을 수석으로 졸업했다.

윌로우는 가난한 동네에서 살던 어린 시절부터 노숙자를 비롯한 사회적 약자를 돕는 삶을 꿈꿨다. 대학에서는 사회복지를 전공했고, 졸업하자마자 정신건강센터에 직장을 구했다. 틈만 나면 거들먹거리며 추파를 던지는 상사는 마음에 들지 않았지만, 센터를 찾는 고객들은 그의 보람이었다. 치근덕거리는 상사 밑을 벗어나 그가 자신만의 프로그램을 담당하기까지는 그리 오랜 시간이 걸리지 않았다.

직장 경력 2년을 채웠을 무렵, 윌로우는 대학 시절부터 사귀던 남자친구와 결혼했다. 여기에는 어서 가정을 꾸리라는 주변의 압박도 어느 정도 작용했다. 남편은 재미있고 열정적인 사람이었지만 아이를 낳아 키우는 전통적인 가정을 원했고, 스스로 돈을 벌기 시작하면서부터는 아내에게 2세를 갖고 직장을 그만두라는 뜻을 내비쳤다. 하지만 윌로우는 전혀 그럴 뜻이 없었다. 두 사람은 2년 뒤 이혼했다.

그로부터 몇 년 후, 윌로우는 사울이 운영하는 고서점에서 그를 처음 만났다. 두 사람 모두 러시아 문학과 역사를 사랑했다. 한두 해 동안 책에 관한 대화를 나눈 끝에, 사울은 윌로우에게 정식으로 데이트를 신청했다. 마침내 부부가 됐을 때 둘은 모두 50대였다. 사울은 첫 남편보다 훨씬 다정하고 독립적이며 교양 있는 사람이었다. 두 번째 결혼에 앞서, 윌로우는 자신에게 일이 첫 번째 우선순위라는 사실을 분명히 밝혔다.

지금 윌로우는 늘 꿈꿔오던 삶을 살고 있다. 센트럴파크 근처에 위치한 침실 한 개짜리 아파트는 직장과 가까울 뿐 아니라 채광이 좋아 늘 햇살로 가득하다. 담배 가게 지하의 좁다란 방에서 자란 그에게 빛과 여유 공간이 있는 집은 천국처럼 느껴진다.

윌로우는 빳빳하게 다린 정장을 입고 94번가의 오래된 건물에 있는 사무실로 출근하는 일상을 사랑한다. 아침 7시 전에 출근해서 오후 7시까지 책상에 앉아 있는 일도 흔하다. 사무실에 방문하는 모든 이를 환영하며, 정신건강에 문제를 안고 있는 모든 고객들의 이름을 외우고 있다. 직원의 생일에는 일일이 페이스트리를 가져온다. 자신이 오케스트라 지휘자라고 착각하는 노숙자 루비나 부통령이라는 착각에 빠져 있는 마이론은 거의 가족이나 다름없다. 윌로우는 수십 년 동안 그들을 보살펴왔다.

한번은 사울이 조금만 더 일찍 퇴근하면 안 되겠냐고 부탁했는데, 윌로우는 딱 잘라 대답했다. "일이 끝나기 전에는 퇴근할 수 없어."

사울은 몇 달 동안 신중히 기다렸고, 어느 날 윌로우의 어깨를 다정하게 문지르며 다시 한번 말을 꺼냈다. "여행을 하거나 문화 생활을 즐기는 삶도 충분히 재미있을 거야. 당장 은퇴할 준비가 안됐다면, 우선 일을 절반 정도로 줄여보는 건 어때?" 윌로우는 등골이 오싹해지는 기분을 느끼며 대답했다. "내게 '은퇴'란 세상에서 가장 끔찍한 단어야."

그의 삶은 보는 관점에 따라 행복하기도 하고 불행하기도 했다. 지금은 유복한 삶을 누리지만 과거에는 지독히 가난했고, 몸은 건강하지만 이른 나이에 부모님을 병으로 잃었으며, 직업적으로 만족스럽지만 남편은 그런 아내에게 서운한 기색을 보였다.

윌로우는 더 이상 계단을 여섯 칸씩 뛰어오르거나 만나는 모든 사람의 이름을 기억하지 못한다. 대부분은 긍정적이고 에너지가 넘치지만, 가끔씩 (주로 한밤중에) 미래를 생각하며 공황 상태에 빠진다. 그는 자신이 무력하거나 혼란스럽다는 생각을 견딜 수가 없다.

윌로우와 마찬가지로, 우리 중 누구도 시간을 멈출 수는 없다. 하지만 생각하고 대처할 능력을 잃지 않는 한 우리는 새로운 행복을 찾을 수 있다. 올바른 태도와 감사하는 마음만 있다면 낯선 상황에 얼마든지 적응할 수 있다. 무엇보다 만약 우리가 지금까지 전 생애에 걸쳐 회복력을 보여왔다면, 삶의 이 단계에 찾아올 피할 수 없는 변화에도 능숙하게 대응할 가능성이 매우 크다.

대부분의 여성은 사랑하는 일생의 파트너를 잃었을 때조차 결국 슬픔을 극복해낸다. 내 직장 동료인 사라는 남편이 죽은 지 얼마 안 됐을 때 이렇게 말했다. "요즘 난 배회증Fugue 환자처럼 정신없이 사방을 돌아다녀. 연극 〈마이 뉴 라이프My New Life〉의 주인공이라도 된 것 같아. 난 다시는 행복해질 수 없을 거야."

첫 2년 동안 사라는 끔찍한 고통을 겪었다. 수면제 없이는 잠들지 못했고 늘 파베르제의 달걀(19세기 보석 세공의 명장 파베르제가 러시아 황실에 납품한 달걀 모양의 섬세한 보석 세공품 – 옮긴이)처럼 금방이라도 깨질 것 같은 느낌을 풍겼다. 언제나 "사는 게 지옥인데 계속 살 수밖에 없다니"라는 말을 입에 달고 살았다. 하지만 그로부터 5년 후, 사라는 다시 삶을 즐기게 됐다. 심지어 몇 번인가 데이트를 하기도 했다. 요즘 그는 이렇게 말하기 시작했다. "난 앞으로 다시는 '절대'라는 말을 하지 않을 거야."

고통을 경험하지 못한 사람은 고통을 극복할 수 없다. 우리는 엄청난 괴로움을 포함한 다양한 감정을 통해 성숙해지며, 자신을 파괴하는 비극을 딛고 강해진다. 마음이 찢어지는 경험은 고통에 대한 내성을 키워준다. 내 친구 노라는 이렇게 말했다. "레오나의 죽음을 겪지 않았다면 아들이 큰 화상을 입었을 때 견디지 못했을 거야. 그리고 아들의 사고는 내 마음을 단련시켜 여동생의 죽음을 극복하는 발판이 됐지. 내가 하루하루 즐겁게 지낼 수 있는 건 인생이 얼마나 힘든지 잘 알기 때문이야."

고통이 없다면 인생의 모든 것이 너무 당연하게 느껴질 것이다. 고통을 이겨낸 초월적 경험을 한 사람은 작은 것에도 감사하는 마음을 갖게 된다. 싱싱한 살구나 햇살 가득한 10월의 날씨에서 감동을 받고, 친구를 만날 수 있다는 사실 자체에서 기쁨을 얻는다. 우리는 매 순간 온전히 깨어 있는 삶을 살 수 있다.

물론, 이 모든 것은 말처럼 쉽지 않다. 이 세상에 모든 고통을 가뿐히 초월할 수 있는 사람은 없다. 이 책은 완벽해지는 방법이 아니라 행복을 찾는 과정에서 기울여야 할 노력을 담고 있다.

나는 노년이라는 발달단계에 놀라운 방정식이 숨어 있다는 사실을 깨달았다. 이 단계가 많은 것을 빼앗아갈수록, 공감과 감사를 담을 수 있는 여유 공간은 더욱 넓어진다. 성장하기 위해서는 비극을 극복하고 고통을 자기 존재에 융합시키는 과정이 필요하다. 비록 많은 것을 잃었지만, 우리는 여전히 삶에 감사하는 태도를 지닌 여성이 되기 위해 노력할 수 있다.

삶의 이 단계에서 마주하게 되는 가장 큰 모순 중 하나는 우리가 인생에서 가장 많은 불행과 가장 큰 행복을 동시에 경험한다는 것이다. 주어진 상황을 있는 그대로 받아들이는 태도는 삶에 대한 만족감으로 이어진다. 고통스러운 경험은 지혜를 낳는다. 우리는 강줄기의 거친 물살과 갑작스레 튀어나오는 통나무, 아찔한 폭포를 능숙하고 자신감 있게 헤쳐 나갈 수 있다. 서로 돕고 의지하며 시간이라는 강물의 신비를 탐험할 수도 있다.

2017년 겨울은 내가 인생에서 다른 사람의 도움을 받아들이는 태도와 스스로 필요한 것을 찾아내는 능력이 얼마나 중요한지 그 어느 때보다 절실히 깨달은 시기였다. 도널드 트럼프 대통령이 취임한 바로 그 주, 나는 저명한 불교 구루인 조안나 메이시Joanna Macy

와 함께 뉴멕시코주에 위치한 고스트랜치Ghost Ranch에서 열리는 수련회에 참석했다. 조안나는 지구의 미래를 지키는 활동을 준비하기 위해 환경운동가들을 한자리에 불러 모았다. 우리는 환경파괴와 기후변화라는 끔찍한 소식 앞에서 느낀 슬픔과 공포, 분노를 공유했고, 함께 눈물을 흘리고 노래를 부르며 춤을 췄다.

어느 맑은 날 아침, 우리는 야외로 나가서 각자의 눈에 특별해 보이는 사물을 찾는 활동을 했다. 자신만의 특별한 뭔가를 찾은 뒤에는 그 사물에 대해 저마다 작은 의식을 진행할 예정이었다.

나는 두꺼운 코트와 장갑, 부츠를 착용한 채 반쯤 얼어붙은 흙길을 걸었다. 눈앞에는 미국 원주민 부족인 테와족이 수 세기 동안 터를 잡고 살았던 거대한 차마계곡Chama Valley이 펼쳐져 있었다. 계곡 사이를 통과한 은빛 강물은 그대로 고스트랜치를 향해 흘렀다. 그 위로 보이는 생그레 데 크리스토 산맥은 조지아 오키프Georgia OKeeffee의 그림에 묘사된 그대로 핏빛 붉은색과 오렌지색, 핑크색이 어우러진 모습이었다.

까마귀 두 마리가 고목나무 가지에 앉아 있었고, 그 옆의 소나무에는 굴뚝새떼가 크리스마스 트리 장식처럼 드문드문 자리를 잡고 있었다. 이슬을 머금은 토끼풀은 햇빛을 받아 반짝였다. 눈에 보이는 모든 풍경이 의미를 지니고 있는 것처럼 보였다. 하지만 나는 발밑에서 살얼음이 부서지는 소리를 듣고, 신선한 산 공기를 깊이 들이마시며, 내게 가장 특별한 사물이 무엇일지 신중히 생각했다.

목장의 미로처럼 복잡한 오솔길에 다다랐을 때, 나는 그것을 발견했다. 무의식적으로 힐끗 보았을 뿐이지만 나는 그게 내가 찾던 바로 그 사물이라는 사실을 한눈에 알아차렸다. 나도 모르게 숨이 가빠왔다. 강물이 콸콸 흐르는 협곡의 높다란 강둑 위에는 노란 열매와 뾰족한 가시로 뒤덮인 커다란 선인장이 서 있었다. 밝은 녹색 가지는 시바 신의 팔처럼 사방으로 뻗어나갔고, 세월의 풍파를 증명하듯 군데군데 시들고 검게 변색된 부분이 눈에 띄었다. 하지만 동시에 곳곳에서 짙은 보라색의 새로운 줄기가 움트고 있었다. 그 모습은 당시 내가 바라보던 스스로의 이미지와 정확히 일치했다. 반짝이는 눈망울을 지닌 여고생이나 갓 태어난 아이의 엄마, 스케이트나 크로스컨트리 스키를 즐길 수 있는 젊은 여성은 이제 더 이상 존재하지 않는다. 그러나 나는 내 안에서 싹트는 새로운 성장과 풍요를 느꼈다.

나는 그 울퉁불퉁한 식물 곁의 차가운 땅바닥에 잠시 자리를 잡고 앉았다. 선인장 뒤로는 흰 구름이 흘러가다가 곧 사라졌다. 곧이어 새로운 구름이 생겨났다. 잠시 후, 나는 마음속에서 자연스럽게 우러난 의식을 치렀다. 선인장 가시로 손가락을 찌르고, 흘러나온 핏방울을 이 장엄한 풍경을 창조한 내 조상과 다른 모든 살아 있는 존재의 조상에게 바쳤다. 그런 다음 몸을 숙여 노란색 열매에 조심스레 입을 맞췄다.

나는 시든 가지를 달고 있는 선인장이 내 삶을 상징한다는 사실을 깨달았다. 인생은 가시와 열매, 고통과 아름다움으로 이루어져 있다. 내 몸은 늙어가겠지만, 영혼은 성장할 것이다.

2장

달라진 우리 자리

'나는 더 나은 대접을 받을 자격이 있다.'
이는 여성이 품을 수 있는
극도로 위험하고 어리석은 생각이다.

메러디스 듀란 Meredith Duran

어쩌면 여성이란 나이 들수록
더 혁명적으로 변해갈 수 있는
존재일지 모른다.

글로리아 스타이넘 Gloria Steinem

어느 가을날 오후, 나는 새로 산 조류도감과 쌍안경을 들고 홈즈 공원에 앉아 있었다. 빨간 털실 모자를 쓴 금발 곱슬머리 소녀가 내 손에 들린 책을 보고 다가왔다. 아이 어머니가 지켜보는 가운데, 나는 소녀에게 오리와 거위 사진을 보여주며 호수에 사는 새들의 공통점을 알려줬다. 소녀는 내 이야기를 즐겁게 들었다. 그런데 책을 덮은 순간, 아이가 나를 바라보며 천진난만한 눈빛으로 물었다. "할머니들은 모두 어디서 오는 거예요?" 아이의 머릿속에는 내가 자신과 전혀 다른 생물이라는 생각이 들어 있었던 것이다!

　　노인은 노화가 인간의 피할 수 없는 숙명이라는 진실을 증명하는 살아 있는 표본이다. 우리 사회에는 노인과 감정적, 문화적으로 거리를 두는 분위기가 깔려 있다. 이러한 현실 앞에서 고통을 받는 데는 남녀 구분이 없겠지만, 그중에서도 여성은 상대적으로 큰 무력감을 느낀다.

　　미국의 노인은 사회적인 병을 앓고 있다. 어떤 의미에서 우리에게 연령차별은 신체적인 노화보다 훨씬 심각한 장벽이다. 우리의 신체는 비하되고, 성적인 능력은 조롱당하며, 목소리는 무시된다. 노인들은 자신이 크리스마스 일주일 후의 트리처럼 쓸모없다고 여기기 쉽다. 젊고 건강하고 아름다운 사람만 가치 있다고 여기는 사회에서는 모든 인간이 결핍된 상태로 나아갈 수밖에 없다. 한 술 더 떠, 시어머니와 마귀할멈을 포함한 나이 든 여성의 이미지는 종종 타인에게 해를 끼치는 악한 존재로 묘사된다. 몇몇 여성이 기존에 비하적 의미로 사용되던 단어인 '노파Crone'의 뜻을 재해석하고 새로운 의미를 부여하기 위해 노력하고 있긴 하지만, 사회 전반적인 시각은 여전히 노파를 쓸모없는 존재로 취급한다.

사람들은 노년의 여성이 생일 축하를 싫어한다고 생각한다. 노년 여성은 노망난 소리를 하거나, 술을 너무 많이 마시거나, 외설적인 농담을 일삼거나, 성적으로 무감각한 인간으로 받아들여진다. 다른 인종에 대한 농담을 무례하다고 여기는 사회에서조차 나이 든 여성에 대한 농담은 금기시되지 않는다. 아니, 그런 얘기가 오히려 공공연히 이뤄진다.

내가 나이 든 여성에 대한 책을 쓰고 있다고 말하면, 또래 친구들은 대부분 불쾌해하며 이런 반응을 보인다. "나는 나이 들지 않았어." 우리 사회에서는 '나이 들었다'는 표현 자체가 '비만'이나 '불결함'처럼 부정적인 의미를 지니고 있다. "나는 나이 들지 않았어"라는 친구들의 대답에는 '나는 늙은 여성을 대하는 이 사회의 문화적 태도를 받아들일 마음이 없어'라는 뜻이 포함돼 있는 것이다.

TV 프로그램이나 패션 잡지, 영화, 광고가 나이 든 여성의 상황과 욕구를 반영하는 경우는 거의 없다. 2017년 미디어다양성 및 사회 변화 이니셔티브Media Diversity and Social Change Initiative와 의료서비스 업체 휴매나Humana가 공동으로 진행한 연구에 따르면, 2014년에서 2016년 사이에 아카데미상을 수상한 영화 중 노인이 출연한 작품은 12퍼센트도 채 되지 않는다고 한다. 심지어 이 노인 출연자 중에서 여성은 거의 없었다. 지나 데이비스 미디어 젠더 연구소Geena Davis Institute on Gender in Media는 가족 영화의 경우 평균적으로 남성 캐릭터가 여성 캐릭터보다 세 배 더 많이 등장한다고 밝혔다. 일부 예외가 있긴 하지만, 전반적으로 봤을 때 만 40세 이상의 여성은 할리우드에서 거의 실종됐다고 봐도 무방하다.

미국 사회에서 매력적인 외모는 한 사람의 가치를 결정하는 핵심 요소로 평가된다. 여성의 몸은 아무리 나이 들어도 날씬해야 한다는 인식이 퍼져 있다. 한 살씩 나이를 먹어갈수록 이러한 사회적 이상을 충족하기는 점점 더 어려워진다. 이 같은 문화 속에서 배려나 감정 조절, 평화로운 중재, 타인과의 유대감을 포함한 우리의 많은 강점은 인정받지 못한다.

나는 최근 출판업계에서 일하는 내 또래의 아름다운 여성을 알게 됐다. 로사는 흰머리를 갈색으로 염색하고 싶지 않았지만, 직업을 유지하려면 젊어 보여야 한다는 경고를 받았노라고 했다. 나이든 여성의 상당수는 젊어 보여야 한다는 엄청난 압박에 시달리며, 종종 성형수술을 진지하게 고려한다. 하지만 수술을 해도, 하지 않아도 인생이 고달프기는 마찬가지다.

만약 성형수술을 거부한다면, 우리는 직업이나 파트너를 잃을 위험에 처할 수 있다. 하지만 수술을 받고 그 결과가 좋지 못할 경우에는 이전보다 훨씬 덜 매력적으로 변한 외모와 깊은 굴욕감을 감당해야 한다. 사회적인 조롱도 뒤따를 것이다. 심지어 수술이 성공한다고 해도, 대부분의 여성은 자신이 성형수술을 받았다는 사실을 숨겨야 한다. 인위적으로 외모에 손을 대거나 젊어 보이려고 발악하는 인간으로 판단되길 원하지 않기 때문이다.

나이 든 여성은 때로 무능력하다는 편견에 희생된다. 아직도 직장에서 정규직으로 일하고 있는 만 75세의 내 사촌 언니는 식료품점에서 계산을 할 때마다 점원들이 나서서 어떤 지폐를 꺼내야 할지 알려주는 게 너무나 괴롭다고 털어났다. 사촌 언니는 그럴 때마다 이 불합리한 상황 앞에서 웃어야 할지 울어야 할지, 아니면 자신이 아직도 돈 계산을 할 수 있다고 친절하게 설명해야 할지 고민한다고 했다.

젊은 사람들이 나이 든 사람을 대할 때 "우리 함께 재킷을 입어볼까요?", "오늘 우리가 먹을 아침밥은 뭘까요?"라는 식으로 '우리'라는 복수명사를 남발하는 것도 그다지 유쾌하지는 않은 경험이다. 하하. '우리'라니. 이렇게 사람을 어린아이 취급하는 표현은 어떤 이에게 참을 수 없는 비참함을 안겨준다.

같은 행동을 해도 그 주체가 노인일 때는 젊은 사람과 전혀 다른 취급을 받는다. 예를 들어, 나이 든 여성이 과속 딱지를 받거나 가벼운 접촉사고를 낸다면 사람들은 그러한 실수가 나이 때문이라고 생각한다. 물론 우리 세대 여성 중 일부는 운전을 잘하지 못한다. 이건 이견의 여지가 없는 사실이다. 하지만 과속이나 접촉사고는 누구에게나 일어날 수 있는 일이다. 만약 운전대에 젊은 여성이 앉아 있었다면, 대부분은 그가 지나치게 서둘렀거나 그저 운이 나빴거나 누구나 하는 평범한 실수를 저질렀다고 생각하며 대수롭지 않게 넘어갈 것이다.

이렇게 불공정한 시각은 재정 관리 능력을 평가할 때도 똑같이 적용된다. 마이너스 통장이나 미결산된 청구서의 존재는 즉시 우리가 돈 관리 능력을 잃었다는 결론으로 이어진다. 나이 든 이에게 길을 잃거나, 깜빡하고 가스레인지를 켜놓거나, 길에서 넘어지는 행위는 젊었을 때와 전혀 다른 의미를 지닌다.

얼마 전 20대 지인이 우리 집에 아스클레피아스 묘목을 심으러 왔다. 우리는 정원 일을 하면서 즐거운 대화를 나눴다. 나는 그날 하루에 깊이 만족했다. 집으로 들어와 거울을 보고 셔츠에 소스가 묻어 있다는 사실을 눈치 채기 전까진. 나는 그 사실을 깨닫자마자 당황했고, 그 어린 친구가 나를 거동이 불편한 노인으로 오해하진 않았을까 걱정했다. 내가 더 젊었다면 옷에 소스를 좀 흘렸다고 해서 이런 생각을 하진 않았을 것이다.

이와 더불어, 나이를 먹으면 역할의 반전에서 오는 무력감을 느끼게 된다. 젊은 사람들은 능력과 비전을 갖추고 있다. 의사나 변호사, 행정기관 담당자들은 대개 우리보다 수십 년씩 어리다. 이미 성인이 된 자녀들은 자신의 힘으로 살아가고 있으며, 더 이상 부모의 의견이나 조언을 원하지 않는다. 누구의 잘못도 아니지만, 지금껏 유지되던 힘의 균형이 무너지는 경험은 어쩔 수 없이 괴로움과 혼란스러움을 일으킨다.

이러한 상황에 신중히 대처하지 않는다면, 우리는 저도 모르게 부정적인 메시지를 내면화하며 늙어가는 몸과 주름, 달라진 역할을 부끄러워하게 될 것이다. 스스로를 제대로 평가하지 못하고, 심지어 비슷한 또래의 다른 여성을 모욕하는 말을 내뱉게 될 수도 있다. 문화에 내포된 부정적인 메시지는 자칫 자기 충족적 예언으로 실현될 가능성이 있다. 쓸모없다는 말을 계속 듣다 보면 진짜 쓸모없는 인간이 될 수 있는 것이다. 만약 우리가 풍요롭고 행복한 인생을 살 수 없다는 말을 일상적으로 듣는다면, 실제로 자기 자신을 위한 삶을 만들어나갈 능력을 잃어버릴지도 모른다.

젊은 사람은 한 번도 늙어본 적이 없기에 나이 든 이들을 이해하지 못한다. 노인은 어린 시절과 청소년, 청년, 중년 시절의 기억을 간직하고 있으며, 이런 경험을 공감과 이해의 밑바탕으로 삼을 수 있다. 하지만 젊은이들이 60대의 경험을 온전히 이해할 수 있는 방법은 없다. 그들은 우리가 현재 느끼는 감정을 상상도 할 수 없다.

2012년 예일대학교 공중보건대학은 페이스북 그룹 내에서 노년층이 받는 사회적 차별에 대해 연구했고, 그 결과 만 20세에서 만 29세 사이의 참가자 중 약 75퍼센트가 노인을 비하한다는 사실을 확인했다. 연구진은 장문의 보고서를 통해 '노인 혐오Gerontophobia'와 이 현상이 사회정책에 미치는 영향을 다뤘다. 당연한 일이지만, 노인을 향한 젊은이들의 차별은 결국 미래의 자신을 차별하는 것과 다를 바 없다.

마거릿 미드 교수는 이상적인 사회란 '모든 사람이 자기 자리를 갖고 있는 사회'라고 정의했다. 하지만 우리의 문화적 맥락은 많은 경우 나이 든 여성에게 적절한 자리를 제공하지 않는다. 우리의 복잡성과 지혜, 삶의 즐거움은 그다지 자주 언급되는 주제가 아니다.

물론 모든 문화권이 이런 모습을 보이진 않는다. 미국에 정착한 난민과 이민자 중 요양원이나 생활보조시설에 간병인으로 취직한 이들은 이 나라에서 노인들이 얼마나 푸대접을 받는지 목격하고 깜짝 놀란다. 그들이 떠나온 나라에서는 노인이 가족과 부족 구성원에게 극진한 보살핌을 받기 때문이다.

국가가 산업화되면서 부모 자식 사이의 관계가 변하는 것은 전 세계적인 현상이다. 예를 들어 타이의 젊은이들은 일거리를 찾아 끝없이 도시로 이주하고 있으며, 나이 든 이들은 그대로 시골에 남겨지고 있다. 그 결과, 이 나라에는 역사상 처음으로 노인을 보살필 사람이 없는 사태가 벌어졌다. 일본에는 나이 든 부모님을 모시고 사는 오랜 전통이 있었지만, 맞벌이와 장시간 근무, 혼잡한 도시와 좁다란 아파트에서의 삶이 일반화되면서 부양 문화에도 변화가 찾아왔다. 오늘날 일본의 젊은 세대는 부모와 함께 지낼 공간도, 돌볼 시간도 갖고 있지 못하다. 이것은 지금 일본 사회가 맞닥뜨린 심각한 위기다.

우리의 문화에는 각 세대 사이의 관계를 정의할 만한 적절한 언어가 존재하지 않는다. 독립과 의존에 대한 생각은 우리가 젊은 세대와 늙은 세대를 분리해서 바라보게 만든다. 젊은 여성은 독립을 갈망하고, 나이 든 여성은 의존을 두려워한다. 하지만 이 중 어느 것도 현실을 정확히 반영하지는 못한다. 사실 우리 모두는 평생 상호의존적인 관계 속에서 살아간다.

만약 서로 보살피기도 하고 보살핌을 받기도 하는 우리 모두의 삶을 상호의존적이라고 생각할 수 있다면, 나이 든 세대와 젊은 세대 사이의 상호작용 또한 같은 시각에서 새롭게 정의할 수 있을 것이다. 젊은이들은 인생 선배가 제공하는 도움에 보다 감사하는 마음을 가질 것이며, 나이 든 이들은 가장 연배가 높은 친척 어르신에서 갓 태어난 아기로 이어지는 보살핌의 연결고리 속에서 자기 자리를 찾을 수 있을 것이다.

나이 든 이들의 상당수는 젊은 세대와 거의 접촉하지 않으며, 그 반대의 경우도 마찬가지다. 이는 개인과 가족 그리고 문화 전체에 불행한 일이다. 문화는 그 속성상 세대 간 교류를 통해 발전한다. 서로 다른 연령대의 사람들이 상대방에게 영감과 활력을 선사하기 때문이다. 우리 모두가 상호의존적인 관계라는 사실을 받아들일 때, 사람들은 비로소 서로의 강점을 인정할 수 있다. 그러지 않으면 우리의 사고는 문화 전체에 퍼져 있는 편견에 고정되고 말 것이다. 잠재력 또한 제대로 발휘할 수 없다.

물론 세대 간 단절 현상에도 예외는 존재한다. 나이 든 이들 중 일부는 어린 친구들과 편하게 어울리며 지낸다. 젊은 세대 중에도 연령차별주의와 무관한 이들이 적지 않다. 노인에게 흔쾌히 도움의 손길을 내미는 청년도 많다. 얼마 전 시카고행 비행기에 탔을 때, 한 젊은 남녀가 나서서 내 캐리어를 머리 위 선반에 넣어주고, 착륙한 후에는 다시 내려주는 친절을 베풀었다. 도시의 만원 전철에 탔을 때는 10대로 보이는 소년이 망설임 없이 자리를 양보했다. 호텔 로비에서 방으로 이어지는 긴 계단을 올라가고 있을 때는 한 젊은 여성이 가던 길을 멈추고 내 가방을 들어다주겠다고 제안했다. 노인을 향한 이런 친절과 존경은 언제나 내 마음을 울린다. 그분들에게 진심 어린 감사를 전하고 싶다. 그런 배려를 누릴 수 있었던 것은 내게 큰 영광이었다.

하지만 일반적으로 나이 든 여성은 가게에서, 일터에서, 헬스클럽에서, 자원봉사 장소에서 젊은이들에게 투명인간 취급을 당한다. 변호사로 일하는 내 친구는 푸드코트나 서비스센터에 줄을 서 있을 때 종종 젊은 사람에게 새치기를 당한다고 털어났다. 남편과 함께 가전제품이나 가구, 자동차 판매점에 방문할 때면 점원들이 내 친구를 지나쳐 친구 남편에게만 말을 건다. "나는 이제 사람들 눈에 보이지 않나 봐. 옷을 다 벗고 법원을 돌아다녀도 아무도 눈치채지 못할 것만 같아." 내 친구는 슬픈 목소리로 말했다.

굳이 따지자면, 투명인간 취급도 항상 나쁘지만은 않다. 때로는 남들 눈에 띄지 않는다는 것이 자유를 뜻하기도 하니까. 우리는 타인의 시선에서 벗어나 자유롭게 행동할 수 있다. 들킬 염려 없이 주변을 관찰할 수도 있다. 사람들의 관심에서 멀어진 순간부터는 외모나 체면에 지나치게 신경 쓸 필요가 없어진다. 우스꽝스럽거나 별스러운 행동을 해도 상관없다. 직장에 다니는 상황이 아니라면 옷차림에 대한 제약에서도 벗어난다. 덴버에 사는 엠마는 확신에 찬 목소리로 말했다. "나는 이번 세기에 바지를 단 한 벌도 사지 않았어요!"

원한다면 티셔츠에 트레이닝 바지만 입고 지내도 괜찮다. 가고 싶지 않은 행사에 굳이 참석할 필요도 없다. 그러나 이렇게 가끔은 유익한 점도 있는 투명인간 취급과 달리, 연령차별에는 장점이라고 할 만한 것이 단 하나도 없다. 직접 당해보면 누구나 그 사실을 뼈저리게 느낄 것이다.

수잔나와는 그가 일하는 병원에서 인터뷰를 했다. 큰 키에 마른 체형인 그는 겨자색 정장과 그에 딱 어울리는 단정한 구두를 신고 있었다. 우리는 지난 수년 동안 한동네에 살았지만, 이렇게 마주하고 얘기를 나눈 건 이번이 처음이었다. 나는 그에 대해 '세상에서 가장 자신감 넘치는 여성' 혹은 '타고난 리더'라는 평을 들은 적이 있다. 수잔나는 다정한 미소를 짓고 있었지만, 몸짓에서는 밝으면서도 단호한 메시지가 엿보였다. "당장 본론으로 들어가죠."

우리는 서론을 건너뛰고 그가 겪고 있는 나이에 대한 고정관념을 짚어보기 시작했다. 수잔나는 자신이 병원 행정팀에서 일하고 있으며, 팀에서 가장 나이가 많은 여성이라고 말했다. 그는 어느 날부턴가 자신이 나이를 숨기고 동료들만큼 젊은 척하려 애쓴다는 사실을 깨달았다. "저는 제 나이가 부끄럽지 않아요. 하지만 실제 나이를 공개하면 감당해야 할 짐이 너무 많아지죠."

본인이 만 69세임에도, 그는 다른 젊은이들처럼 나이 든 여성을 부정적인 시선으로 바라봤다고 고백했다. 신문 부고란에서 70세 언저리의 누군가가 사망했다는 소식을 읽으면 저도 모르게 이런 생각을 떠올렸다. '흠, 살 만큼 살았네.' 하지만 잠시 후에는 어김없이 충격적인 깨달음이 찾아왔다. '세상에, 이럴 수가. 이 사람 나랑 거의 동갑이잖아? 난 아직 죽을 준비가 안 됐는데!'

수잔나는 지난 몇 달 동안 큰 회의에서 프레젠테이션을 할 때 자신감을 느낄 수 없었다. 목소리나 제스처가 예전만큼 활기찬지 확신할 수가 없었던 것이다. 그는 장난기 어린 표정으로 날 바라보며 말했다. "이런 생각을 하다니. 제가 미친 걸까요?" 우리는 소리 내 웃었다. 하지만 둘 다 기쁘지는 않았다.

그는 양손으로 커피 잔을 쥐고 천천히 한 모금 마신 뒤, 자신이 이 일을 사랑하며 그만두고 싶지 않다고 말했다. 하지만 병원의 규칙에 따르면 만 70세에는 정년퇴직을 해야 한다. 지금껏 늘 업무로 인정받아왔던 수잔나는 일에 대한 성취감이 사라졌을 때 어떤 삶이 찾아올지 확신할 수 없었다. "은퇴한 제 친구들을 보면 외부에서 칭찬받을 일이 거의 없더라고요. 그렇다면 스스로의 내면에서 가치를 찾아내야겠죠."

수잔나는 대학생 때부터 강한 페미니스트 성향을 지니고 있었다. 예술가로 활동하는 월트와 수십 년 동안 파트너로 지냈지만, 단 한 번도 자신의 정체성이 외적인 매력이나 연애 관계에 휘둘린다고 생각한 적 없었다. 그는 친밀한 여성들로 이뤄진 공동체에서 활동했고, 모든 종류의 대외활동을 즐겼다. 이런 와중에, 자신이 인근에서 가장 나이 든 여성이라는 사실을 포함하여 세월이 불러온 낯선 감정과 각종 정체성 문제는 그를 혼란에 빠뜨렸다. "저는 지금껏 나이 든다는 게 남에게만 일어나는 일인 줄 알았지 뭐예요." 그가 깔깔대며 말했다.

어머니가 돌아가시기 전, 수잔나는 어머니가 지내던 요양시설에서 많은 환자들과 좋은 관계를 맺었다. 지금도 한 달에 두 번은 그곳에 방문해서 빙고게임을 진행한다. 이 경험은 노인에 대한 그의 고정관념을 흔들어놓았다. 예를 들어, 한 여성 환자는 게임을 하다가 수시로 꾸벅꾸벅 졸곤 했다. 맨 처음에 수잔나는 그 환자가 너무 늙어서 더 이상 온전한 정신을 유지하지 못한다고 생각했다. 하지만 차츰 그가 졸고 있지 않을 때만큼은 누구보다 발랄하고 재치 있는 사람이라는 사실을 알게 됐다.

커피를 다 마셔갈 무렵, 우리 대화의 주제는 노인에 대한 사회적 고정관념과 그가 느끼는 현실 사이의 괴리로 넘어갔다. 수잔나는 말했다. "얼마 전 월트와 영화를 보러 갔어요. 수백 명의 배우가 노래하고 춤을 추는 뮤지컬 영화였는데, 그 많은 사람 중에 나이 든 여배우는 한 명도 없더군요. 마치 영화 속의 이상적 세계에 우리 존재는 포함되지 않는 것처럼 느껴졌어요." 나는 그의 말에 적극 동의했다. "그런 영화에는 주름도 군살도 등장하지 않죠." 우리는 상담을 마무리하며 또다시 즐겁지 않은 웃음을 터뜨렸다.

수잔나는 나이 든 여성을 향한 문화적 편견에 저항하기 위해 최선을 다하고 있었다. 하지만 페미니스트라는 배경과 조직의 리더로 활동한 경력, 다양한 사회활동 경험이 있는 그에게조차 연령차별과의 싸움은 쉽지 않은 길이었다.

나는《리바이빙 오필리아》에서 미국 10대 소녀들의 이야기를 다뤘다. 그들의 실제 삶은 문화적 틀이 정의한 것보다 훨씬 더 복잡하고 흥미로웠다. 물론, 이제 막 넓은 사회에 발을 내딛은 소녀들과 달리 나이 든 여성들은 수십 년 동안 그 사회 속에서 살아왔다. 우리의 뇌는 완전히 성숙했고, 대부분은 취향과 교육, 사고력 면에서 숙련된 기술을 갖췄다. 하지만 아무리 성숙한 사람이라 해도, 나이 뒤에 따라붙는 온갖 제약을 극복하기 위해서는 우선 현실을 직시할 줄 알아야 한다.

작가 메리델 르 쉬외르Meridel Le Sueur는 "생존은 저항이다"라고 했다. 우리 행동을 정의하는 현재의 문화적 기준은 현실과 동떨어져 있으며, 따라서 우리에겐 사슬을 벗어던지고 저항할 자유가 있다.

내가 가장 좋아하는 저항 스토리는 벨마 월리스Velma Wallis의 소설《두 늙은 여자》에 나오는 이야기다. 월리스는 이 책에서 알래스카에 사는 아타바스칸 부족의 전설을 들려준다. 부족 전체가 굶주리고 있던 어느 추운 겨울, 늙은 여성 두 명이 벌판에 버려졌다. 남성 장로들이 더 이상 일할 능력이 없는 구성원까지 먹여 살릴 수 없다고 판단했기 때문이었다. 두 여인에게 주어진 거라곤 옷가지와 익힌 음식을 담을 수 있는 가죽 가방, 손자 하나가 몰래 전해준 도끼 한 자루뿐이었다. 그들의 목숨이 얼마 남지 않았다는 데는 의심할 여지가 없었다. 어쨌거나 노인은 언젠가 죽으니까. 하지만 둘 중 더 젊은 노인이 이렇게 말했다. "언니, 우리 살려고 노력해봐요. 어쩌면 할 수 있을지도 모르잖아요. 전 죽더라도 노력하다가 죽을래요."

나이 많은 노인이 동의했고, 두 여성은 그렇게 자급자족을 시작했다. 추위와 배고픔은 혹독했고 변변히 쉴 곳도 없었지만, 그들은 어릴 적 기억을 더듬어 근처에 있는 늪지대까지 걸어가는 데 성공했다. 둘은 그곳에서 야영을 하고, 낚시를 하고, 토끼와 다람쥐를 사냥했다. 그들은 살아남았을 뿐 아니라, 여분으로 말려서 보관할 수 있을 정도로 충분한 식량을 확보했다. 몇 주 뒤, 굶주린 채 돌아다니던 부족민들은 우연히 그들이 야영하던 늪까지 흘러 들어왔다. 두 노인은 기꺼이 식량 창고를 열었다. 그날 이후 아타바스칸 사람들은 두 여성을 존경하게 됐고, 이 이야기는 수 세대에 걸쳐 전해 내려왔다. 이것은 굳은 의지를 지닌 여성이 어떤 일을 할 수 있는지 보여주는 아름다운 실화다.

우리는 크게 세 가지 방식으로 나이 든 여성의 힘을 보여주고 존경을 얻을 수 있다. 첫 번째 방법은 다른 이들에게 우리의 실제 삶과 부정적인 고정관념이 얼마나 다른지 가르쳐주는 것이다. 그러기 위해서는 먼저 우리 스스로 자신이나 다른 여성을 비판하지 않고, 노화나 외모에 대한 부정적 표현을 삼가야 한다. "난 시어머니를 비하하는 농담을 좋아하지 않아" 혹은 "내가 아는 나이 든 여성들은 방금 네가 한 말과 전혀 달라"라고 당당히 말하자.

두 번째 방법은 우리가 일생 동안 건강하고, 사회적이며, 생산적인 삶을 누리는 데 필요한 제도와 정책을 만들기 위해 노력함으로써 모든 연령대의 여성에게 도움을 주는 것이다. 연령차별주의적 성향을 띤 정책을 무효화하는 방법에는 탄원과 캠페인, 로비 활동, 법적 대응, 시위 등이 있다. 야생화 꽃다발을 들거나 흔들의자에 앉아서 시위를 벌이는 나이 든 여성들의 모습은 즉각 언론의 관심을 끌 것이다. 우리를 향해 쏟아지는 편견과 부당한 대우를 바꾸기 위해 문학과 음악, 미술, 공연을 이용할 수도 있다.

마지막 세 번째 방법은 전 연령대 사람들과 대화를 나누는 것이다. 우리는 일터에서, 혹은 산책로에서 마주친 누구와도 가벼운 이야기를 나눌 수 있다. 아이를 잘 돌보는 젊은 부모를 격려할 수도 있고, 식당이나 식료품점에서 일하는 점원의 태도를 칭찬할 수도 있다. 그들의 훌륭한 행동을 보고 이렇게 물을 수도 있다. "이런 방법을 대체 누가 가르쳐줬나요?"

젊은 여성과 나이 든 여성의 협동은 상호존중과 공감, 이해를 이끌어내는 밑바탕이 된다. 우리는 특정한 사회활동이나 프로젝트를 통해 두 세대를 한자리에 모을 수 있다. 스터디 그룹을 결성해서 더 나은 미래로 향하는 효율적인 길을 함께 의논할 수도 있다. 국회의원을 비롯한 정책 입안자들을 직접 만나 우리 모두에게 중요한 대의를 실현시키기 위해 로비활동을 펼칠 수도 있다.

여성들의 연대는 종종 놀라운 결과를 만들어낸다. 노년의 여성에 대한 이해를 넓히려는 노력은 지금의 나이 든 세대뿐 아니라 언젠가 나이를 먹을 모든 사람에게 이롭다.

문화는 사람을 만들고, 사람은 문화를 만든다. 여성의 젊음과 아름다움만을 중시하는 사회에서, 나이 든 여성은 설 자리를 잃는다. 육신이 거스를 수 없는 세월의 흐름을 따라가는 동안, 우리는 계속해서 힘을 유지하고 목소리를 내기 위해 새로운 방법을 찾아야 한다. 늙어가는 몸을 스스로 보살피는 동시에, 이 사회가 우리를 보살피도록 만들어야 한다. 물살을 거스르며 노를 저어 나가자.

3장
우리 몸은 시들어도

노화에 대한 두려움은
노인을 향한 혐오와 반감으로 이어지고,
혐오는 끝없이 또 다른 혐오를 낳는다.
서구 사회에는 오랜 옛날부터 이러한 순환 고리가 존재했다.

알렉산드라 로빈 Alexandra Robbin

우리는 시들고, 쳐지고, 주름지고, 구겨지고, 찢기고,
인생에 닥친 각종 사건으로 얼룩진다.
그러나 시간과 중력, 공기와 물은 우리를 마모시키는 동시에
저마다의 독특하고 귀중한 아름다움을 선사한다.
우리의 모든 순간은
계절의 흐름에 따라 변해가는 풍경처럼 찬란하다.

스테파니 슈가즈 Stephanie Sugars

나는 내 나이가 참 좋다

내 친구 피아는 때로 손님들을 자신의 서재로 데려가서 이렇게 말해주고 싶은 충동을 느낀다. "저도 한때는 젊었답니다." 서재에 가면 피아가 시카고대학교에 다니던 1969년에 찍은 사진을 볼 수 있다. 사진 속 그는 화려한 문양의 셔츠를 입고 긴 금발 곱슬머리를 깃털 머리띠로 장식한 채 푸른 잎이 무성한 정원수에 둘러싸여 있다. 통통하고 매끈한 볼에 눈빛은 반짝이고, 입술은 장밋빛이다. 피아는 자신이 항상 지금처럼 잿빛 머리칼과 바짝 마른 몸, 주름진 피부를 가졌던 건 아니라는 사실을 그들에게 알려주고 싶다.

70대를 향해 나아가는 동안 우리의 골격과 몸매, 시력, 후각, 미각, 치아에는 변화가 찾아온다. 우리 몸은 같은 약에도 전과 다르게 반응하고, 점점 추위를 견디지 못하게 된다. 피부가 얇아지면서 쉽게 멍이 들고, 연골은 삐그덕거린다. 우리는 균형과 조화를 되찾기 위해 발버둥 친다. 모든 것이 축 처지고 늘어지는 것만 같다.

젊은 시절에 섹시하고 매력적이었던 여성들은 자신감의 위기를 겪는다. 그들은 거울 속에서 매끈한 피부 대신 주름진 얼굴을 발견한다. 피부는 얇아지고 지방층은 두꺼워진다. 내 지인 중 한 명은 40대 이후로는 수영복을 입지 않는다고 했다. "해변에 놀러 온 어느 누구의 기분도 망치고 싶지 않아"라는 게 그의 설명이었다. 한편, 또 다른 친구는 늘어진 목주름을 제거하는 시술을 심각하게 고민했다. 하지만 결국 그는 그 돈으로 하와이 여행을 가기로 결정했다. 이 얼마나 현명한 선택인가.

성생활에도 놀랄 만한 변화가 찾아온다. 어떤 여성은 성욕이 현저히 줄어드는 반면, 어떤 여성은 더 왕성한 성욕을 느낀다. 항상 적극적인 성생활을 했던 리타는 더 이상 섹스에 큰 흥미를 느끼지 않는다. 반면 밀리는 파트너와 40년간 쌓아온 신뢰 덕분에 그 어느 때보다 편안한 마음으로 섹스를 즐긴다. 질병과 고독, 외로움 또한 성욕과 성생활에 큰 영향을 미치는 요소다.

실비아와 루이스 부부는 텍사스주 오스틴에 있는 작은 집에서 양육권이 있는 두 명의 손자를 키우며 지낸다. 은퇴하기 전까지 실비아는 법률사무소에서 사무직원으로 일했고 루이스는 전기 기사였다. 그들은 지금도 부수입을 얻기 위해 종종 파트타임 일을 하고 있다. 두 사람은 집 근처의 작은 복음주의 교회에 다닌다.

실비아는 웃을 때 앞니 사이의 작은 틈이 드러나는 매력적인 여성이다. 하지만 예전만큼 자주 웃진 않는다. 지난 20년 사이에 닥친 시련은 실비아 내면의 천진난만함을 완전히 앗아갔다. 그는 어린 시절 겪은 소아마비와 고통스러운 관절염의 후유증으로 다리를 절게 됐다. 체중이 불어났지만 운동할 시간도 기력도 없고, 헬스클럽에 등록할 여유자금은 더더욱 없다.

실비아와 루이스에게는 레노어라는 외동딸이 있다. 두 사람은 딸을 복음주의 신도로 키웠고 피아노 레슨을 위해 돈을 지불했다. 중학생 때까지만 해도 레노어는 성적은 다소 낮지만 바르고 착한 아이였다. 하지만 그 이후로는 술을 마시고, 마약을 하고, 툭하면 날이 밝은 후에야 집에 돌아오기 시작했다. 결국 고등학교에서 퇴학당한 뒤, 레노어는 길거리를 전전하며 살기 시작했다. 메스암페타민 중독은 차츰 헤로인 중독으로 옮겨갔다. 레노어의 부모는 저축의 상당 부분을 딸의 약물중독 치료와 재활 프로그램에 쏟아부었다. 그러나 결과는 성공적이지 못했다.

정신적으로 문제가 있는 딸을 키우는 것은 실비아 인생 최악의 경험이었다. 그는 내게 말했다. "노숙자에 마약중독자고, 툭하면 연락이 두절되는 딸이 없는 사람은 진짜 시련이 뭔지 절대로 알 수 없어요."

실비아는 아직도 레노어가 어디서 뭘 하고 사는지 알지 못한다. 마지막으로 연락이 닿았을 때, 레노어는 자신이 오클라호마시티의 약물중독 치료시설에 입원해 있다고 말했다. 하지만 딸이 알려준 시설의 전화번호는 결번이었다.

딸을 잃은 뒤, 루이스는 한층 더 내향적인 성격이 됐다. 실비아는 남편에게 금요일 정도는 낚시를 가거나 사람들과 카드게임을 해보라고 권했다. 하지만 루이스는 매일 밤 TV를 보다가 소파에서 그대로 잠드는 것 외에 어떤 취미생활도 하지 않았다. 두 사람은 한때 활발한 성관계를 가졌었다. 하지만 최근 몇 년 사이에는 섹스를 전혀 하지 않았다. 실비아는 언제나 혼자서 침대에 기어들어갔고, 아침에 눈을 떴을 때도 대부분 혼자였다.

실비아에겐 루이스의 슬픔을 치유할 여력이 없었다. 실비아는 아침마다 부랴부랴 커피를 끓여놓은 뒤 차를 몰고 일터에 나간다. 친구들의 동정 어린 시선이 지긋지긋해서 모임에도 나가지 않는다. 세상에 실비아를 제대로 위로해줄 수 있는 사람은 아무도 없었다. 그는 매일 저녁 식사와 설거지를 마친 뒤 침실로 가서 레노어의 사진을 보며 울었다. 루이스 또한 눈물을 흘렸지만, 불행히도 두 사람은 서로 다른 방에서 울었다.

이제 60대 후반에 접어든 그들은 레노어가 낳은 아이들을 돌보고 있다. 만 열 살이 된 맥스는 또래에 비해 키가 크고 깡마른 소년으로, 약한 수준의 학습 장애를 앓고 있다. 귀가 크고, 할머니와 똑같이 앞니 틈이 살짝 벌어졌다. 그레이시는 착하고 토실토실한 만 여덟 살 소녀로, 언제나 높다랗게 땋아 올린 머리를 하고 있다. 두 아이는 늘 힘이 넘치고, 언제나 뭔가를 요구한다. 한번은 실비아가 남편에게 이렇게 말했을 정도다. "하나님이 왜 폐경기를 만드셨는지 알겠어. 60대는 어린아이를 기르기엔 너무 늙은 나이야."

실비아는 관절염 통증에 대해 아무에게도 별다른 이야기를 하지 않았고, 약물치료도 끊은 지 오래였다. 오랜 세월 그를 담당했던 주치의가 은퇴했기 때문이다. 실비아는 그가 그리웠다. 두 사람은 같은 교회에 다녔고, 종종 채소나 집에서 만든 음식을 주고받기도 했다.

점점 심해지는 통증을 견디다 못한 실비아는 결국 다른 의사를 찾아갈 수밖에 없었다. 새로운 주치의와의 만남은 처음부터 불편했다. 피터슨 박사는 실비아보다 훨씬 어렸고, 환자보다 컴퓨터를 더 많이 들여다보는 것 같았다.

의사는 비만과 운동부족을 두고 실비아를 호되게 꾸짖었다. 혈압과 콜레스테롤 수치가 너무 높으니 당장 생활습관을 바꾸고 운동을 시작해야 한다고도 말했다. 진료 막바지에, 그는 실비아에게 중독성이 있는 오피오이드 진통제를 처방하는 대신 통증클리닉에 방문할 수 있도록 소견서를 써주겠다고 했다.

새 주치의를 만나고 난 뒤, 실비아는 분노와 절망을 동시에 느꼈다. 그는 통증클리닉에 갈 생각이 없었다. 손주들을 돌보느라 너무 바빴고, 치료비를 낼 돈도 없었다. 만약 집에 여윳돈이 조금이라도 있었다면 당장 루이스의 치과 치료 비용을 댔을 것이다.

실비아는 혼잣말로 툴툴댔다. 나 정도 나이에 이만큼 스트레스를 받으면서 '생활습관의 변화'를 실천할 수 있는 사람이 얼마나 될까? 만약 저 의사가 나와 똑같은 상황이라면 규칙적인 운동을 할 수 있을까? 과연 그가 인생의 유일한 낙인 고칼로리 저녁 식사나 지친 하루의 끝에 마음을 안정시켜주는 초콜릿 바를 포기할 수 있을까?

실비아만큼 절망적인 상황까진 아니더라도, 나이를 먹으면 누구나 에너지가 줄어드는 것을 느낀다. 마음은 여전히 넓은 정원을 혼자서 손질하거나 하루 종일 맨해튼의 복잡한 거리를 쏘다니고 싶지만, 몸이 따라주질 않는 것이다. 아침에 눈을 떴을 땐 넘치는 것 같던 활력이 정오를 채 넘기지 못하고 사그라진다. 우리 세대 사람들은 자주 이런 질문을 던진다. "도대체 예전에는 어떻게 그 모든 일을 해냈을까?"

우리는 한때 자유롭게 즐겼던 신체 활동 중 일부에 작별을 고해야 한다. 내 친구 카르멘은 더 이상 테니스를 치지 못한다. 조경사였던 리앤은 더 이상 그 직업에 필요한 격렬한 육체노동을 감당하지 못한다. 애비는 노안 때문에 책을 읽을 수 없어서 오디오북을 듣기 시작했다.

뇌기능이 약해지면서 지적 활동에도 변화가 찾아온다. 슬프지만, 우리는 더 이상 다섯 가지 일을 한 번에 할 수 없다. 새로운 언어를 배우거나 체스처럼 복잡한 게임의 룰을 외우기도 예전보다 훨씬 어렵다. 노년층의 상당수는 단기 기억을 쉽게 잃는다.

노인의 기억력을 다룬 대부분의 연구는 상실과 악화에 초점을 맞추지만, 사실 이런 식의 접근은 매우 중요한 현상을 간과한다. 우리는 같은 일에도 더 적은 혼란을 느끼고, 상황의 본질에 더 집중할 수 있다. 때로는 젊은 시절에 비해 더 깊고 통합된 기억을 보여주기도 한다. 휴대전화나 선글라스를 자꾸 잃어버리는 것은 본질적인 현상의 일부에 불과하다. 우리는 가족과 친구, 역사, 인생의 시련과 전환점에 대한 종합적인 기억을 지니고 있다.

세부적인 내용은 잊어버릴 수 있지만, 지난 이야기를 되살리는 데는 노인을 따라올 자가 없다. 우리 머릿속에는 평생 동안 쌓은 자료가 저장돼 있고, 경우에 따라 유용하게 꺼내 쓸 수 있다. "우리 시어머니가 세상에서 가장 맛있는 파이를 구울 수 있었던 건 버터 대신 라드를 넣었기 때문이야." 이런 기억은 현실적인 정보를 준다. "예전에 우리 이모가 남자친구를 변호사로 선임했다가 크게 곤란해하는 모습을 봤지." 이런 기억은 경고가 된다. "잠이 오지 않을 때면, 아이들이 아직 아기였을 때 그 옆에서 함께 잠들었던 순간을 떠올리곤 해." 이런 기억은 마음을 안정시켜준다. "우리 부모님은 자식들을 키우면서 대공황과 제2차 세계대전을 헤쳐 나오셨잖아." 이런 기억은 동기부여가 된다. "엄마는 남에게 대접받고 싶은 만큼 남을 대접하라고 입버릇처럼 말씀하셨어." 이런 기억은 우리를 도덕적으로 보다 나은 사람으로 만들어준다.

나이 든 이의 기억은 오래된 강처럼 깊고 맑다. 우리는 50년 전에 일어난 일과 바로 어제 일어난 일 사이의 관계를 판단할 수 있다. 서로 다른 사건을 연결하거나 구분하는 능력은 점점 강해진다. 우리는 복잡하면서도 다양한 관점을 지닌 채 더 편안한 삶을 누릴 수 있다.

예고 없는 삶의 공격에 하염없이 휘청일 때조차, 우리는 고통과 인간의 삶이 떼려야 뗄 수 없는 관계이며 스스로에게 이 시련을 극복할 능력이 있다는 사실을 알고 있다. 유지와 상실, 적응, 부활로 이어지는 순환 과정의 일부가 되는 법을 배웠기 때문이다.

젊은 시절, 우리 대부분은 건강을 당연하게 여겼다. 나만 해도 대학원에 다닐 때는 멘톨 담배를 피우고 커피를 큰 컵으로 마시며 아침마다 설탕이 듬뿍 든 도넛을 먹었다. 주말이면 친구들과 어울려 와인을 마셨고, 네브래스카대학교 주차장에서 심리학과 건물까지 걸어가는 것 이외에 운동이라곤 거의 하지 않았다. 여름이면 햇볕을 쬐기 위해 야외에서 공부했다. 그러고도 몇 년 동안 병원 한번 가본 적이 없었다. 내 몸은 건강 그 자체였다.

언젠가 내가 백내장 수술과 골다공증 그리고 기저세포암을 겪으리라고는 상상도 못 했다. 새하얗던 치아가 이렇게 누레질지도 몰랐다. 지금 와서 자외선 차단제를 더 열심히 바르고 자세를 더 바르게 할걸 그랬다고 후회해봤자 이미 늦었다. 20년간 담배를 피운 것이 바보 같은 짓이었다는 깨달음도 이제는 소용이 없다.

스스로 나이를 먹어갈수록 노인을 바라보는 우리의 시선은 더 관대해진다. 우리는 부모님과 조부모님을 더 깊이 이해할 수 있게 된다. 우리 아버지는 만 49세에 뇌졸중을 일으키셨다. 당시 만 열여덟 살이던 내 눈에는 중년 남성이 연달아 뇌졸중 발작을 일으키다가 만 54세에 사망한다는 사실이 그다지 부자연스럽게 느껴지지 않았다. 물론 아버지의 죽음은 끔찍하게 슬펐지만, 어쨌든 나는 그분이 그럴 수 있을 정도로 나이 들었다고 생각했다. 그러나 지금의 나는 아버지가 첫 발작을 일으킨 나이보다 스물한 살이나 더 많고, 내 아들은 벌써 만 46세가 됐다.

나는 '할머니처럼 걷는다'며 어머니를 놀리곤 했다. 어머니는 몇 번인가 빙판길에서 미끄러져 넘어진 뒤 결국 노인용 네 발 지팡이를 주문하셨다. 요즘 나는 꽁꽁 언 빙판길을 걸을 때마다 그 네 발 지팡이가 있었으면 하고 바란다.

젊은 시절에 나는 건강에 관한 모든 이야기를 지루하고 불쾌하다고 여겼다. 도대체 왜 나이 든 친척들은 쓸개니 장이니 백내장 수술 이야기에 그렇게까지 열을 올릴까? 이런 질병을 앓는 사람이 그런 이야기를 하는 거야 이해할 수 있었지만, 우리집 어른들은 생전 겪어보지도 않은 병에 대해서까지 큰 관심을 보였다.

자신의 몸 상태를 거리낌 없이 얘기하는 노인들의 태도는 나를 충격에 빠뜨렸다. 우리 삼촌은 사람들 앞에서 고환이 부어올랐다는 이야기를 했다. 한 이모는 자신의 변비 이야기를 했고, 여러 어른들이 수면 장애에 대한 고충을 털어났다. 젊은 처녀였던 내 귀에 잠에 대한 토론만큼 따분한 일은 없었다.

하지만 지금의 나는 완전히 다른 관점을 갖게 됐다. 스스로 건강 이야기에 열을 올린다. 물론 남성 친구들이 비뇨기 질환이나 약물 치료가 성생활에 미치는 영향을 대놓고 얘기할 때는 깜짝 놀라기도 하지만 놀라움의 정도는 5년 전에 비해서도 한참 줄어들었다. 우리는 건강에 대해 자주 토론한다. 큰 비가 내리면 홍수를 걱정하듯이, 나이 든 우리에게 건강이란 당장 눈앞에 닥친 가장 중요한 화제이기 때문이다.

그러나 이러한 대화가 언제나 우울한 것만은 아니다. 우리는 몸의 문제를 받아들이고, 심지어 웃으며 대처할 수 있는 법까지 배웠다. 건강에 관한 대화는 농담과 재미있는 일화로 가득 채워질 수 있다. 내 친구 필리스 딜러는 이런 농담의 달인이다. "요즘은 내가 밖에 나가는 횟수보다 허리가 나가는 횟수가 더 많은 것 같아." 또 다른 친구는 요즘 받는 항암화학치료Chemotherapy(키모테라피)에 빗대어 자신을 '키모 사피엔스Chemo Sapiens'라고 부른다. 하지만 고통을 농담으로 승화시킨 유머감각의 최고봉은 따로 있다. 바로 양쪽 가슴에 유방절제술을 받은 내 이웃이다. 그는 브래지어에 작은 호박으로 된 '뽕'을 넣고 할로윈 파티에 나타났다.

욜란다의 어머니 이브는 임종 직전까지도 농담을 던졌다. 그는 평생 약물치료를 싫어했다. 처방전 없이 살 수 있는 약을 믿지 않았고, 출산할 때를 제외하고는 의사를 찾아간 적도 거의 없다. 하지만 그는 언제나 건강한 생활습관을 유지했고, 힘든 육체노동을 견뎠으며, 누구나 때가 되면 죽는다는 사실을 받아들였다.

이브의 생각은 옳았다. 그는 만 98세에 우리 어머니가 항상 '노인의 친구'라고 불렀던 폐렴에 걸려 중환자실에 입원했고, 의사는 고통스러워하는 그에게 모르핀을 처방했다.

처음에는 강하게 고개를 저으며 거부했지만, 얼마 후 통증이 참을 수 없을 정도로 심해지자 이브는 결국 마지못해 의사의 제안을 받아들였다. 주사를 놓은 지 몇 초 만에 그의 몸은 편안해졌다. 이브는 딸을 향해 말했다. "나는 지금껏 바보같이 살았어. 오래전에 마약을 시작했어야 했는데." 모녀는 웃음을 터뜨렸다.

우리는 언제나 스스로를 구원할 수 있다. 우리에게는 초점을 맞출 대상을 선택하고 감사하는 태도를 보일 능력이 있다. 적어도 우리는 지금껏 걸렸던 모든 질병을 딛고 살아 있지 않은가! 결과가 아무리 나빴대도, 더 나쁜 상황이 생길 가능성은 얼마든지 존재했다. 최악의 시나리오를 상상하는 것은 그 상황에서 벗어났다는 안도감을 선사한다.

얼마 전, 나는 난소암으로 방사선치료와 화학요법을 막 마친 친구 애비와 함께 노천카페에 갔다. 애비는 자신에게 더 이상 예전의 모습이 남아 있지 않다고 말했다. 길고 고통스러운 치료가 자신을 텅 빈 껍데기로 만들었으며, 과거의 인간적인 모습을 모두 앗아가버렸노라고 했다. 그 순간, 테이블 위에 허브차가 담긴 아름다운 주전자와 고소한 냄새를 풍기는 아몬드 크루아상이 서빙됐다. 차를 홀짝이며 크루아상을 조금씩 뜯어 먹던 그가 문득 미소를 지으며 말했다. "크루아상을 좋아하던 애비가 돌아오고 있어."

케스트럴은 얼음처럼 푸른 눈에 서릿발처럼 차가운 성격을 지닌 아담한 여성이다. 그는 시애틀에 위치한 기술 회사에서 일하며, 퓨젓사운드 만이 내려다보이는 아파트에서 혼자 지내고 있다.

워싱턴 교외 지역의 보수적인 노동자 집안에서 자란 그는 어릴 때 알코올중독자 아버지에게 학대를 받았다. 어느 날 밤, 그는 어머니의 목을 조르는 아버지를 다리미로 내리치며, 두 번 다시 어머니나 자신의 몸에 손을 대면 죽여버릴 거라고 외쳤다. 아버지는 딸에게 욕설을 퍼부었지만 슬그머니 꼬리를 내리고는 두 번 다시 가족 중 누구에게도 손찌검을 하지 않았다.

케스트럴은 아버지에게 설명하기 어려운 고마움을 느꼈다. 아버지의 잔인함 덕분에, 케스트럴은 감정적으로 쉽게 무너지지 않는 강인한 여성으로 자라났다. 아버지와 맞서고 약한 마음을 보호하기 위해 기른 용기와 투지는 사회생활에 큰 도움이 됐다. 그는 자부심이 넘치고 불의에 당당히 맞서는 여성이 됐다.

하지만 안타깝게도, 아버지의 기억이 그에게 장점만 선물한 것은 아니었다. 그는 오직 자신밖에 믿지 않았고 어떤 사람과도 가벼운 관계 이상으로 발전하지 못했다. 요즘은 베카라는 이름의 교사와 만나고 있지만, 연인과도 감정적인 거리를 유지하고 있다. 함께 밤을 보낸 적도 없고, '사랑해'라는 말을 한 적도 없다. 아버지와 마찬가지로, 케스트럴이 진정으로 의지하는 대상은 오직 술뿐이었다.

자신의 건강 상태에 대해 알게 됐을 때, 케스트럴은 괴로움을 감출 수 없었다. 만 64세에 뼈 검사를 받았는데 골다공증이라는 결과가 나온 것이다. 의사는 케스트럴에게 평소 음주량이 어떻게 되느냐고 물었고, 그는 매일 밤 레드와인 한 병 정도를 마신다고 말했다. 의사는 걱정 어린 표정으로 당장 술을 끊고 우유를 마셔야 한다고 말했다. 케스트럴은 비탄에 잠긴 목소리로 대답했다. "제가 마지막으로 우유를 마셨던 건 기저귀를 차고 있었을 때라고요." 두 사람은 함께 소리 내 웃었다.

케스트럴은 처방을 따르지 않았을 때 어떤 일이 벌어질 수 있는지 물었다. "언젠가 식기세척기 문을 열다가 척추가 부러지거나 엉덩이뼈가 바스라질 겁니다."

케스트럴은 침을 꿀꺽 삼키고 마음을 다잡기 위해 애써야 했다.

의사의 대답을 듣자 술 생각이 간절해졌던 것이다.

의사는 여기서 그치지 않고 케스트럴이 가장 좋아하는 활동인, 캐스케이드 산맥과 올림픽 산맥에서 즐기는 산악자전거 타기를 비롯해 넘어질 위험이 있는 모든 취미생활을 중단하고 헬스클럽에서 웨이트 트레이닝을 하라고 충고했다.

케스트럴은 병원을 나서자마자 분노에 차서 땅바닥에 침을 뱉었다. 그의 아버지는 가족에게 끼친 그 모든 피해에 더해서 딸에게 알코올중독까지 물려줬다. 케스트럴은 길을 걸으며 욕설을 내뱉었고 두 번 멈춰 서서 타이어를 발로 찼다. 두 번째 발길질이 너무 셌던 나머지 발을 다치고 말았다. 절뚝거리며 집에 도착한 그는 베카에게 전화를 걸어 남은 욕설을 마저 토해냈다.

그는 아무래도 알코올중독자 치료 모임에 나간다는 결심을 할 수가 없었다. 다른 사람들 앞에서 약한 모습을 보이거나 생각과 감정을 공유하는 건 그와 어울리지 않았다. 그래도 얼마 후 찾아온 생일을 술 없이 보내는 데에는 성공했다. 다행히도 그에게는 강철 같은 의지가 있었고, 불같은 성질 외에는 모든 것을 제어할 수 있는 통제력도 갖추고 있었다.

처음 몇 달 동안에는 술을 마시는 다른 친구들과 함께 있는 순간이 견딜 수 없이 괴로웠다. 집에 혼자 있거나 직장 동료들과 스시를 먹으러 갔을 때도 참기가 힘들었다. 이 세상에 술만큼 큰 안정을 선사하는 존재는 없었다. 하지만 척추가 부러질지도 모른다는 두려움이 그를 지탱해줬다. 그는 평생 강인하게 살았고, 수많은 좌절을 이겨냈다. 마침내 그는 라임을 넣은 토닉 워터와 함께 저녁 식사를 즐기는 법을 배웠다. 이렇게 술의 유혹은 간신히 이겨냈지만, 이윽고 긴장을 풀지 못해서 생긴 불면증이 따라왔다. 그는 아직 술 생각을 불러오는 여러 가지 문제를 완전히 극복하지 못했다.

난민을 주제로 책을 쓰는 동안, 나는 트라우마와 회복에 대해 많은 것을 배웠다. 지금껏 상담을 했던 사람들의 도움을 받아 '힐링 패키지'라고 불리는 치료법을 개발하기도 했다. 힐링 패키지에는 내담자의 상황을 고려하여 처방된 서양 의학의 의료적 시술이나 해당 난민의 문화권에서 두루 쓰이는 민간요법, 혹은 단순히 정신적 안정을 주는 재밋거리 등이 포함됐다. 예를 들어, 난민 가족을 위한 일반적인 힐링 패키지에는 도시 공원에서의 산책, 고향 음식, 같은 언어를 쓰는 사람들과의 대화 등이 들어갔다.

누구나 스스로를 건강하고, 평온하고, 행복하게 만드는 것들을 모아 자신만의 힐링 패키지를 만들 수 있다. 건강한 식사와 운동, 인간관계, 취미생활, 감사하는 마음을 담아 맞춤 처방전을 쓸 수도 있다.

잔인한 달이었던 2014년 11월은 내게 회복력을 기를 수 있는 계기를 여럿 마련해줬다. 나는 남동생의 전립선암이 6년 만에 재발했다는 소식을 들었다. 친구 마리안이 죽었고, 그로부터 2주 후 또 다른 친구 켄트가 세상을 떠났다. 치과 의사는 내게 잇몸 이식 수술이 필요하다고 말했다. 이 정도로도 모자랐는지, 별안간 양손에 움직이기도 힘들 정도의 통증이 찾아왔다.

나는 뻣뻣하고 찌르는 듯이 아픈 손을 치료하기 위해 물리치료 예약을 잡았다. 냉찜질이나 정기적인 휴식 정도를 처방받으리라는 내 기대와 달리, 물리치료사 댄은 한 시간 반에 걸친 검사 끝에 내가 여태껏 이 손으로 요리를 하거나, 차를 운전하거나, 혼자서 옷을 입을 수 있었다는 사실 자체가 기적이라고 말했다. "환자 분의 손은 이미 입원했어야 해요."

댄은 나에게 손 스트레칭을 열심히 하고 2주 후에 다시 방문하라고 했다. 정원 손질과 덤벨 운동을 중단하고 9개월 된 손자를 안아 올려서도 안 되며, 무엇보다 책 원고를 타이핑하거나 손 글씨를 쓰지 말라는 경고도 덧붙였다. 나는 댄에게 만약 과로를 하면 손의 수명이 몸의 다른 부위보다 빨리 끝날 수도 있냐고 물었다. "정확히 알고 계시네요." 그가 대답했다.

사실 놀랄 일은 아니었다. 나는 평생 손을 혹사시키며 살아왔다. 열 살 때부터 주사기와 일회용 장갑, 수술장비 소독기를 들고 어머니의 병원 일을 도왔고, 고등학교 1학년 여름방학에는 81번 고속도로의 드라이브 스루 햄버거 매장에서 풀타임으로 일했다. 그곳에서 나는 햄버거와 맥주병이 가득 든 카트를 끌어서 운반하는 일을 했다. 2, 3학년 때는 같은 매장에서 프렌치프라이를 튀겼다. 나는 끝없이 감자를 썰고 무거운 튀김기와 씨름했다. 대학을 거쳐 박사학위를 따는 동안에는 하루에 몇 시간씩 손으로 글을 썼다. 심리치료사 시절에는 내담자의 말을 놓칠세라 열심히 메모했고, 지난 30년간은 하루에 여섯에서 여덟 시간씩 원고 작업을 했다.

그럼에도 나는 물리치료사의 진단에 깜짝 놀랐다. 나는 늘 스스로를 강인하고, 건강하고, 유능한 사람으로 여겨왔고, 열심히 노력하면 세상에 못 할 일이 없으리라고 생각했다. 신체적으로 온전하지 못한 내 모습은 상상도 할 수 없었다.

집에 도착한 나는 가장 먼저 남편에게 그 소식을 알렸다. 그는 잠시 동안 말이 없더니, 이윽고 입을 열었다. "우린 이겨낼 수 있을 거야."

물론 나는 포기하지 않았다. 포기란 애초에 내 선택지 안에 들어 있지도 않았다. 다행히 나는 양질의 의료서비스를 받을 수 있었고, 적절한 손 교정기를 구입해서 착용했다. 요가 수업은 취소했다. 물리치료사가 알려준 스트레칭을 열심히 하면서, 나는 부디 상태가 호전되길 기도했다.

일할 능력을 빼앗는 것은 신이 내게 내릴 수 있는 가장 큰 시련이었다. 하지만 나는 최대의 시련이야말로 우주에 대한 시야를 최대로 넓힐 수 있는 기회라고 생각했다. 이것은 신이 내게 준 시험인 것이다. 사촌인 로베르타에게 이런 생각을 얘기했을 때, 그는 시큰둥하게 말했다. "신 따위는 내버려둬. 이런 건 오직 인간에게만 닥치는 일이야."

위대한 깨달음에는 반드시 큰 고통이 필요하다는 중국 속담이 있지만, 그 반대가 반드시 참이라고 볼 수는 없다. 모든 고통이 깨달음으로 이어지는 것은 아니기 때문이다. 나는 심리치료사로서 사람들에게 자신의 절망과 고통으로부터 배움을 얻으라고 조언해 왔다. 그러니 나 또한 같은 상황에서 같은 노력을 해야 옳을 것이다. 나는 현실과의 힘겨루기를 끝내고 이 낯선 상황을 감사히 받아들일 수 있는 사람으로 성장해야 한다는 사실을 깨달았다.

그렇게 2주가 흘렀고, 나는 재검사를 받기 위해 물리치료사를 찾았다. 하지만 그간의 스트레칭은 소용없었던 것으로 밝혀졌다. 손의 근력이 전혀 돌아오지 않았던 것이다. 쏟아지는 눈발을 뚫고 집을 향해 운전하는 동안, 나는 꽁꽁 언 도로와 새하얀 풍경이 내 마음을 완벽하게 대변한다고 생각했다. 마치 하늘이 울고 있는 것처럼 느껴졌다.

그 주 토요일, 짐은 친구 집에 축구 경기를 보러 갔다. 나는 해 질 녘에 집에 홀로 남아 눈 내리는 풍경을 바라보고 있었다. 눈은 언제나 내게 영감을 주는, 일종의 영적인 존재였다. 나는 지금 느끼는 이 절망을 글로 옮기기로 결심했다. 물론 손 건강을 생각하면 글쓰기 따위는 포기해야 했지만 이번 한 번만큼은 '삶의 질'을 잠시 제쳐두는 편이 맞을 것 같았다. 이렇게 쓰기 시작한 글은 순식간에 늘어났고, 얼마 후에는 '손에 대한 메모'라는 제목이 붙은 파일 폴더를 따로 마련해야 할 정도가 됐다.

어느 날, 나는 우연히 예전에 썼던 책 《세상을 바꾸는 글쓰기 Writing to Change the World》의 사은품으로 제작된 사진 엽서를 발견했다. 엽서를 파일 폴더 표지에 테이프로 붙이고 잠시 들여다보던 나는 별안간 분노에 휩싸여 사진 속 내 얼굴에 매직으로 커다랗게 X표를 그렸다. 그 사진이 마치 이렇게 말하는 것처럼 느껴졌기 때문이다. "넌 이제 세상을 바꾸는 글을 쓰지 못하잖아."

나는 스스로의 분노에 깜짝 놀랐고, 잠시 동안 그 감정을 오롯이 느끼며 앉아 있었다. 가슴속에 뜨거운 분노와 고통의 파도가 휘몰아쳤다. 하지만 잠시 후, 나는 지금 이 순간의 상황적 모순을 깨닫고 웃음을 터뜨렸다.

그 웃음과 함께 나는 다시 작가로 돌아왔다. "어두운 시대에도 노래가 존재할까요?"라는 질문을 받았을 때, 독일의 극작가 베르톨트 브레히트는 이렇게 답했다. "물론이죠. 어두운 시대에는 어두운 시대에 대한 노래가 탄생할 겁니다." 고통을 노래로 (내 경우에는 글이지만) 승화시키려는 노력이야말로 모든 것을 바꾼다.

나는 글을 쓰는 동시에 나와 같은 환자를 위해 고안된 주방 도구와 펜을 잡는 법을 익혔다. 남편은 캔이나 병뚜껑을 도맡아 따줬고, 내가 양말을 신고 벗도록 도와줬다. 사위는 나를 위해 음성을 글자로 옮겨주는 받아쓰기 프로그램을 설치해줬다. 손주를 들어 올릴 수는 없었지만 바닥에서 함께 놀거나 다른 이들의 도움을 받아 껴안아줄 수는 있었다.

새로운 상황에 적응하려는 노력은 쉽지도 단순하지도 않았다. 짐은 요리에 소질이 없었고, 나는 그의 적극적인 도움에도 불구하고 최대한 의존하지 않으려고 노력했다. 우리는 자연스레 대부분의 저녁 식사를 샐러드 믹스와 가게에서 사온 채식주의자용 햄버거로 때워야 했다.

나는 홈즈 댐Holmes Dam에서 손주들과 썰매를 타고 싶은 마음을 억눌렀다. 혹시 미끄러져 넘어지기라도 하면 손에 무리를 주지 않고는 몸을 지탱할 수 없을 테니까. 넘어지는 순간, 나는 손과 얼굴 중에서 선택을 할 수밖에 없을 것이다.

그 무렵부터 나는 인간의 손에 이상할 정도로 매혹됐다. 누군가 무거운 짐을 나르거나 아이를 공중으로 안아 올리며 노는 모습을 볼 때면 그들의 손이 얼마나 강한지, 얼마나 대단한 일을 해내고 있는지 새삼 떠올리며 숨을 삼켰다. TV 속 배우들의 손재주는 또 얼마나 놀랍게 느껴지던지. 친구를 만날 때면 상대방의 손이 얼마나 강인한지 끝없이 칭찬하고픈 마음을 자제해야 했다.

어느 날, 나는 문득 내가 하루 종일 손만 신경 쓰며 지낸다는 사실을 깨닫고 깜짝 놀랐다. 주의 깊게 노력하지 않으면, 신체적 장애는 사회적 장애나 감정적 장애로까지 연결될 수 있다. 나는 건강에 집착하면서 여생을 보내고 싶지 않았다. 그보다는 적극적으로 삶을 살아가면서 세상과 교류하고 싶었다. 나는 스스로에게 물었다. '나 자신을 위해 얼마나 많은 시간을 베풀어야 할까? 그리고 내가 중요하다고 생각하는 일을 해내려면 얼마나 많은 시간을 아껴야 할까?'

사람들은 친절했고 내게 큰 도움을 줬다. 나는 가장 먼저 도움을 우아하게 받아들이는 방법을 배워야 했고, 그다음으로는 필요 이상의 도움을 받지 않는 법을 배워야 했다. 사실 스스로 노력하는 것보다는 도움을 기다리는 편이 훨씬 쉬웠다. 운 좋게도 내게는 유머러스한 남편과 다정한 친구들이 있었다. 하지만 시간이 지날수록 이것이 내가 극복해야 할 '내 문제'라는 사실이 분명히 와 닿았다. 내 불행에 대한 대화는 누구의 기분도 즐겁게 해주지 못했다. 마찬가지로, 주변의 조언은 내게 현실적으로 큰 도움이 되지 않았다.

건설적인 방향을 찾을 때까지, 나는 고통과 슬픔을 참아내야 했다. 그 겨울은 주로 명상을 하며 보냈고 긴 시간 하염없이 하늘과 호수, 날아가는 새들을 바라봤다. 나는 여전히 수영과 독서, 대화, 산책을 즐길 수 있다는 사실을 끊임없이 상기했다.

이 즈음 내 관점을 완전히 바꿔놓은 몇 가지 일이 있었다. 어느 날 저녁, 나는 친구 두 명과 저녁을 먹으며 비참한 심정을 쏟아냈다. 캐시는 나를 바라보더니 이렇게 말했다. "네 손은 여전히 예쁘고, 대화할 때 그 손을 제대로 사용하고 있어. 난 네가 말할 때 보이는 제스처가 너무 좋아." 재닌이 덧붙였다. "네 손은 최선을 다했어. 오랜 세월 열심히 일했고 네가 행복한 삶을 만드는 데 큰 도움을 줬잖아. 그 모든 일에 대해 감사하는 걸 잊지 마. 계속 네 손을 사랑해줘."

그로부터 얼마 후, 나는 사자자리 유성우를 봤다. 홈즈 호수에 도착한 지 한 시간도 되지 않아, 동쪽에서 연둣빛 유성이 나타나더니 천천히 하늘을 가로질러 호수 너머로 사라졌다. 인생에서 견디기 힘든 장애물을 만날 때마다, 나는 우주에서 날아와 내 마음을 따스하게 어루만져줬던 그 녹색 별똥별을 떠올린다.

친구들과 얘기를 나누면 나눌수록 내 고통이 별로 대단하지 않다는 생각이 들었다. 클래식 피아니스트이기도 한 내 외과 주치의는 이렇게 말했다. "환자 분의 손은 괜찮아질 겁니다. 하지만 통증이 완전히 사라지진 않을 거예요. 심각한 장애도 아니고 살면서 필요한 대부분의 일은 문제없이 할 수 있겠지만, 통증을 없앨 순 없어요. 사실 제 손도 똑같은 상태랍니다."

나는 할아버지가 심장마비로 돌아가신 이듬해 어머니와 함께

할머니 댁을 방문했다. 당시 할머니는 콜로라도주 플래글러에 있는 작은 집에서 백혈병으로 죽어가고 있었다. 건강이 좀 어떠시냐는 내 질문에 할머니는 이렇게 대답했다. "뭔가 더 재미있는 얘기를 하자꾸나." 그러고는 내 학교생활이나 요즘 읽는 책, 친구들에 대해 물었다.

어느 날 나는 할머니에게 이렇게 힘든 상황을 긍정적으로 이겨내는 모습이 너무나 존경스럽다고 말했다. 할머니는 나를 바라보며 이렇게 말했다. "메리, 백혈병에 걸릴지 말지는 통제할 수 없는 일이지만, 그에 대한 대처는 스스로 통제할 수 있단다. 올바르게 행동하고 즐거운 일에 더 신경을 쓰는 거지."

손 수술과 재활치료를 하는 동안, 나는 친구의 딸이 간암으로 위독하다는 소식을 들었다. 이 나이가 되면 도서관에 가든 헬스클럽에 가든, 사랑하는 사람을 떠나보냈거나 본인의 건강에 심각한 문제가 생겼다는 지인들의 하소연을 끊임없이 듣게 된다. 나는 건강했던 젊은 시절에 너무나 많은 것을 당연하게 여겼다는 사실을 깨달았다. 그러는 동안, 아픈 손을 향한 내 시선은 '왜 하필 나야?'에서 '나라고 예외일 순 없겠지'로 바뀌었다.

처음 손 상태를 알았을 때, 나는 현실 부정과 의존을 포함하여 온갖 부정적인 상상에 빠져들었고 이제 내 인생에 중요한 모든 것을 잃게 되리라고 확신했다. 하지만 지금의 나는 이런 식의 장기적 관점이 매우 위험하다는 사실을 알고 있다. 미래가 어떤 식으로 흘러갈지 아는 사람은 아무도 없다. 일어나지도 않은 먼 미래의 일을 걱정하느니, 차라리 매일 행복한 기억을 하나씩 만들어나가는 편이 훨씬 현명하다.

봄이 왔을 때, 나는 주어진 것에 감사하는 삶을 살기로 마음먹었다. 나는 겨울보다 길어진 햇살, 나뭇가지에 돋아난 새싹, 아직 불편하지만 조금씩 치유되고 있는 내 몸을 기쁜 마음으로 받아들였다. 때로 마음에서 우러난 감사가 꼬박 몇 분 동안 지속되기도 했다.

어느 날 아침, 애기여새 한 마리가 정원의 풀밭에 날아와 앉았다. 그러고 보니 최근 몇 년간 이 새를 보지 못했다. 유난히 추운 봄이 이어진 탓에 정원수에 꽃이 제대로 피지 못해 새들이 먹을 것이 충분하지 않았기 때문이다. 그날 오랜만에 우리 정원을 찾은 새는 참으로 아름다웠고, 마치 내게 이렇게 말을 거는 것 같았다. "이렇게 밖에서 만나니 반갑네요."

요즘은 손이 좀 어떠냐는 질문을 들을 때에야 그 힘든 시간을 다시 떠올린다. 손의 상태는 많이 나아졌다. 나는 다시 가위와 클립을 사용할 수 있게 됐다. 수영을 열심히 하고, 정원 일을 많이 줄였다. 지금 쓰는 받아쓰기 프로그램은 처음 설치한 이후 세 번째로 업데이트한 버전이다. 나는 주어진 상황에 착실히 적응하고 있다.

나이를 먹으면 누구나 '시든 몸'을 갖게 된다. 운 좋은 사람은 사소한 질병이나 대단치 않은 건강 문제를 겪는 데 그치지만, 다른 이들은 건강과 관련된 긴급 상황에 부닥친다. 노년층 대부분은 두 극단 사이에 머물고 있다. 우리는 건강을 지키기 위해 전에 없이 노력하지만, 어쩔 수 없이 점점 많은 질병과 고통을 경험한다. 삶의 이 단계는 지속적인 적응을 요구한다. 우리는 좌절을 겪지만 결국 원래 모습을 되찾고 다시 삶을 즐기기 시작한다.

우리는 대화를 나누고, 상대방의 말을 귀 기울여 듣고, 과일이나 커피나 케이크를 대접하고, 사랑을 담은 편지를 쓰면서 서로를 도울 수 있다. 우리에게는 모든 것을 가능하게 만들 잠재력이 있다. 우리는 역경을 딛으며 더욱 강인하고 친절한 사람으로 변화한다. 슬픔을 이겨내고 삶에서 아름다움을 발견할 수도 있다. 우리는 우주의 슬프고도 아름다운 본질을 이해하며, 이는 세상에서 가장 진실하고 생명력 넘치는 경험 가운데 하나다.

4장
짧기에 더욱 소중한 시간

———

태어나서 처음으로 나는
작은 것들이 돌이킬 수 없이 사라져간다는 사실에
가벼운 충격과 비탄을 느꼈다.

페이스 설리번 Faith Sullivan

———

오늘 붉은 여우 한 마리가
수확을 마친 옥수수 밭 사이로 나타났다가
별안간 연기처럼 사라졌다.
나는 이처럼 덧없이 사라지는 것들을 찬양하고 싶다.

바버라 크루커 Barbara Crooker

＊

만 68세인 엠마는 코와 뺨에 주근깨가 있는, 붉은 머리에 호리호리한 체형의 아일랜드계 여성이다. 그는 올해로 45년째 결혼생활을 하고 있는 남편 크리스와 함께 덴버에서 지낸다. 크리스는 작은 조경 사업을 운영하고 있다. 슬슬 건강에 무리가 온 참이지만, 아직 일을 그만둘 수는 없다. 엠마는 3년 전에 정년퇴직하기 전까지 초등학교에서 교사로 근무했다.

부부 사이에는 세 명의 자녀가 있다. 두 아들은 각각 플로리다와 볼더에 살고, 딸 앨리스는 부모님 집에서 채 2킬로미터도 떨어지지 않은 곳에서 살고 있다. 세 아이는 모두 이혼 경력이 있다. 두 아들은 재혼했지만 앨리스는 여전히 혼자 지낸다. 앨리스는 부모님에게 육아로도 도움을 받고, 재정적으로도 의존하고 있다.

방학 끝 무렵, 엠마는 네 명의 손녀를 집으로 초대했다. 앨리스의 여덟 살짜리 쌍둥이와 그 아이들의 사촌인 만 아홉 살, 열 살 소녀들은 할머니와 함께 선선한 아침에는 라즈베리를 따고, 햇살이 따가워질 무렵에는 집에 들어와 보드게임을 하며 보냈다. 엠마는 손녀들에게 특별한 점심을 선물하기 위해 직접 차를 몰아 라리머 광장 근처의 노천카페로 향했다. 엠마는 아이들에게 지금껏 한 번도 먹어본 적 없는 음식에 도전해보라고 권했다. 쌍둥이는 오이가 들어간 레모네이드를 선택했다. 열 살 손녀는 바닷가재가 들어간 롤을 골랐고, 그 동생은 후식으로 녹차 아이스크림을 먹었다.

식사를 마친 후, 쌍둥이는 서점에 가고 싶다고 할머니를 졸랐다. 엠마는 흔쾌히 승낙했고, 아이들에게 책을 한 권씩 사주겠다고 말했다. 그들은 책을 고르느라 한 시간도 넘게 서점을 누볐다. 엠마는 자신이 어렸을 때 좋아하던 책을 보여주기도 하고, 시 몇 편을 읽어주기도 했다. 서점 나들이가 끝난 뒤에는 다 함께 동네 수영장에서 수영을 즐기고 다시 집으로 돌아왔다.

그날은 엠마에게 완벽한 하루였다. 손녀들 덕분에 너무 많이 웃은 나머지 허리가 아플 지경이었다. 아이들은 길을 건널 때는 할머니 손을 꼭 잡으면서도 식사할 때는 웨이터의 매너부터 카페에 어울리는 복장까지 저마다 확고한 의견을 보였다. 엠마의 의상은 손녀들의 높은 기준을 충족시키지 못했다. 아이들은 할머니가 더 예쁜 구두를 신고 나왔어야 했다고 평했다.

엠마는 손녀들의 영리하고 당당한 태도가 좋았다. 그 아이들은 어린 시절의 엠마보다 훨씬 편안하고 자유로운 삶을 살고 있고, 엠마는 그 사실에 감사했다.

앨리스가 아이들을 데리러 온 오후 5시, 종일 모든 체력을 쏟아부은 엠마는 혼자 쉴 준비가 돼 있었다. 그럼에도 딸과 손녀들이

가버린 뒤에는 마음이 아려왔다. 쌍둥이 중 한 명이 부엌에 두고 간 장난감을 발견했을 때는 아이들이 지닌 작은 부드러움을 떠올리며 그리움에 휩싸였다.

크리스는 업무 관련 회의 때문에 늦게 돌아올 예정이었다. 엠마는 땅콩버터 샌드위치를 만든 뒤 발코니로 가지고 나가 산 너머로 지는 석양을 감상하며 간단한 저녁 식사를 즐겼다. 엠마는 즐거웠던 하루를 되새겼고, 손녀들의 재치 있는 농담을 떠올리며 크게 웃었다.

문득 세월의 흐름이 사무치게 와 닿았다. 손녀들이 태어난 지 그렇게 오래됐던가? 내 자식들이 언제 3, 40대가 됐지? 아니, 나도 불과 얼마 전까지는 어린 소녀였던 것 같은데! 우리 손녀들도 눈 깜짝할 사이에 노인이 될까? 불현듯 찾아온 생각의 흐름은 순식간에 하늘을 뒤덮는 먹구름처럼 그를 휩감았다. 엠마는 한숨을 쉬며 삶의 소중함과 세월의 덧없음을 새삼 실감했다.

60대가 돼도 40대처럼 생각할 수 있지만, 우리 몸은 젊은 마음을 따라주지 못한다. 죽음에 대한 생각은 슬프고 두렵지만, 동시에 우리의 의식을 깨워주는 각성제 역할을 하기도 한다. 삶이 얼마나 짧은지 이해하기 전까지 사람들은 대부분 지금의 일상이 영원히 지속되리라고 생각하는 실수를 저지른다. 월요일의 독서 모임, 금요일의 칵테일파티, 토요일의 카드게임은 언제까지나 끝나지 않을 것처럼 느껴진다. 하지만 삶의 본질을 깨달은 후, 우리는 지금껏 너무나 많은 것을 당연하게 여겨왔다는 사실을 알게 된다. 우리에게는 지극히 한정된 숫자의 보름달과 봄날 아침, 도시의 저녁이 주어져 있을 뿐이다. 가족과 친구, 풍경은 변하고, 삶의 일부는 끝없이 사라져간다.

모든 것에 끝이 있다는 사실을 깨달을 무렵, 시간의 흐름은 갑자기 빨라진다. 처음에는 이런 생각이 든다. '오늘 하루가 어디로 갔지?' 다음으로는 이런 의문이 찾아온다. '이번 주가 어디로 갔지?' '올 한 해가 어디로 갔지?'

현재 시점에서 지난날을 돌아볼 때마다, 내 앞에는 오래된 영화 같은 화면이 펼쳐진다. 각각의 날짜가 적힌 달력이 바람에 날려 빠르게 넘어간다.

우리는 어떤 일을 하면서 다시는 이런 경험을 못 할 수도 있다는 가능성을 염두에 두기 시작한다. 90대를 넘긴 고모님 댁을 방문하거나, 플로리다로 이사 가는 친구를 배웅하거나, 약 15킬로미터 코스의 등산을 마쳤을 때, 우리는 이것이 생전의 마지막 경험일지 모른다고 생각한다. 그런 순간에는 마음이 저며온다.

영어에는 '가슴 저미는Poignant'과 '슬프고도 아름다운Bittersweet'이라는 형용사가 있다. 하지만 이 두 단어를 제외하면, 우리에게 주어진 시간이 사라져가고 있음을 느낄 때 찾아오는 감정을 적절히 설명할 수 있는 표현이 많지는 않다. 우리 내면의 경험은 간단히 설명하기에는 너무 복잡하다.

뉘앙스를 정확히 표현할 방법이 거의 없다 보니, 우리는 종종 복잡한 내면을 하나의 단어로 뭉뚱그려 설명하곤 한다. 하지만 우리 마음은 대개 여러 가지 감정을 동시에 품고 있다. 때로는 슬픈 동시에 화가 나고, 때로는 두려운 동시에 분노하며, 때로는 기쁨과 슬픔, 쓸쓸함이 동시에 찾아오기도 한다. 우리는 보통 서로 다른 감정을 따로따로 느끼기보다 한 번에 서너 가지씩 동시에 느낀다. 2016년 여름 스코틀랜드에 사는 친구가 우리 집을 방문했을 때, 나는 이렇게 만감이 교차하는 마음 상태를 경험했다.

우리는 1974년 네브래스카의 한 대학교에서 열린 심포지엄에서 처음 만났다. 대학원생이었던 나와 짐은 외국에서 온 방문객을 집에서 재우겠다고 자청했다. 당초 프랭크는 우리 집에서 사흘간 머물기로 돼 있었지만, 셋이 보낸 시간이 너무 즐거웠던 나머지 티켓을 바꿔 열흘 동안 체류하게 됐다. 그는 짐과 나보다 고작 열 살쯤 많았지만, 이미 심리학 교과서를 몇 권이나 썼고 유럽심리학회의 회장 직을 맡은 유능한 인재였다.

프랭크는 세계사와 정치학, 지리학 부문에서 우리보다 훨씬 지식이 뛰어났고, 임상심리학과 영국의 지배구조, 자본주의, 유럽 정치, 인간의 본성을 포함한 모든 분야에 체계적이고 설득력 있는 의견을 지니고 있었다. 그는 자신의 가문과 국가를 자랑스러워했다. 미국 역사와 정부에 대한 지식도 상당했으며, 세계 속에서 미국이 맡은 역할에 대해서도 확고한 견해를 보였다.

우리가 처음 만났을 때, 프랭크는 뛰어난 등산가였고 스코틀랜드 산악 구조팀의 일원이었다. 강한 스코틀랜드 억양이 섞인 영어를 썼고 새까만 곱슬머리에 체격이 튼튼했다. 그는 언제나 파란색

셔츠와 같은 색깔 바지를 입었다. 42년 동안 그가 다른 색 옷을 입은 모습은 본 적이 없다.

그는 같은 심리학자인 프랜시스와 결혼했다. 우리는 2년에 한 번씩 교대로 '호수'를 건너 상대방의 나라에 방문했다. 서로의 자녀와 손주도 잘 안다. 우리는 스코틀랜드와 네브래스카를 친척이 사는 동네처럼 여겼다.

우리는 늘 로키산맥과 스코틀랜드의 고원지대에서 하이킹과 배낭여행을 즐겼고, 황무지와 산간 초원에서 캠프파이어를 하며 떠들썩한 시간을 보냈다. 어느 날인가는 모닥불 앞에서 배가 찢어지도록 웃은 뒤 이런 대화를 나눴던 기억이 난다. "만약 지금 이 감정이 행복이 아니라면, 세상에는 행복이란 게 존재하지 않을 거야."

이제 프랭크는 70대 후반이고, 작년에 뇌졸중을 일으켰다. 올해 네브래스카 공항을 찾은 그는 이번이 자신의 고별 방문이라고 말했다. 그는 우리를 향해 걸어오는 동안에도 프랜시스의 부축을 받아야 했다. 이번 여행은 힘들고 고통스러웠다. 하지만 제대로 걷거나 균형을 잡지 못한다는 점을 제외하면 프랭크는 예전과 똑같았다. 그의 지성과 유머감각, 친절함은 여전히 빛났다.

우리는 하이킹 대신 일상적인 활동을 하며 시간을 보냈다. 홈즈 호수 너머로 떠오르는 달을 며칠 연속으로 바라보고, 길고 여유로운 식사를 즐겼으며, 벽난로 불가에서 함께 책을 읽었다. 아침마다 커피를 마셨고, 서로의 일상과 정치 환경의 변화에 대해 끝없이 이야기를 나눴다. 함께하는 시간은 내내 웃음으로 채워졌다. 우리는 수십 년간 서로를 알고 지낸 사람들만이 할 수 있는 익숙하고 편안한 대화를 나눴다. 우리는 시간과 공간을 자유로이 넘나들며 거리낌 없이 감정을 교환했다.

프랭크와 나는 코앞에 닥친 죽음에 대해 이야기했다. 나는 그에게 로버트 프로스트의 시 〈고용인의 죽음Death of the Hired Man〉을 읽어줬다. 그 시에서 프랭크가 가장 좋아한 두 구절은 이랬다. "집이란, 당신이 방문할 때마다 의무적으로 맞아주어야 하는 곳이죠." "집에 가기 위해 무슨 자격을 갖춰야 하는 건 아니에요." 우리 둘은 시에서 큰 위안을 찾으며, 때로는 시가 우리 감정의 깊이와 복잡성을 표현할 수 있는 유일한 언어라고 생각한다.

주말에는 우리 여섯 살짜리 손자가 축구하는 모습을 지켜봤다. 프랭크는 그 아이에게 다음번 방문 때는 맨체스터 유나이티드 경기를 보여주겠다고 약속했다. 프랜시스는 맨체스터 유나이티드 팀에서 일하는 남동생을 통해 기념품 티셔츠와 응원 도구를 보내주겠다고 했다.

우리는 아들이 운영하는 농장에 방문해서 성대한 만찬을 즐겼다. 프랭크는 내 아들의 세 자녀에게 스코틀랜드에서 겪은 전쟁 이야기를 들려줬다. 삼촌 세 명이 징집됐을 때 그리고 그중 한 명이 전사했을 때, 어린 그는 집에서 폭격의 공포에 시달리며 굶주리고 있었다.

프랭크는 처음 만난 할아버지를 꼭 붙잡고 걸음마하는 두 살배기 손자 오티스에게 깊은 애정을 느꼈다. 그는 아이를 무릎 위에 올려놓고 자기 숟가락으로 음식을 떠먹였으며, 작고 통통한 손으로 입에 넣어주는 건 뭐든 기쁜 마음으로 받아먹었다. 그 아이가 감기에 걸렸다는 사실은 그에게 전혀 중요하지 않았다.

어떤 때는 우리 사이에 존재하던 '호수'가 사라져서 이대로 영원히 함께하리라는 이상한 기분이 들기도 했다. 하지만 영원은 곧 끝나버렸다. 프랭크를 잃는다는 건 마치 우리 삶의 일부를 잃는 것처럼 느껴졌다. 하지만 그 고통스러운 순간에도 축복은 있었다. 우리가 주어진 모든 순간에 감사한다는 축복이.

떠나는 날 아침, 프랭크는 다섯 손자와 함께한 시간이 그에게 긍정적인 마음을 가져다줬으며, 우리 부부가 앞으로도 네브래스카에서 오래도록 행복하게 살 것이라는 확신을 얻었다고 말했다. 우리는 마지막으로 정원에 날아든 벌새들을 감상했다. 그런 뒤에는 상상할 수 있는 모든 포즈로 기념사진을 찍고 조용히 공항으로 향했다. 대화는 평범했지만, 그 뒤에 숨은 진심은 너무 복잡해서 도저히 말로 표현할 수가 없었다.

공항에 도착했을 때, 나는 프랭크에게 프로스트의 시집을 선물했다. 그는 내 선물을 받아 배낭에 넣었다. 우리는 입을 꾹 다문 채 서로에게 작별을 고했다. 지금 이 순간부터는 모든 작별인사가 마지막이 될 수도 있다는 사실을 떠올리면서.

심리학자 로라 카스텐슨Laura Carstensen은 우리가 세상을 보는 관점이 남은 시간에 대한 인식에 따라 크게 좌우된다는 연구 결과를 발표했다. 인간은 삶이 짧다고 생각할수록 보다 의미 있는 일을 하고 일상에서 기쁨을 찾으려고 노력하는 경향을 보였다. 죽음에 대한 인식이 사색과 행복을 이끌어내는 것이다.

카스텐슨의 연구에 따르면, 나이 들수록 분노와 불안이 줄어든다. 나는 이러한 결과가 나이 든 이들이 덜 불행한 삶을 살기 때문이 아니라, 같은 불행에도 더 나은 방식으로 대처할 수 있기 때문이라고 생각한다. 우리는 주어진 시간이 짧다는 것을 깨달은 순간부터 즐거운 일에 더 집중한다. 노인에게는 '언젠가'라는 말이 더 이상 아무런 의미를 지니지 못한다. 우리는 지금 이 순간의 행복에 초점을 맞춘다.

나는 종종 말기 암 진단을 받은 여성이 그 어느 때보다도 삶에 감사하는 모습을 지켜본다. 그들은 친구와 가족, 일상에서 전에 없이 큰 즐거움을 찾는다. 의사들은 환자에게 말기 암을 선고하면서 이런 말을 덧붙이곤 한다. "당신은 지금부터 인생에서 가장 압축적인 시간을 보내게 될 겁니다."

우리는 태어날 때부터 죽음을 향해 나아간다. 하지만 막상 죽음이 임박하지 않으면 그 깊고 심오한 감정의 단계를 체험하지 못한다. 삶의 유한함에 대한 인식과 함께 찾아오는 가장 큰 축복은 바로 감사하는 마음이다. 많은 노인이 매일 아침 살아 있음에 감사하며 눈을 뜬다. 아주 사소한 행복도 크게 받아들인다. 물론 세상에 사소한 행복이란 존재하지 않는다. 이웃과 함께하는 커피 한잔, 라디오에서 흘러나오는 노래, 개와 함께하는 행복은 하나같이 커다란 기쁨의 원천이다.

우리는 사랑하는 이들에게 마음을 솔직히 표현하고, 그만큼 더 많은 애정표현을 받는다. 우리는 자신이나 그들에게 언제든 변화가 찾아올 수 있다는 사실을 이해한다. 어제까지 함께 하이킹을 하던 친구가 갑자기 영영 휠체어 신세를 질 수도 있음을 안다.

5장
보살피는 삶

우리가 인간관계에서
가장 큰 만족감과 유대감을 느끼는 순간은 아마도
상대방이 자신을 진정으로 원하고 필요로 한다고
느끼는 순간일 것이다.

엘리너 루스벨트

크리스탈은 아이스크림 가게를 운영하다가 은퇴한 멋진 한국계 미국인 여성이다. 그는 가게에 두세 번 이상 방문한 고객을 일일이 기억한다. 크리스탈과 그의 남편 조엘은 우리 부부와 동네 친구로 지냈다. 우리는 종종 아이스크림콘을 사러 크리스탈의 가게에 들렀고, 넷이서 함께 콘서트에 가거나 지역 행사 준비에 참여하기도 했다.

어느 일요일, 나는 시장에서 토마토를 고르다가 크리스탈이 조엘의 휠체어를 밀며 지나가는 모습을 발견했다. 조엘은 무릎에 놓인 장바구니 너머로 내게 손을 흔들며 밝게 웃어 보였다. 누구보다 친근한 성격을 지닌 그였지만, 그날 보인 미소는 일그러져 있었고 오른팔은 휠체어 한쪽으로 축 늘어져 있었다. 나는 그를 포옹했고, 우리는 잠시 길가에 서서 수다를 떨었다. 조엘은 평소보다 훨씬 느린 말투와 가냘픈 목소리, 한정적인 단어로 대화에 참여했다. 가끔은 이해할 수 없는 문장을 내뱉어서 그 뜻을 에둘러 추측해야 하는 상황도 벌어졌다. 그가 근처에서 컨트리음악을 연주하는 밴드를 가리키자, 크리스탈이 그쪽으로 휠체어를 밀었다. 우리는 시장과 나란히 흐르는 작은 개울가로 가서 미루나무 아래에 자리를 잡고 앉았다.

"조엘이 뇌졸중으로 쓰러진 후부터 우리 삶의 반경이 훨씬 작아졌어." 크리스탈이 말했다. 조엘은 상당한 수준의 인지 장애를 겪었고, 강도 높은 물리치료를 받아야 했다. 게다가 다른 많은 뇌졸중 환자들처럼 첫 발작 직후에는 우울증을 앓았다. "그래도 지금은 점점 나아지고 있어. 처음에는 우리 둘 다 어떻게 해야 할지 몰랐거든. 하룻밤 사이에 인생이 송두리째 바뀌었으니까."

이제 크리스탈의 삶은 조엘에 대한 보살핌 위주로 돌아간다. 병원 예약시간에 맞춰 물리치료와 언어 재활치료를 돕고, 각종 청구서와 세금 문제를 처리한다. 그중에서도 가장 힘든 것은 의료보험 처리와 정부에 제출할 서류를 작성하는 일이었다. "내가 보험 약관과 청구서를 검토하는 데 얼마나 많은 시간을 쏟는지 상상도 못 할 거야." 크리스탈이 고개를 절레절레 흔들며 말했다.

크리스탈은 가족이나 까다로운 이웃 사이에서 중재 역할을 도맡았던 과거의 평범하고 사람 좋은 조엘을 그리워한다. 조엘은 인간관계 문제에 적극적이면서도 이성적으로 대처하는 사람이었다. 수십 년 동안 아내의 가족과 알고 지냈고, 가장 적절한 순간에 농담을 던지거나 제안을 할 줄 알았다. 물론 조엘은 여전히 최선을 다해 크리스탈을 돕는다. 언제나 아내의 말을 경청하고, 늘 같은 자리에서 위로를 건넨다. 때로 말이 생각을 따라주지 않을 때도 있지만,

아직은 농담을 하거나 공감을 담아 고개를 끄덕일 수 있고, 멀쩡한 한쪽 팔로 아내를 안아줄 수도 있다.

크리스탈은 새로운 삶에 적응하고 있다고 말했다. 그들은 팟캐스트를 듣거나 코미디 프로를 시청한다. 일주일에 세 번쯤 이웃을 초대해서 티타임을 갖는다. 일부러 찾아와서 그들이 놓치고 있던 소식을 들려주는 오랜 친구들도 있다.

"우리는 현재의 삶을 과거와 비교하지 않아. 그때와 지금은 완전히 다르니까. 우린 여전히 서로를 사랑하며 잘 지내고 있어. 난 조엘이 나 아닌 다른 사람과 있는 걸 원치 않아." 크리스탈이 말했다.

크리스탈은 전형적인 간병인으로, 노년에 접어들어 건강에 문제가 생긴 가족을 보살피게 된 여성이다. 그의 삶은 급격히 변했다. 그는 과거를 그리워하면서도 새로운 상황에 최대한 적응하기 위해 노력한다.

아픈 가족을 보살피겠다는 의지가 있다고 해서 누구나 그 일을 할 수 있는 건 아니다. 때로는 1,000킬로미터도 넘는 거리의 제약이나 직업상·건강상 제약이 그들을 가로막는다. 때로는 돌볼 가족이 너무 많은 탓에 누구를 돌볼지 힘겨운 선택을 내려야 하는 경우도 있다. 많은 여성이 스스로 지금보다 더 많은 일을 해내야 한다고 생각하며, 그러지 못하는 상황에 죄책감을 느낀다.

대부분의 여성에게 간병이란 지독한 어려움과 엄청난 성취감을 동시에 안겨주는 일이다. 어떻게 보면 간병이야말로 앞서 말한 '동시에' 조건을 충족시키는 경험이다. 우리는 아픈 이를 보살피는 삶을 통해 누군가에게 필요한 존재라는 성취감을 얻지만, 그와 동시에 외부 세상에서 고립되거나 자신의 건강을 해치는 결과를 초래하기도 한다.

여성은 전통적으로 아이와 노약자를 보살펴왔다. 우리 이전의 거의 모든 세대와 마찬가지로, 우리 세대 여성은 자기를 희생해야 한다고 교육받았다. 하지만 그렇다고 해서 우리의 모든 의무가 짐이 되는 것은 아니다. 사실, 현재 노년층인 여성 중 대부분은 평생 누군가를 보살피며 살아왔고, 따라서 이러한 역할이 계속된다는 사실에서 안도감과 만족감을 얻기도 한다. 운이 좋다면 친밀하고 상호의존적인 관계의 거미줄 속에서 충만한 삶을 살 수도 있다. 입원한 친구에게 문병을 가고, 조문을 하고, 아픈 가족을 보살피고, 어려운 시기에 이웃을 도우며 지내는 것이다. 우리는 사랑하는 사람을 돕는 데서 기쁨을 얻고, 어쩌면 그들이 나중에 우리를 돌봐줄 수도 있다는 사실에서 위안을 찾는다.

누군가를 보살핀다는 것은 타인의 행복을 위해 자신의 욕구와 시간을 희생한다는 뜻이다. 특히 그 일이 일상의 대부분을 차지하게 되면 어쩔 수 없는 우울감이 찾아올 수 있다. 하지만 많은 사람이 기꺼이 그 일을 선택하고, 큰 보람을 느낀다. 보살핌의 역설적 속성은 우리에게 '행복이란 무엇인가?'라는 질문을 탐구할 좋은 발판을 마련해준다.

보살핌은 많은 이에게 삶의 의미이자 목적이다. 약 40퍼센트에 이르는 미국인이 삶에서 아무런 의미를 찾지 못하는 시대에 이는 결코 사소한 보상이 아니다. 하지만 전국간병인연합회National Alliance for Caregiving가 2015년 실시한 설문조사에 따르면, 가족에 대한 간병

의무를 지고 있는 이들 중 약 40퍼센트는 매우 큰 스트레스를 받고 있으며 40~70퍼센트는 우울증에 시달리고 있는 것으로 나타났다.

심리학자 에밀리 에스파하니 스미스Emily Esfahani Smith는 에세이 〈좋은 삶이란 무엇인가?What is the Good Life?〉에서 행복한 삶과 의미 있는 삶을 비교했다. 행복은 우리가 원하는 것을 손에 넣거나 좋아하는 일을 할 때 찾아온다. 어떤 의미에서 행복은 '얻는 것'과 관련 있다. 반면 의미 있는 삶은 종종 초월적인 목적을 달성하기 위한 고통과 자기희생을 필요로 한다. 스미스는 이러한 고찰 끝에 다음과 같은 결론을 내렸다. "행복을 추구하는 이들은 원하는 것을 얻지 못하면 불행해진다. 하지만 의미를 추구하는 이들은 부정적인 상황에서도 살아남을 수 있다."

스미스의 주장을 읽으면 자연스레 '행복을 어떻게 정의할 수 있는가?'라는 의문이 떠오른다. 우리에겐 행복이라는 개념을 적절히 설명할 단어가 많지 않으며, 따라서 이 감정을 묘사할 때면 섬세하고 미묘한 표현을 동원해야 한다. 우리에게는 축제에서 아이스크림을 먹을 때, 나른한 오후에 연인과 사랑을 나눌 때, 손주가 장학생으로 선발됐다는 소식을 들을 때, 오랫동안 떨어져 지냈던 친구를 만나러 공항에 달려갈 때 느껴지는 기분을 설명해주는 단어가 필요하다.

재미난 일을 겪었을 때 느껴지는 만족감은 행복의 한 형태다. 휴가나 토요일 밤에 열릴 파티에 대한 기대감, 숙면을 취하고 일어났을 때 느껴지는 상쾌한 기분 또한 행복이다. 마찬가지로, 주어진 의무를 다하고 타인을 도왔을 때 느껴지는 감정 역시 명백한 행복이다. 우리는 이 모든 종류의 행복 사이에서 균형을 유지해야 한다. 그리고 이 균형이야말로 가장 까다로운 부분이다.

미국 문화는 이런 문제를 해결하는 데 별 도움이 되지 않는다. 미국인은 돈벌이에 큰 가치를 두면서도 실상 사회를 위해 꼭 필요한 일은 그다지 중요시하지 않는다. 안타깝게도 전문 간병인의 급여는 턱없이 낮으며, 무급으로 일하는 간병 봉사자들의 지속적인 헌신은 제대로 인정받지 못한다. 만약 일을 '세상에 도움이 되는 행위'라고 정의한다면, 간병은 우리가 할 수 있는 가장 좋은 일 중 하나일 것이다.

친구나 가족, 혹은 같은 간병인 처지에서 우리는 간병에 지친 여성들의 말을 들어주고 공감해줌으로써 큰 도움이 될 수 있다. 책이나 꽃, 초콜릿 같은 작은 선물을 가져다줄 수도 있고, 비록 그들이 참석하지 못하더라도 기꺼이 모임에 초대할 수 있다. 만일 그가 종일 집에 묶여 있어야 하는 상황이라면, 하루 한 통의 전화를 생명줄처럼 여길지도 모른다. 우리는 다른 여성들의 노력을 인정하고 그 노력에 가치를 부여해야 한다.

아디스는 괴팍한 성격의 어머니를 돌보는 그래픽 아티스트다. 아디스의 어머니는 요양시설에 입원해야 하는 상태임에도 집을 떠나길 거부했다. 그의 어머니는 하루에도 몇 번씩 딸을 불러 쓰레기를 버리라거나 머리를 손질해달라거나 옷을 빨아달라고 요구한다. 물론 부탁을 들어줘도 고마워하는 기색이라곤 없다. 아디스의 어머니는 딸에게 자신을 일일이 챙기고 보살필 의무가 있다고 생각한다.

어머니가 상처받길 원하지 않는 아디스는 한계까지 최선을 다했다. 그는 매일 고된 회사 일을 마치고 집에 돌아가 남편과 식사를 하는 대신 어머니 집으로 향했다. 그의 얼굴에는 늘 피로한 기색이 역력했고, 어머니 얘기를 할 때마다 습관적으로 한숨이 나왔다.

시간이 흐르면서 어머니의 존재는 아디스의 결혼생활과 정신건강에까지 영향을 미쳤다. 아디스는 남편의 사랑이 변하지 않으리라고 믿었지만, 어쩔 수 없는 죄책감을 느꼈고 그와 함께하는 시간을 그리워했다. 이 모든 상황이 힘들고 피곤하게만 느껴졌다. 아디스는 내게 말했다. "제 작업으로는 상을 받은 적이 있지만, 어머니 간병에는 아무런 보상도 없어요."

"제가 트로피와 장미 꽃다발을 사드릴게요." 나는 대답했다.

아디스는 밝게 웃더니 이렇게 말했다. "트로피는 됐고 꽃다발만 주세요. 노란 장미로 부탁드려요."

나를 그에게 꽃다발을 선물했지만, 아디스를 포함한 모든 간병인들에게 가장 필요한 것은 마음에서 우러나는 자부심이라는 사실을 잘 알고 있었다. 길고 고된 일을 해냈을 때, 예컨대 하루 종일 보험회사와 협상을 해서 만족스러운 결과를 얻어냈을 때 우리는 스스로의 끈기와 능력을 칭찬해야 한다. 유달리 힘들게 보낸 오후를 마무리할 때는 오늘이 명예로운 하루였으며 내일은 더 나을 거라고 자신을 다독여야 한다. 이는 보기보다 어려운 일이다. 어쩌면 간병인들은 화장실 거울에 '나를 칭찬하자'는 메시지가 담긴 메모를 써 붙여서라도 자신이 가치 있는 일을 하고 있다는 사실을 되새겨야 할지 모른다.

"제 인생에 어머니를 돌보는 것보다 더 큰 벌은 없었어요. 제게 는 자신을 위해 쓸 시간이 전혀 없어요. 저는 늘 죄책감과 분노 사 이에서 흔들리고, 자주 혈압이 올라요." 아디스는 고백을 이어갔다. "저는 지금의 노력이 죽은 후에 저를 천국에 데려다줄 거라고 자신 을 다독여요. 어머니 간병은 제가 임종 때 가장 자랑스러워할 일이 될 거예요. 오직 옳은 일이라는 이유만으로 아무에게도 감사받지 못하는 일을 묵묵히 했으니까요."

누군가를 보살피는 일이 일상의 대부분을 차지하는 순간부터, 우리는 자신의 삶과 타인의 삶 사이에서 균형을 맞추는 법을 배워 야 한다. 우리에겐 효율적인 자가치료 계획이 필요하다. 그 계획의 첫 단추는 상황을 향한 자신의 감정을 탐구하고 받아들이는 것이 다. 우리는 스스로의 분노와 좌절, 고통 그리고 양면성을 인정해야 한다. 때로는 밖으로 나가 소리를 지를 수도 있고, 때로는 침대에 쓰러져 눈물이 마를 때까지 울 수도 있다. 격한 감정표현은 사실 감정을 다스리는 효과적인 방법 중 하나다.

한계를 더 명확히 설정할 필요도 있다. 예를 들어, 아디스는 지 나치게 많은 요구를 하면서도 고마워할 줄 모르는 어머니에게 가 끔씩이라도 거절 의사를 내비쳐야 한다. 하지만 사랑하는 이가 질 병에 고통받는 상황에서 도움의 한계를 설정하려면 상당한 훈련이 필요하다. 대부분의 여성은 어릴 때부터 모든 사람에게 책임감을 보여야 한다고 교육받아왔고, 따라서 주의를 기울이지 않으면 저 도 모르게 남들의 요구에 휘둘리다가 지치고 만다.

실제로 이런 일이 닥쳤을 때 활력을 잃지 않으려면, 무엇이 필요한지 생각하는 것은 굉장히 중요한 단계다. 어떤 이는 명상을 통해, 어떤 이는 반려견 산책이나 외식이나 낮잠이나 정원 가꾸기를 통해 에너지를 충전할 수 있다. 일단 필요한 것이 분명해지면, 먼저 자신을 돌본 다음 도움이 필요한 이를 보살피러 가겠다고 양해를 구할 수 있다. 우리는 죄책감을 느끼는 대신 건강한 한계를 설정하는 데 성공한 자신을 칭찬해야 한다. 이러한 자기보호는 장기전이 될지도 모르는 간병을 지속적으로 해나가는 데 큰 도움이 된다.

친구나 가족, 혹은 자원봉사 단체의 도움을 받아 일주일에 며칠씩은 자신을 위한 시간을 보낼 수도 있다. 집을 떠나기가 어려운 상황이라면 이쪽에서 손님을 초대하는 것도 방법이다. 사람들이 드나드는 집은 언제나 명랑한 분위기가 유지될뿐더러 바깥소식을 전해 듣기도 좋다.

월로우의 남편 사울은 어느 날 갑자기 균형을 제대로 잡지 못했고, 운영 중인 서점에 가다가 두 번이나 넘어졌다. 월로우는 그의 귀에 염증이 생겼다고 생각했고, 진찰을 받아보라고 권했다. 어느 날 오후 사울은 아내의 조언대로 서점을 닫고 병원을 찾았다. 의사는 각종 검사를 하더니 한 달 뒤에 결과를 받으러 오라고 말했다. 검사 결과가 나오던 날, 월로우는 보조금 지원 신청서를 쓰느라 남편과 함께하지 못했다. 사울은 혼자서 병원에 갔고, 자신이 파킨슨병 중기이며 곧 더욱 심각한 증상이 나타날 것이라는 소식을 들었다.

그는 저녁 식사를 하며 아내에게 진단 결과와 앞으로 일어날 일을 차분히 알렸다. 윌로우는 접시를 밀어놓고 흐느껴 울었다. 사울은 윌로우의 팔을 두드리며 중얼거렸다. "우린 괜찮을 거야. 걱정은 나 혼자서도 충분해."

슬픈 마음과 별개로, 윌로우는 사울의 건강 문제가 자신의 일에 악영향을 미칠까 봐 두려웠다. 하지만 사울은 윌로우에게 아무런 변화도 요구하지 않았다. 하지만 바로 다음 달, 사울은 서점을 부동산에 내놓고 팔릴 때까지 운영을 맡아줄 사람을 구했다.

한동안은 특별한 일이 일어나지 않았다. 사울은 혼자 비행기를 타고 캘리포니아에 사는 형을 방문했다. 집으로 돌아온 뒤에는 파킨슨병 환자들을 위한 운동 모임에 가입했고, 친구들과 시간을 보냈으며 서점에도 정기적으로 들렀다. 그러나 1년쯤 지났을 때 그가 넘어지는 바람에 손목이 부러졌다. 옷을 입거나 샤워를 할 때도 윌로우의 도움을 필요로 했고, 경련은 점점 심해졌으며, 피곤할 때면 머리가 좌우로 흔들렸다. 눈을 마주보고 대화하는 데도 어려움을 겪었다.

맨 처음 윌로우는 자신이 이 상황을 감당하지 못하리라 생각했다. 일상은 송두리째 뒤집혔고 미래를 향한 많은 계획이 무산될 위기에 처했다. 투병생활을 위한 준비는 전혀 돼 있지 않았고, 모든 것을 새로 배워야 했다. 도움이 필요한 사람을 돕는 일을 평생 해왔으면서도, 윌로우는 자신이 아직 누군가의 보호자가 될 준비를 갖추지 못했다고 느꼈다.

어느 날 저녁, 윌로우는 무심결에 이런 말을 내뱉었다. "은퇴를 생각하면 사회에서 고립된 채 하루 종일 잠옷 차림으로 뒹굴거리는 게으름뱅이가 떠올라." 사울은 이렇게 대답했다. "우리는 함께잖아. 둘이 함께하는 생활이 재밌으리라는 생각은 전혀 안 들어?"

월로우는 솔직히 그런 생각이 들지 않았다. 그의 머릿속은 오로지 루비와 마이론을 포함해서 은퇴와 동시에 방치하게 될 고객들에 대한 걱정으로 가득했다. 그는 사울과 자신이 끝없이 싸우는 커플이 될지, 서로를 무시하는 커플이 될지 궁금했다. 매일 남편의 신발을 신기거나 욕실로 데려가 씻겨주는 삶은 상상만 해도 끔찍했다.

어느 날 저녁 길가에서 택시를 기다리면서, 월로우가 또다시 은퇴에 대한 걱정을 꺼냈다. 사울은 그를 바라보더니 착 가라앉은 목소리로 말했다. "내게 도움이 필요하면 간병인을 고용할게. 가장 중요한 건 당신의 행복이니까."

월로우는 그의 말에 안도감과 죄책감을 동시에 느꼈다. 그러는 사이 월로우는 일을 계속했지만, 사울을 물리치료사에게 데려다주기 위해 매일 5시에 퇴근해야 했다. 이 상황은 누구에게도 만족스럽지 못했다. 그는 일을 다 마치지 못한 채 허둥지둥 사무실을 나섰고, 사울은 하루 종일 혼자 집에 앉아 있었다.

월로우는 피곤했고 일에 집중할 수가 없었다. 사울은 지금껏 요리를 도맡았고 언제나 월로우를 돌봐줬다. 월로우는 조만간 감정적으로 어려운 선택의 기로와 마주하리라는 사실을 직감했다. 그는 늘 사울을 기쁘게 해주고 싶었지만, 직장을 포기하는 것은 결코 쉬운 결정이 아니었다. 그런데 어느 날 갑자기 예상치도 못한 제3의 시나리오가 펼쳐진 것이다.

그는 매일 퇴근 후 사울의 얼굴을 바라보며 과연 자신에게 운명과 맞설 용기가 있는지 생각했다. 때로는 강인한 마음을 달라고 기도를 올리기도 했다.

긴급한 상황에는 긴급한 대처가 필요하다. 모든 사람이 중요한 순간에 필요한 만큼의 성장을 하는 건 아니지만, 윌로우는 천천히 더 나은 모습으로 발전해갔다. 그는 차츰 새로운 현실을 받아들였고, 자신을 바라보는 시선 또한 희생자에서 자원봉사자로 변화시켜나갔다.

이듬해 사울의 건강은 더욱 악화됐지만 윌로우는 연이어 나타나는 장벽을 하나씩 넘어가며 점점 더 강해졌다. 그는 매일 사울의 손발을 대신했고, 서서히 지구력과 인내심을 길렀다. 그의 내면은 더욱 강인해졌고 공감능력 또한 향상됐다. 사울과의 관계는 더 깊고 더 즐거워졌다.

윌로우는 직장과 사울 사이에서 균형을 잡기로 결심했다. 두 가지 일에서 모두 즐거움을 찾으려고 노력했고, 그 시도는 대개 성공적이었다. 평생 동안 훌륭한 적응력을 보여왔던 윌로우는 이제 회복력까지 갖추었다.

그는 테레사 수녀가 죽어가면서 이런 말을 남겼다는 사실을 알고 있었다. "저는 평생 주님을 섬겼고, 곧 천국에서 춤을 추리라는 사실을 압니다. 하지만 가능하다면 지상에서 조금 더 춤을 추고 싶네요." 윌로우는 앞으로 어떤 상황에 처하더라도 춤출 시간을 찾아내기로 결심했다.

6장

사랑하는 사람을 떠나보내는 순간

밑으로, 밑으로, 밑으로
무덤의 어둠 속으로 가만히 그들은 내려간다.
아름다운 자, 다정한 자, 친절한 자.
조용히 그들은 내려간다.
총명한 자, 재치 있는 자, 용감한 자.
알고 있다. 그러나 난 동의하지 않는다.
그리고 난 체념하지도 않는다.

에드나 세인트 빈센트 밀레이 Edna St. Vincent Millay

우리는 삶을 살아야 하고, 호기심을 유지해야 한다.
어떤 이유로든 자신의 삶을 외면해선 안 된다.

엘리너 루스벨트

제니의 부모님은 그의 집과 세 시간 거리에 있는 네브래스카주의 작은 마을에 살고 있었다. 부모님이 살아 계시던 마지막 해, 제니는 일주일에 한 번씩 차를 몰고 부모님 집에 찾아가 두 분을 병원에 데려갔다. 만나지 않는 날에도 수시로 문자메시지를 보냈으며, 매일 저녁 영상통화로 안부를 나눴다. 제니는 부모님을 돌보는 데 많은 시간을 쏟아야 했지만, 그 사실을 불평하기는커녕 지금이 함께할 수 있는 마지막 순간이라고 생각하며 최선을 다했다.

세상을 떠나기 전 주말, 어머니는 제니에게 이제 떠날 준비가 됐다고 말했다. 제니의 어머니는 긴 투병생활에 지쳐 있었고, 더 이상 삶에서 즐거움을 찾지 못했다. 제니는 어머니가 마지막으로 자녀를 비롯해 손주들과 시간을 보낼 수 있도록 가족들에게 연락을 취했다. 죽음을 앞둔 노인은 남은 가족에게 소중한 추억을 남겨줄 수 있을 정도로 맑은 정신을 유지했고, 시종 즐겁고 편안하게 대화를 나눴다. 사람들이 모두 떠난 뒤에도 제니는 홀로 남아 어머니와 시간을 보냈다. 돌아온 화요일, 어머니는 영원한 잠에 빠졌다.

제니는 휠체어에 의지한 아버지를 자신의 집으로 데려왔다. 그는 아버지가 가장 좋아하는 음식을 장만했고, 손자는 할아버지를 위해 피아노를 쳤다. 그들은 오래된 영화를 보고, 다 함께 카드게임을 했다. 그로부터 한 달 후, 아버지 또한 세상을 떠났다.

장례식은 부모님이 거의 60년 동안 다녔던 작은 마을 교회에서 진행됐다. 제니는 부모님이 '행복한 삶'을 살았으니 슬퍼할 필요 없다고 조문객들을 위로했다. 이어진 추도사에서 그는 "부모님의 임종을 지킨 것은 내 인생에서 가장 힘겹고 아름다운 경험이었다"고 말했다.

제니는 부모님이 그리웠지만, 슬픔은 격렬하지 않았다. 그분들은 장수를 누렸고, 마지막까지 직접 보살필 수 있었던 덕에 작별인사를 하기도 상대적으로 수월했다.

누군가의 죽음을 돕는다는 것은 책임과 명예를 동반하는 일이다. 우리는 이러한 경험을 통해 변화를 겪는다. 아무리 원하지 않는다 해도, 우리는 죽음을 통해 현실과 자신의 본질에 대한 교훈을 얻는다. 물론 사랑하는 이의 죽음을 항상 곁에서 지킬 수 있는 건 아니다. 때로 죽음은 예고 없이 찾아온다. 그들이 세상을 떠나는 순간에 멀리 떨어져 있거나 한달음에 날아갈 수 없는 상황일 때도 많다. 때로는 아무리 노력해도 비통한 죽음을 피할 수 없기도 하다. 하지만 운이 따라준다면, 우리는 소중한 사람의 영원한 여행을 도울 약간의 시간과 방법을 확보할 수 있다.

죽음은 출생 다음으로 불가사의한 경험이다. 하지만 다음에 일어날 일을 합리적으로 예측할 수 있는 출생과 달리, 죽음 이후의 시간은 두터운 베일에 싸여 있다.

죽음은 사회적이면서도 감정적이고, 육체적이면서도 정신적인 사건이다. 미국 문화는 전통적으로 죽음을 터부시하는 경향을 보여왔다. 죽음에 대한 대화는 달갑지 않게 여겨지고, 고집스레 그 주제를 꺼냈다가는 "재수 없는 소리 좀 하지 마"라는 말을 듣기 십상이다. 우리는 사랑하는 사람이 죽음에 다가가는 상황에서 보일 수 있는 적절한 태도와 의사소통 방법에 대해 제대로 배우지 못했다. 그 때문에 꼭 해야 할 말을 전하지 못하거나 대화로 상대방을 치유해줄 기회를 놓치는 안타까운 상황을 겪기도 한다. 이론적인 지식이 전혀 없는 상태에서 무작정 실무에 투입되는 것이다.

사랑하는 이가 죽음을 맞이하는 것을 도울 때, 우리는 그들이 어떤 방식으로 세상을 떠나고자 하는지 확인하고 싶어 한다. 운 좋게도 그들이 맑은 정신으로 결정을 내려줄 때도 있다. 하지만 결정권이 우리 손에 넘어온다면, 그들의 마지막 소원에 대해 가능한 한 많은 정보를 긁어모아야 한다.

의료행위와 관련된 권한의 위임, 사망 전 의사결정, 장례식의 형태, 유언장 작성 등도 빠짐없이 챙겨야 할 절차지만, 임종 관리에 관한 가족의 합의는 그 무엇보다 중요하다. 이것은 단 한 번의 대화로 끝날 문제가 아니다. 가능하면 세상을 떠날 이와 관련 있는 모든 친척이 여러 번에 걸쳐 대화를 나누는 편이 좋다. 미국인의 상당수는 마지막 순간 직전까지 이런 대화를 미루다가 상황이 갑자기 급박하고 복잡하게 돌아가는 바람에 꼭 필요한 논의를 제대로 진행하지 못한다.

호스피스의 존재는 이럴 때 큰 도움이 된다. 극소수의 예외를 제외하면, 그들은 죽어가는 이의 육체적·감정적·정신적 고통을 다루는 데 능숙하다. 호스피스는 환자가 죽음과 죽음이 가져다줄 경험을 받아들이도록 격려한다. 죽음을 목전에 둔 사람은 대개 임종 순간에 찾아올 고통과 죽음의 과정, 그리고 무력하게 혼자 남겨지는 것을 두려워한다. 게다가 그들은 대개 호흡이나 식사, 소화, 거동에 현실적인 문제를 안고 있다. 호스피스는 인간이 존엄성을 지키며 눈을 감을 수 있도록 돕는 일을 한다.

호스피스로 일하는 로잘리는 사람들이 죽음 앞에서 느끼는 고통이 육체적인 통증이라기보다 미래에 대한 두려움에서 오는 감정적 고통이라고 말한다. 로잘리는 식도암으로 죽어가는 한 남성 환자를 예로 들었다. 그는 아이들이 어렸을 때 가정을 버렸고, 이제 와서 과거의 행동에 대해 죄책감과 부끄러움을 느끼고 있었다. 그는 아들들을 만나 직접 사과할 수 있기를 바랐지만, 그들은 아버지를 만나려 하지 않았다. 로잘리는 임종 직전에 인지 능력을 잃을까 봐, 그래서 야만적이고 통제 불가능한 인간으로 죽음을 맞이할까 봐 두려워하던 한 여성 환자의 이야기도 들려줬다.

"우리가 그들의 모든 불안을 해결해줄 순 없어요. 때로는 가만히 환자 분의 손을 잡고 귀를 기울일 뿐이죠."

로잘리는 호스피스로 일하면서 가장 힘든 순간으로 환자 가족들이 죽어가는 이에게 본인의 상황을 정확히 알려주지 않으려고 할 때를 꼽았다. 물론 대부분의 경우, 가족들은 환자 본인에게 현실을 알려주고 상황을 받아들일 수 있도록 격려한다. 호스피스의 역할 중 하나는 임종을 앞둔 이의 가족들에게 이별 전 반드시 나눠야 할 다섯 가지 대화를 알려주는 것이다. "나를 용서해요. 나는 다 용서했어요. 사랑해요. 고마워요. 잘 가요."

로잘리는 이런 설명을 덧붙였다. "호스피스 병동에서는 일반적으로 여성이 남성보다 더 오래 살아요. 남성에 비해 감성적인 대화에 더 익숙하기도 하고, 마사지나 아로마테라피 같은 대체의학 요법에 잘 적응할 가능성도 더 높거든요."

로잘리는 요양원에서 생의 마지막 순간을 보내는 환자들이 바깥세상의 이야기나 농담을 좋아한다고 했다. 머리를 빗겨주거나 로션을 발라주는 것처럼 사람과 몸이 직접 닿는 순간을 좋아한다고도 했다. 로잘리는 종종 환자들에게 발 마사지나 두피 마사지를 해줬고, 시작 전에 환자의 의사를 묻는 센스를 보였다. "오늘은 어떤 즐거움을 드릴까요? 5분쯤 후에 시작할까요? 아니면 지금?"

호스피스 환자를 방문할 때 그의 건강에 대한 주제는 가급적 꺼내지 않는 편이 좋다고 로잘리는 조언한다. 환자들은 대개 자신의 상태를 깊이 파고드는 것도, 헛된 희망을 품는 것도 바라지 않는다. 마찬가지로, 죽어가는 이들은 대부분 자신처럼 생명이 얼마 남지 않은 사람이나 아픈 사람에 대한 이야기를 달가워하지 않는다. 그보다는 과거의 행복한 추억이나 현재의 긍정적인 사건에 대한 대화를 반긴다. 그들은 자신이 누군가에게 중요한 사람이었고, 친절하고 사려 깊은 사람이었다는 이야기를 감사한 마음으로 듣는다.

많은 환자와 가족을 지켜보는 동안, 로잘리는 우리 문화권에 사랑하는 사람들에게 둘러싸여 임종을 맞는 전통이 있긴 하지만 적지 않은 환자가 가족이 자리를 떠난 후에야 눈을 감는다는 사실을 발견했다. 그는 이러한 현상이 가족들과 함께 있는 상황에서는 생명의 끈을 놓기가 더 힘들기 때문이라고 추측했다. 혼자 있을 때 죽음의 길을 떠나기가 더욱 수월한 것이다.

그는 대부분의 사람이 죽음 앞에서 같은 것을 원한다고 말했다. 우리는 누구나 집에서 가족이나 가까운 친구들과 함께 편안하면서도 분명한 죽음의 순간을 맞이하고 싶어 한다.

호스피스 치료와는 달리, 현대 의학 시스템은 우리가 끝까지 죽음에 저항하길 장려한다. 심지어 말기 암 환자에게도 의사들은 더 많은 치료를 제공하며 생명을 연장하고자 한다. 의학박사 아툴 가완디Atul Gawande는 저서 《어떻게 죽을 것인가》에서 이렇게 말했다. "의사들은 환자가 비극적인 질병 앞에서 현명한 선택을 내리도록 가르치는 방법을 훈련받지 않는다. 우리는 언제나 생명을 지키고 희망을 불어넣어야 한다고 배운다. 따라서 우리는 환자에게 운명에 순응하지 말 것을 당부한다."

하지만 가완디 박사는 정작 의사들 중에 환자에게 처방하는 말기 치료를 직접 받고자 하는 사람은 별로 없다고 말한다. 그는 V. J. 페리야코일V. J. Periyakoil 박사의 주도로 진행된 설문조사를 인용하며 의사 중 88퍼센트가 삶의 막바지에 고통스러운 치료나 인위적으로 생명을 연장하는 기계에 몸을 내맡기지 않겠다고 응답했다는 사실을 밝혔다.

마비스는 남편 릭의 죽음을 곁에서 도왔다. 릭은 6월 1일에 병원에서 조직검사를 받았으며, 6월 5일에 간암이 몸 전체에 전이됐다는 결과를 받았다. 의사는 그에게 말기 입원치료를 권장했지만, 릭은 집에 가길 원했다. 마비스는 당장 휴대전화를 집어 들고 부부가 사는 아파트로 병원용 침대를 주문한 뒤 호스피스 도우미 서비스를 알아봤고, 일단 그날 저녁 남편을 집으로 데려왔다.

그날부터 마비스는 모든 관심을 남편에게 쏟았다. 남편이 원하는 것을 들어주고 치료 스케줄을 계획하고, 무엇보다 남편이 편안하고 행복하고 사랑받는다는 기분을 느낄 수 있도록 최선을 다했다. 릭이 좋아하는 치킨 수프를 끓이고, 스무디를 만들기 위해 신선한 과일을 사들이고, 출장 마사지 치료사를 예약했다. 다음으로는 릭과 친분이 있는 모든 이에게 연락을 넣어 가능하다면 집에 방문해서 남편과 대화를 나눠달라고 부탁했다. 그의 친구와 직장 동료, 친척에게 릭이 자신에게 어떤 의미였는지 전하는 편지나 카드를 써달라고 요청하기도 했다.

호스피스 도우미는 마비스에게 필요한 치료 장비 및 진통제 목록과 함께 주사 놓는 방법을 알려줬다. 마비스는 이성을 잃지 않았고, 자신의 능력을 최대치로 활용했다. 그 스스로도 자신에게 이렇게 유능하고 다정한 면이 있다는 사실을 깨닫고 깜짝 놀랐을 정도다.

릭은 간암 말기 판정을 받은 이후 한 달을 집에서 보냈고, 호스피스의 도움 덕분에 육체적 고통도 피할 수 있었다. 7월 4일, 부부는 집에서 몇 블록 떨어진 도시 공원에서 불꽃놀이를 구경하고 샴페인을 터뜨리며 그동안의 결혼생활을 기념했다. 릭은 몇 모금밖에 마시지 못했지만, 마비스는 남편의 손을 꼭 잡고 하늘을 수놓는 불꽃을 바라보며 남은 샴페인 병을 다 비웠다. 릭은 다음 날 아내의 품에 안겨 세상을 떠났다. 마비스는 남편에게 그가 가장 바라는 형태의 죽음을 선물했다.

이 경험은 마비스에게 큰 힘이 됐다. 지금껏 그들의 부부생활은 대개 남편이 아내를 보살피는 식으로 유지됐다. 하지만 죽어가는 남편을 돌봄으로써, 마비스는 스스로 강한 사람이 될 수 있었다. 그는 평생 남편에게 받은 사랑을 어느 정도나마 되갚을 수 있었다는 데 감사했다. 남편이 눈을 감은 뒤, 마비스는 여섯 시간을 꼬박 울다가 친척들에게 연락을 돌렸다. 릭은 사흘 뒤 화장됐고, 그의 유골은 지역 공동묘지에 묻혔다.

한 사람이 떠난 집은 너무나 허전했다. 인부들이 거실에서 병원 침대를 치우자 휑한 공간이 더욱 적나라하게 드러났다. 릭의 마지막 순간에 너무 집중한 나머지, 그가 떠난 뒤 마비스의 안에는 아무것도 남아 있지 않았다. 그는 슬픔 외에 어떤 감정도 느끼지 못했다.

반려자의 죽음이 가져온 충격은 마음뿐 아니라 몸에까지 영향을 미쳤다. 마비스는 감각을 잃었고, 몸을 가누기가 힘들었다. 생각하거나 말하거나 숨쉬기조차 어려웠다. 온 세상이 한 조각의 희망도 없는 깊은 어둠에 둘러싸인 것처럼 느껴졌다. 머릿속에는 차라리 세상을 떠나서 남편과 함께하고 싶다는 생각이 끊이질 않았다.

남겨질 가족과 친구들을 생각하면 자살은 말도 안 되는 선택이었지만, 그럼에도 그는 죽음을 간절히 원했다. 다시는 행복해질 수 없으리라는 확신이 들었고, 남편의 죽음과 함께 그의 삶도 끝난 것만 같았다.

그로부터 3년 후, 마비스는 여전히 외로움을 느꼈지만 그사이에 몇 가지 교훈을 얻었다. 우선 그는 주변 사람들에게 도움을 요청하는 법을 배웠다. 교회나 도자기 수업에 갔을 때는 친구들을 향해 이렇게 말했다. "날 좀 안아줘. 난 지금 애정이 필요해."

그는 가족을 잃은 사람을 어떻게 위로해야 하는지 이해하게 됐다. 예전처럼 "내가 도울 수 있는 일이 있다면 언제든 연락해"라고 말하는 데 그치는 대신, 직접 나서서 식사나 영화 관람, 티타임 일정을 잡았다.

더불어 그는 하루에 한 가지씩 작은 일에 집중했다. 먼 미래를 내다보면 온갖 가능성에 압도돼 아무것도 시작할 수 없었지만, 하루를 알차게 보내는 데 최선을 다하다 보면 어느새 큰 목표가 달성돼 있었다. 그중에서도 그가 얻은 가장 큰 성과는 자신이 스스로 생각하던 것보다 훨씬 더 강인하고 다정한 사람이라는 사실을 깨달은 것이었다.

내 조카 폴은 일주일에 몇 번씩 청년들을 데리고 캘리포니아 황야 투어를 진행한다. 한번은 그가 내게 이런 말을 한 적이 있다. "저는 투어 중에 거대한 폭풍이 몰아치길 바라요. 차갑고 거센 비가 쏟아지고, 강한 돌풍이 불어 텐트를 무너뜨리는 거죠. 젊은 친구들은 그런 경험을 통해 진정한 자신을 발견할 수 있을 거예요."

사랑하는 사람을 잃는 것은 거대한 폭풍에 휘말리는 것과 같다. 우리는 그 경험을 통해 자신의 진짜 모습을 확인할 수 있다. 많은 사람이 그 과정에서 자신 안에 얼마나 큰 힘과 용기가 숨어 있었는지 깨닫는다.

사랑하는 사람의 죽음을 돕는 것과 실제로 그를 잃는 것은 완전히 별개의 문제다. 도움을 제공하는 동안 그는 여전히 우리 곁에 있고, 따라서 우리는 스스로의 행동에서 의미를 찾고 집중력을 유지할 수 있다. 하지만 그가 세상을 떠나는 순간, 우리는 텅 빈 상태로 목적을 잃고 표류하게 된다. 한 친구는 그 느낌을 이렇게 표현했다. "내 존재의 절반이 허공으로 사라져버린 것 같아."

갑작스러운 죽음, 예방할 수 있었던 죽음, 아이의 죽음처럼 너무 때 이른 죽음은 남은 이들에게 견디기 힘든 고통을 준다. 하지만 아무리 예고된 죽음이라고 해도, 모든 죽음은 결국 갑작스럽게 찾아오는 것처럼 느껴진다. 삶이 끝난다는 예감은 1분 안에 찾아오고, 다음 순간 그는 시신이 돼 있다.

죽음의 충격을 경험하면 한동안은 세상이 어둠에 휩싸이고 아무것도 할 수 없다는 기분이 든다.

우리는 이 시기 동안 내면에 잠재된 힘과 용기를 시험받는다. 노를 젓다가 해안선을 놓쳤는데, 아무리 가도 또 다른 해안선이 나타나지 않는 절망적인 상황이 이어진다.

슬픔은 감정적인 동시에 육체적인 경험이다. 가장 중요한 것은 스스로에게 고통을 겪고 극복할 시간을 주는 것이다. 처음에는 외로움이 밀려온다. 아침에 눈을 뜨면 상실의 파도가 우리를 덮치고, 종일 우울한 기분을 떨칠 수 없다. 우리는 세상을 떠난 바로 그 사람에게서 위로를 받고 싶다. 처음 몇 주 동안은 혼자 식탁에 앉거나 주말을 혼자 보내는 기분을 마주하기가 힘겹다.

하지만 우리 대부분은 슬픔을 딛고 성장한다. 우리는 자신이 얼마나 많은 사람에게 사랑받고 있는지 깨닫는다. 사별이 어떤 기분인지 아는 지인들은 적극적으로 우리의 회복을 돕는다. 예상되는 모든 슬픔의 단계를 거치는 와중에, 우리는 심리학자 존 볼비John Bowlby가 주장한 '갈망과 수색Yearning and Searching' 단계를 겪는다. 볼비는 이 단계에서 깊은 공허감과 더불어 세상을 떠난 이와 함께하고 싶은 강렬한 열망을 느끼게 된다고 설명했다. 상실의 슬픔에 빠진 사람은 종종 세상을 떠난 이를 보고, 그의 존재를 느끼며, 그를 향해 말을 건다.

많은 여성이 나와 상담을 하면서 자신이 겪은 갈망과 수색 단계에 대해 묘사했다. 샤론은 밤하늘 아래 산책을 하다가 우연히 별똥별을 목격했다. 그 순간 그는 죽은 남편이 자신을 곁에서 지켜주고 있다고 느꼈다. 혼자가 된 뒤 3년 동안 그는 몇 번이나 '남편의' 별똥별을 목격했다.

진정한 슬픔은 결코 사라지지 않는다. 하지만 우리는 그것과 함께 사는 법을 배운다. 시간이 지나면 친구들도 더 이상 우리의 상태를 염려하거나 슬픔에 대해 묻지 않는다. 우리는 차츰 세상 모든 이들이 마음속에 깊은 슬픔을 안은 채 살아가고 있다는 사실을 깨닫는다. 이 과정이 지나가면, 다시 한번 다른 이들을 도우며 살고 싶다는 생각이 찾아온다.

슬픔은 무작정 견뎌야 하는 감정이 아니다. 슬픔에는 타인을 사랑하는 마음이 반영돼 있다. 우리는 이 감정을 통해 가장 친밀하고 심오한 삶의 경험을 얻는다. 슬픔을 마주하려면 열린 마음과 용기가 필요하다. 우리는 인내와 호기심을 갖고 이 감정을 탐구해야 하며, 놓을 준비가 될 때까지 마음속에 간직해야 한다.

시간을 들여 충분히 느끼기만 해도 슬픔은 조금씩 줄어들 것이다. 하지만 시인 린다 패스턴Linda Pastan이 썼듯이, "슬픔이란 빙빙 도는 계단이다". 우리는 수시로 기분이 좋아졌다 나빠지길 반복한다. 휴일이나 결혼기념일을 포함한 많은 것이 갑작스레 슬픔을 유발한다. 2년째를 잘 극복했지만 3년째에 무너지기도 한다. 우리는 의지와 기술에 기대며 힘든 시기를 극복해나가지만, 소용돌이에 휘말리지 않고는 앞으로 나아갈 수 없다.

하지만 우리는 결국 삶의 균형을 다시 맞추고, 슬픔과 어느 정도 거리를 두는 방법을 배우게 될 것이다. 슬픔에 빠져 죽는 일도, 그 감정을 완전히 잊어버리는 일도 일어나지 않는다. 하지만 처음부터 이러한 거리 두기를 할 수 있는 건 아니다. 심지어 다크초콜릿으로도 슬픔이 뚫어놓은 마음의 구멍은 메울 수 없다.

사랑하는 사람의 상실을 뒤로하고 앞으로 나아가려면 회복력을 갖춘 자신을 끌어내야 한다. 당장 나타나진 않겠지만, 그는 우리 마음 깊은 곳에 자리를 잡고 도움이 될 순간을 기다리고 있다.

슬픔을 성공적으로 극복한 치유의 롤 모델을 찾는 것도 도움이 된다. 사촌이 심장마비로 숨을 거뒀다는 소식을 들었을 때, 나는 당장 그의 어머니인 만 80세의 그레이스 이모에게 전화를 걸었다. 당시 그레이스 이모는 가족과 함께 오자크에서 지내고 있었다. 책 홍보 투어를 하느라 시애틀에 있던 나는 이 순간을 이모와 함께하지 못한다는 생각에 마음이 찢어질 듯 아팠고, 이모가 전화를 받자마자 나 자신의 슬픔을 쏟아냈다. 잠자코 경청하던 이모는 내 마음을 충분히 이해한다고 말하며 나를 안심시킨 뒤 이렇게 덧붙였다. "우리가 할 일은 남은 사람들을 사랑하고 보살피는 거란다."

나는 지금도 누군가를 떠나보낼 때마다 그레이스 이모를 기억한다. 어떤 상황에 처해 있더라도, 우리에게는 늘 선택을 할 수 있는 본질적 자유가 있다. 신중히 생각하고 구원을 받을 기회 또한 언제든 존재한다.

팻은 자신의 슬픔을 직시하고 현명한 결정을 내리고 지혜와 정직함으로 괴로움을 극복한 여성의 좋은 예시다. 팻의 남편은 2년 전에 세상을 떠났다. 나는 그의 장례식에 갔었다. 제리는 만 57세에 죽음을 맞았지만, 100세까지 사는 사람들보다 훨씬 충실한 인생을 살았다. 그는 오랜 세월에 걸쳐 식품 협동조합을 운영하고, 철학을 가르치고, 네브래스카 공영 라디오 방송국에서 일했다. 아내와 고양이, 야구, 즐거운 대화, 아코디언 연주를 사랑했다. 윌리엄 스태퍼드William Stafford는 이런 구절로 시작하는 시를 썼다. "상자를 흔들어 기회를 꺼낼 때마다, 당신은 행복한 기분을 느꼈다." 제리는 행복한 사람이었다.

얼마 전 팻과 나는 그의 밝은 주방에 앉아 제리의 죽음과 그 영향에 대해 이야기했다. 팻은 남편의 식도암 선고가 너무 충격적이었다고 말했다. 두 사람은 그저 일상적인 내시경 검사를 하려고 주치의를 찾았는데, 의사가 갑자기 악성종양을 발견한 것이다. 제리는 다음 날 바로 CT 촬영을 받았고, 길어야 1년밖에 살지 못할 거라는 선고를 받았다. 팻은 그 순간 자신이 가장 먼저 떠올린 생각

을 아직도 기억한다. '우리가 함께 늙어가지 못하게 됐구나.'

"모든 게 너무 빨리 돌아갔어요. 첫 내시경을 받은 날이 12월 13일이었는데, 20일에는 암세포가 간과 다른 장기로 전이됐다는 얘기를 들었거든요. 우리는 크리스마스 전에 가족들에게 그 사실을 알렸고, 1월 초 치료를 시작한 직후에는 친구들에게 연락을 돌렸어요. 우리는 급히 함께할 마지막 1년을 계획했죠."

팻은 그 기간 동안 머릿속에서 매 순간 알람시계가 울리는 기분이었다고 말했다. 제리를 도울 수 있는 시간이 얼마 남지 않았다고 생각하면 한시도 긴장을 늦출 수 없었다.

"난 그동안 남편이 큰 병에 걸리더라도 원래 모습을 잃지 않을 거라고 생각했어요. 하지만 얼마 지나지 않아 엄청난 고통은 사람을 바꿔놓는다는 사실을 깨달았죠." 팻이 설명했다. "처음에는 우리가 서로를 돌봐야 한다고 생각했지만, 이 또한 온전히 제리에게 집중해야 한다는 깨달음으로 바뀌었어요." 팻은 텍사스의 부모님 댁으로 떠난 크리스마스 여행을 단순하면서도 마음에 확 와 닿는 사례로 들었다. 지금껏 두 사람이 여행할 때 티켓과 일정 관리는 늘 제리의 몫이었지만, 이번에는 공항에 들어선 순간부터 팻이 두 사람 분의 표를 챙기고 모든 세부사항을 처리해야 했던 것이다.

이어진 1월 내내 팻은 대형 시립 도서관의 관장으로서 평소와 다름없이 일했다. 남편의 죽음이 임박했을 때 휴가를 몰아서 써야 한다고 생각한 것이다. 두 사람 중 누구도 제리의 죽음이 바로 그 달에 찾아오리라고 상상하지 못했다.

남편을 돌보는 동안에는 바빠서 다른 생각을 할 겨를이 없었지만, 출근길에는 어두운 생각이 밀려왔다. 인생에서 가장 행복한 시절이 끝나버렸고, 평생 혼자 지내거나 결국 다른 누군가를 만나게 되리라는 생각은 팻을 끝없이 괴롭혔다. '다른 누군가를 만난다'는 표현을 떠올리는 것만으로도 몸이 부르르 떨렸다.

제리는 암 선고를 받은 순간을 이렇게 묘사했다. "길을 걷고 있는데, 갑자기 거인이 나타나 나를 땅바닥에 패대기친 것 같았어요. 일어나려고 몸부림쳤지만, 움직일 수조차 없었죠."

의사들은 제리에게 반드시 체중을 유지해야 한다고 말했지만, 그는 음식을 제대로 먹을 수 없었다. 제리는 아무리 노력해도 식욕이 생기지 않는 자신에게 화를 냈다. 지인들이 그를 위해 맛 좋은 커스터드와 콩소메 수프를 가져다줬지만, 그는 어느 것 하나 제대로 소화시키지 못했다. 폐와 간이 모두 고장 나는 바람에 끊임없이 딸꾹질과 구토를 했다. 그는 죽음을 두려워하지 않았지만, 통증은 견디기 힘들었다.

제리는 1월 말 어느 월요일에 입원했다. 두 사람은 그가 조금이라도 회복된 상태로 집에 돌아오길 바랐지만, 의사는 이번 입원이 완화치료 기간이며 살날이 한 달도 남지 않았다는 청천벽력 같은 선고를 했다. 팻은 제리가 돌아올 때를 위해 집을 정리했고, 제리는 집에 돌아갈 마음의 준비를 하고 있었다. 하지만 그가 돌아오는 일은 없었다. 그는 바로 그 주 금요일에 병원 침대에서 죽음을 맞이했다.

팻은 지금도 제리의 병실로 반려 고양이들을 데려가지 않았던 걸 후회한다. 의사가 허락했음에도, 그는 남편의 죽음을 인정하는 것이 두려워 그 일을 실행에 옮기지 못했다. "제리가 그 고양이들을 정말 사랑했거든요." 팻이 말했다.

팻의 부모님을 포함한 부부의 가족과 친척은 모두 작별인사를 하러 찾아왔다. 팻은 남편이 가족들에게 둘러싸여 사랑받고 보호받는다는 느낌 속에서 세상을 떠날 수 있기를 바랐고, 결국 그 목표를 이뤘다.

제리가 죽음을 향해 빠르게 나아가고 있던 그 힘든 시절, 팻은 인생에서 무엇이 중요하고 무엇이 중요하지 않은지 명확히 알게 됐다. 그는 삶에 분명한 우선순위가 있다는 것을 느꼈고, 그중에서도 가장 중요한 것은 지금 이 순간 제리의 곁에 있어주는 것이라는 사실을 깨달았다.

제리는 종교가 없었지만 그의 장례식은 팻이 다니던 교회에서 치러졌다. 그가 생전에 열렬히 후원했던 지역 실내악 사중주단이 그의 마지막 길을 아름다운 음악으로 배웅했다. 600명 이상이 장례식장을 찾는 바람에 교회 안은 물론이고 밖까지 조문객이 서서 대기하는 진풍경이 벌어지기도 했다. 텍사스에서 온 제리의 부모님은 아들에게 친구가 얼마나 많았는지 알고선 깜짝 놀랐다. 그들은 제리가 그토록 많은 이들에게 영향을 미쳤다는 사실을 전혀 모르고 있었다. 솔직히 나도 놀라긴 마찬가지였다. 나는 고인과 특별한 친분이 있다고 생각했지만, 곧 그가 다른 모든 이들과 특별한 관계였다는 사실을 깨달았다.

장례식을 마친 후, 나를 비롯한 조문객들은 교회 지하에서 커피와 파이를 먹었다. 팻은 침착했고, 평소와 다름없이 웃으며 대화를 나눴다. 입원 경험이 있는 한 친척은 내게 속삭였다. "만약 내가 죽을병에 걸린다면, 팻에게 권한을 일임하고 관리를 부탁할 거야. 얼마나 효율적이고 꼼꼼하게 제리의 마지막 길을 챙겼는지, 믿을 수가 없을 정도라니까."

그로부터 2년이 지난 지금, 팻은 남편과 함께했던 시간을 추억하며 만족스러워할 수 있게 됐다. 두 사람은 언제나 즐거우면서도 약간의 긴장을 잃지 않는 로맨틱한 관계를 유지했고, 서로에게 적극적으로 고마움을 표현했다. 그는 남편이 죽은 뒤 한 번도 울지 않은 자신의 모습에 스스로 놀랐다고 털어놨다. 하지만 그는 극도로 약해졌고, 처음에는 고통으로 가득 찬 배낭을 메고 인생을 걸어갈 자신이 없었노라고 했다. 다행히 가족과 친구들이 그가 가방을 싸고 짊어지는 것을 돕기 위해 기꺼이 손을 내밀었다. "어떤 사람은 그 짐을 잠시나마 대신 들어주기까지 했어요."

팻은 남편의 죽음 뒤 맞은 첫 1년을 '애도의 해'로, 그다음 1년을 '분노의 해'로 불렀다. 제리처럼 착한 사람이 그렇게 일찍 죽어버렸다는 사실을 떠올리면 솟아오르는 화를 감출 수 없었다. 하지만 그는 제리가 했던 말을 떠올리며 마음을 다스렸다. "자신이 좋은 사람이라고 해서 나쁜 일이 일어나지 않길 바라는 건 채식주의자라고 해서 황소가 자신을 받아버리지 않길 바라는 것과 같은 일이지."

사람들은 팻에게 어떻게 그렇게 의연한 모습을 보일 수 있느냐고 묻곤 한다. 그는 이런 생각을 하며 스스로를 다잡았다고 했다. '지금은 선택을 할 때야. 나는 청구서를 지불하기 위해 일을 해야 해. 아무것도 하지 않으면서 소파에 늘어져 인생을 낭비하고 싶지도 않아. 이건 내 인생이야. 그러니 내가 책임져야 해.'

팻은 여전히 남편을 잃은 슬픔에서 완전히 벗어나지 못했다. "제리와의 결혼생활은 참 좋았어요." 그는 미소 지으며 가장 그리워하는 남편의 모습을 설명했다. 제리는 소리를 잘 흉내 냈다. 판자가 바람에 흔들려 삐거덕거리거나 파이프에서 쉭쉭 소리가 날 때면 그는 즉시 그 소리를 똑같이 낼 수 있었다. 지금도 팻은 집 주변에서 그런 소리가 날 때마다 저도 모르게 남편의 흉내 소리가 이어지길 기다린다.

팻은 친구들과의 모임과 각종 행사로 하루 일정을 꽉 채운다. 직장에서는 배우고 성장할 기회를 끊임없이 추구한다. 그는 지금까지도 텅 빈 집에 혼자 들어가는 것을 좋아하지 않는다.

팻은 모든 일에 이유가 있다는 말을 믿지 않는다. 그가 봤을 때 제리의 암은 그야말로 우주의 무작위성을 증명하는 사건이었다. 하지만 그는 그 사건에서 교훈을 얻었고, 페이스북으로 식도암과 싸우는 사람들과 교류하는 등 자신의 경험을 바탕으로 타인을 돕기 위해 노력하고 있다. 누군가에게 도움이 된다는 느낌은 그에게 큰 위안을 준다.

현재 팻의 신조는 '살아 있는 편이 행복하다'다. 그는 삶에서 즐거움을 느낄 때마다, 늘 현재에 최선을 다해야 한다고 말했던 제리에게 영광을 돌린다. "즐거운 삶을 사는 것은 내가 남편과의 추억을 기리는 최선의 방법이에요."

팻의 이야기는 인생의 복잡성과 지속성을 동시에 보여준다. 어떤 의미에서 슬픔은 결코 끝나지 않는다. 하지만 개선될 수는 있다. 바쁜 일상과 창조적인 활동, 적극적인 인간관계는 큰 도움이 된다. 팻은 안정적이고 호의적인 공동체에서 넓은 기반을 확보하고 있으며, 개인적으로도 능력과 회복력을 두루 갖춘 사람이다. 하지만 그럼에도 그는 아픔에서 완전히 벗어나지 못했다.

일반적으로는 사랑하는 이를 잃은 첫해가 가장 힘들고 시간이 갈수록 슬픔이 옅어진다고 하지만, 내 친구를 포함한 일부 여성들은 두 번째 해에 더 큰 고통을 겪었다. 그 이유 중 하나는 첫해만 넘기면 상황이 더 나아질 거라는 기대를 품었다가 실망하기 때문일 것이다. 그들은 뭐가 문제인지 자문하며 영영 회복하지 못할지도 모른다는 절망에 빠진다.

우리 문화는 집중력의 지속시간이 짧으며 그 어떤 것에 대해서도 오래도록 슬퍼하지 않는다. 하지만 마음의 시간은 문화적 시간과 다른 속도로 흘러간다. 메리 고티에Mary Gauthier가 노래했듯이, "사랑하는 이를 잃으면 한 해의 속도는 한 방울씩 떨어지는 물로 양동이를 채우는 것만큼 느려진다".

인생의 최대 장점이자 단점 중 하나는 그것이 계속 이어진다는 것이다. 하지만 올바른 항해술과 선택 능력을 지닌 여성이라면 시간의 힘을 회복의 물약으로 활용할 수 있다.

많은 여성이 상실의 슬픔을 치유하는 저마다의 방법을 갖고 있다. 나는 떠나간 사람이 내게 어떤 의미였는지, 그들의 삶이 어째서 중요했는지, 그들이 지닌 독특한 개성에는 어떤 것이 있었는지 등의 이야기가 담긴 개인적인 추도사를 적어 내려가면서 마음의 안정을 찾는다. 때로는 우리가 함께했던 시간 중에서도 가장 중요한 순간을 기억하려고 노력한다.

우리는 종종 세상을 떠난 가족 구성원을 특정한 상징과 연관시 킨다. 많은 여성은 새에게서, 특히 홍관조(빛깔과 지저귐 소리가 고운 관상조로 수컷의 깃털이 선홍색이다 - 옮긴이)에게서 떠난 이의 모습을 발견한다. 깜짝 놀랄 만큼 많은 여성이 사랑하는 이를 잃은 뒤 홍관 조가 나타나 노래를 불러준 일화를 들려줬다. 우리는 또한 특정한 음악이나 음식, 장소 그리고 달이나 별똥별을 포함한 자연현상에서 떠난 이의 흔적을 찾는다. 나는 물고기를 잡을 때마다 낚시를 사랑 했던 아버지를 떠올리며 잡은 고기를 하늘 쪽으로 들어 보인다.

우리는 상실을 경험할 때마다 정신을 번쩍 차리고 삶의 소중함 을 상기한다. 때로는 잊고 있었던 사랑과 아름다움을 추구하기도 하고, 때로는 고통과 의미의 균형을 찾는 초월적 반응을 보이기도 한다. 떠나간 이를 기리는 의미로 심은 나무나 누군가의 이름이 적 힌 기념 벤치, 선한 의지로 내놓은 기부금 등에서 우리는 초월적 반응의 증거를 찾을 수 있다. 묘지에 꽃을 바치는 간단한 행위에서 도 초월적인 의미를 발견할 수 있다. 상실을 딛고 살아남기 위해 우리는 성장해야 한다. 우리는 이 성장을 통해 더 큰 의미와 감사 로 가득한 삶의 다음 단계로 나아갈 수 있다.

7장
외로움과 고독

인생은 경험으로 가득 차 있을지 모르지만,
우리 모두는 언제 어느 곳에 있건
마음 깊은 곳에 커다랗고 의미 있는
외로움을 지니고 살아간다.

에티 힐레줌 Etty Hillesum

＊

　칼라는 내 40년 지기 친구다. 그는 음악가와 결혼했고, 연주자와 팬으로 이뤄진 우리 지역 공동체의 일원으로 활동했다. 나와는 파티와 미술관 개관식, 비영리 모금행사 등에서 마주치며 친해졌다. 내 눈에 비친 칼라는 항상 친구들에게 둘러싸여 있었다. 하지만 어느 날 저녁 열린 야외 콘서트에서 그는 내게 외롭다고 말했다.

　"외로울 만도 하지. 내 남편은 내성적인 사람이고, 아이들은 독립했고, 나는 며칠씩 집에 틀어박혀 아무도 만나지 않으면서 일을 하니까."

　"나도 그런 기분을 느낄 때가 있어." 나는 대답했다. "이유까지 거의 똑같아. 대부분의 시간을 독서와 글쓰기로 보내니까. 내가 선택한 삶이지만, 그럼에도 고립감이 드는 건 어쩔 수 없지."

　우리는 나이 들면서 사람과 만날 시간이 줄어드는 경험에 대해 얘기를 나눴다. 대화 상대가 필요할 때면 언제든 친구에게 전화를 걸 수 있었던 행복한 옛 시절을 추억하기도 했다. 요즘은 대부분의 의사소통이 문자메시지나 이메일을 통해 이뤄지고, 용건도 없이 전화를 거는 행위가 불편함을 떠나 거의 무례하게까지 느껴지게 됐다.

칼라는 한숨을 쉬며 말했다. "나는 지금의 삶을 사랑하지만, 우리 집은 너무 조용해. 때로는 아이들과 함께 깨어나고, 바쁜 직장에서 풀타임으로 일하고, 퇴근해서는 후다닥 저녁 식사를 준비하고, 아이들의 축구 경기나 밴드 연습을 돕던 정신없는 시절이 그리울 정도야."

삶을 어떤 식으로 설계하든, 우리 대부분은 나이 들수록 혼자서 더 많은 시간을 보내게 된다. 데이터과학자 헨리크 린드버그Henrik Lindberg는 만 20세에서 만 40세 사이의 성인은 하루 평균 네 시간을 홀로 보내지만, 70대에 들어서면 혼자 있는 시간이 약 일곱 시간으로 늘어난다고 밝혔다. 그 시간에 '외로움'이라는 딱지를 붙일 수 있을지 여부는 홀로 있는 순간을 대하는 우리의 태도와 그 시간을 어떻게 활용하는지에 따라 결정된다. 우리 나이 든 여성들은 흔히 고독과 외로움을 혼동하는 경향을 보인다.

물론 우리는 평생 외로움을 느끼며 살아간다. 어린 시절은 믿기 어려울 정도로 외로울 수 있으며, 특히 감정적 유대를 제공하는 부모님이나 사랑을 주는 공동체의 존재가 없다면 더욱 그렇다. 어린 아이들은 종종 학교에서 괴롭힘이나 따돌림을 당하고, 10대 청소년들은 외로움을 포함해 모든 감정을 강하게 느낀다. 전업주부들은 쉽게 고립될 수 있다. 이처럼 외로움이 노년에만 찾아오는 감정은 아니지만, 이 발달단계의 특성상 더욱 피할 수 없는 고충인 것만은 사실이다.

우리 대부분은 60대 중반을 기점으로 상실을 경험한다. 우리는 사랑했던 이들을 먼저 떠나보내고, 은퇴해서 직장 동료들과 멀어지며, 체력과 감각의 저하 때문에 예전처럼 다른 사람들과 원활히 소통하지 못한다. 개중에는 더 이상 운전을 하지 못하는 이도 있으며, 열악한 경제 사정과 대중교통 시스템, 범죄에 대한 두려움 때문에 원치 않으면서도 집 안에 틀어박혀 지내는 사람도 있다. 우울증과 활력 부족, 만성적인 질병 또한 친구를 사귀거나 유지하는 데 방해가 되는 요소다.

때로는 다른 사람의 결정이 우리 삶에 큰 영향을 미치기도 한다. 홀리는 결혼을 하지 않았지만, 살면서 외로움을 느낀 적은 없었다. 그가 홀로 키운 딸 맨디는 결혼해서 한 블록 떨어진 집에서 살고 있다. 맨디와 사위 데이브는 다섯 아이를 낳았다. 홀리는 손주들이 태어나던 순간을 모두 함께했고, 딸 부부가 직장에 있는 동안 육아를 도맡았으며, 아이들 관련 행사에도 일일이 참석했다. 그는 두 집이 한 가정이라고 느꼈다.

첫째 손주가 만 열 살, 막내 손주가 두 살이던 어느 해 3월에 홀리는 딸 맨디에게서 당혹스러운 전화를 받았다. 데이브가 1,500킬로미터도 넘게 떨어진 지역으로 발령을 받는 바람에, 이번 학기가 끝나면 가족 전부가 이사를 가야 한다는 것이다. 맨디는 어머니를 놀라게 하고 싶지 않은 마음에 모든 것이 확실해질 때까지 기다렸지만, 결국 오늘 아침 데이브가 상사에게서 확실한 전근 통보를 받았노라고 했다.

안락의자에 앉아 딸과 통화하던 홀리는 현실을 받아들일 수가 없었다. 갑자기 가슴에 묵직한 통증이 느껴졌고, 숨을 쉴 수가 없었다. 잠시 동안은 심장 발작이 일어난 것 아닌가 싶은 생각마저 들었다. 몇 분 후 겨우 통증이 가라앉았을 때, 홀리는 이렇게 생각했다. '어쩌면 이 상황을 딛고 계속 살아나갈 수 있을지도 모르지. 하지만 난 그러고 싶지 않아. 이 고통을 안은 채 살고 싶지 않다고.'

어머니가 유방암으로 세상을 떠났을 때 만 아홉 살이었던 홀리에게 남겨진 것은 엄청난 상실감과 감정적으로 기댈 수 없는 무뚝뚝한 아버지뿐이었다. 홀리는 그 어둡고 힘든 시간을 본능적인 차원에서 기억하고 있었다. 맨디가 태어날 때까지 홀리의 세상은 암흑에 둘러싸여 있었다. 지난 몇 년 동안은 맨디의 크고 활기찬 가족이 빛을 비춰줬지만, 이제 다시 어둠이 찾아온 것이다.

맨디는 한 시간 후 다시 전화를 걸어 집에 들르겠다고 말했다. 하지만 딸에게 망가진 모습을 보이고 싶지 않았던 홀리는 그 제안을 거절했다. 대신 그는 창밖에 쌓인 더러운 눈과 진창길을 바라보며 하염없이 생각에 잠겼다. '우리 손주들…… 그 아이들 없이 내가 어떻게 살 수 있을까?'

홀리는 딸 가족과 함께 이사한다는 가능성을 떠올렸다. 불가능한 일은 아니었다. 하지만 그는 경제적으로 여유롭지 못했고 새 도시에 정착할 수 있다는 확신도 가질 수 없었다. 다니던 교회와 평생 사귄 친구들, 어머니의 무덤이 여기 있었다.

한참 후 자리에서 일어난 홀리는 손님이 왔을 때 대접하려고 냉장고에 넣어뒀던 보드카를 꺼내 큰 잔에 부었다. 평소 술을 많이 마시지 않았지만, 지금은 취하기에 딱 좋은 순간 같았다. 크게 한 모금을 들이켠 그는 캑캑대며 기침을 한 뒤 다시 잔을 홀짝였다. 하지만 술맛은 고약했고, 마실수록 의미 없는 행동이라는 생각이 들었다. 이것은 술로 지울 수 있는 그런 고통이 아니었다.

홀리는 두 살배기 프레디의 통통한 몸과 베이비샴푸 향기를 머금은 부드러운 머리칼을 떠올렸다. 영상통화로는 손자를 껴안거나 달콤한 향기를 맡을 수가 없다. 그는 중얼거렸다. "난 못 견뎌. 절대로 못 견뎌."

상실이 언제나 죽음을 뜻하는 것은 아니다. 홀리는 가족의 이사라는 상실을 경험하고 있었다. 이것은 그에게 죽음만큼 강렬한 고통이었다. 1800년대 아일랜드인들은 미국으로 떠나는 가족에게 마지막 작별인사를 하며 비통함을 삼켰다. 홀리는 지금 그들과 똑같은 비통함을 느끼고 있었다. 모든 것이 끝장난 것만 같았다.

홀리는 때때로 이사 간 딸의 집을 찾았고, 그들 또한 홀리를 방문했다. 중간중간 영상통화로 손주들을 보기도 했다. 하지만 1년 후에도 그는 그리움을 이겨내지 못했다. 겨우 일상으로 되돌아오긴 했지만, 슬픔은 아마도 영원히 지속될 것이다.

조이스 역시 다른 사람의 결정에 영향을 받았다. 그와 평생 동안 카지노에 다니며 함께 즐거운 시간을 보냈던 직장 동료 애니가 어느 날 갑자기 이사를 가버린 것이다. 조이스는 홀로 카지노에 갔지만 예전 같은 즐거움을 느낄 수 없었고, 은퇴로 수입이 줄어들면서 카지노에서 밤을 보낼 경제적 여유마저 잃었다. 그는 스도쿠 게임과 TV 시청으로 시간을 때웠다. 혼자 있는 게 더 편하다고 자신을 위로했지만, 사실은 다른 선택의 여지가 없었다. 그는 늘 홀로 집안 일을 하며 혼잣말을 중얼거렸다.

2년 전 어느 추수감사절, 내 친구 산드라의 딸 에밀리는 식사 도중에 엄마에게 벌컥 화를 내고는 집을 나가버렸다. 산드라는 그 이유를 알 수가 없었다. 신선한 칠면조가 비싸다는 말이나 추수감사절 식탁에 올리려고 20달러짜리 와인을 샀다는 말이 딸을 그렇게까지 화나게 했을 것 같진 않았다.

두 사람은 기본적으로 그다지 원만한 관계가 아니었지만, 그날 특별히 상황을 악화시킬 만한 일은 없었다. 산드라는 마침내 에밀리의 행동에 외부적인 이유가 있었으리라는 결론을 내렸다. 딸아이와 그 남편은 최근 주택 대출을 갚기 위해 신용카드 빚을 졌다. 어쩌면 그 사실이 에밀리를 더 불안하고 방어적으로 만들었을지도 모른다.

추수감사절 이후, 에밀리는 엄마를 피했다. 산드라는 편지를 써서 둘 사이에 무엇이 잘못됐는지 대화를 나누고 싶다고 말했다. 하지만 에밀리의 답장에는 모녀 관계를 끝내고 싶다는 말만이 적혀 있었다. 산드라는 물에 빠진 기분이었다. 어떻게 이런 악몽 같은 상황이 벌어질 수 있는 거지?

에밀리는 사위에게 전화를 걸어 도움을 청했다. 그는 장모님의 상황에 안타까움을 표현하면서도, 에밀리가 직접 입을 열지 않는 한 방법이 없다고 대답했다. 친구들 또한 진심으로 위로를 건넸지만 당연하게도 그들이 할 수 있는 일이라곤 없었다.

산드라는 화가 났다. 그는 최선을 다해 에밀리를 키웠다. 남편이 부인과 세 살배기 딸을 버리고 다른 여자와 도망간 건 그의 잘못이 아니었다. 그는 에밀리의 수영부 회비와 옷값, 병원 치료비를 대기 위해 2교대로 일했다. 그렇게 키운 딸은 엄마를 등졌지만, 엄마는 여전히 딸을 그리워했다. 그는 홀로 보낸 생일과 어버이날에 울음을 터뜨렸다. 그사이 딸에게 두 통의 편지를 보냈고, 한 번은 전화를 걸기도 했다. 숨 쉴 틈도 없이 돌아가는 일상 속에서도 산드라는 딸과의 대화를 간절히 바랐다. '그 애를 만날 수만 있다면 해결책을 찾을 수 있을 거야.' 그는 감당할 수 없는 상실감을 느꼈다. 이 무슨 말도 안 되는 비극이란 말인가.

어떤 여성들은 노년에 이르러서야 외로움을 느낀다. 평생 친구를 만들고 유지할 만큼 인간관계에 신경을 쓰지 않았기 때문이다. 그들은 일이나 여행에 더 큰 우선순위를 매겼다. 젊은 시절에는 이러한 전략이 충분한 효과를 발휘하지만, 나이 든 후에는 그렇지 않을 수 있다. 나는 최근 산타모니카에 사는 친구 모나를 방문했다. 마케팅 컨설턴트로 재택근무를 하는 그의 정원은 전문가의 손길을 받아 이국적인 난초와 꽃으로 꾸며져 있었고, 그 자신 또한 모든 종류의 성공을 거머쥔 세련된 여성이었다. 하지만 그는 외로웠다.

정원에서 라임에이드를 마시면서, 모나는 내게 너무 바빠서 우정을 쌓을 시간이 없었다고 말했다. 그와 장기적 인간관계를 맺고 있는 몇 안 되는 상대는 모두 고객이었다. 그는 하루에 열 시간씩 일한 끝에 이 비싼 도시에서 성공을 거머쥐었지만, 이제는 친한 동성 친구 몇 명을 간절히 바라고 있었다.

모나는 매일 새벽 5시에 단체 필라테스 수업을 들었지만, 단 한 번도 누군가에게 커피를 마시자고 청한 적이 없었다. 그들 모두는 모나와 마찬가지로 일을 하는 여성들이었다. 모나는 언제나 홀로 집까지 운전해 와서 커피를 내리고 노트북을 펼쳐들었다.

그의 사교 활동은 대부분 소셜미디어를 통해 이뤄졌다. 그는 인터넷에 정원 가꾸기와 패션, 인테리어에 대한 글을 올렸고, 매일 저녁 진토닉 한잔과 함께 온라인상에서 유행하는 이슈를 따라잡았다. "하지만 그런 걸로는 부족해." 모나가 말했다. "내겐 직접 대화하고 포옹할 수 있는 친구가 필요해."

나는 동네에 친구가 될 만한 사람이 없는지 물었다. 모나는 침을 꿀꺽 삼키더니 정원을 바라보며 대답했다. "같이 필라테스 수업을 듣는 회원 중에 커피를 마시며 얘기 나눠보고 싶은 사람이 한 명 있긴 있어."

나는 용기를 내서 대화를 청해보라고 그를 설득했다. 행복에 우정이 꼭 필요하다는 사실을 깨닫기까지 오랜 시간이 걸리긴 했지만, 모나는 드디어 동기부여를 받았다. 나는 그가 노력하기만 하면 원하는 것을 얻으리라는 사실을 잘 알고 있었다.

어린 시절에 정신적 충격을 받은 이들이 대부분 그렇듯, 케스트럴은 트라우마를 지니고 있었다. 그는 친밀한 관계를 멀리하고, 자신의 자유를 제한하거나 권위를 휘두르려는 인물을 만나면 분노를 감추지 못했다. 그는 인간관계에서 압박을 느낄 때마다 서릿발 같은 푸른 눈에서 불꽃을 튀기며 즉시 전투태세에 들어갔다.

가끔은 모임에 참여하는 날도 있었지만, 그는 대부분의 밤을 아파트에서 혼자 보냈다. 술을 끊기 전에는 레드와인 한 병과 좋은 영화로 즐거운 시간을 보낼 수 있었다. 하지만 금주를 선언하고부터는 지루하고 무미건조한 시간이 찾아왔다. 그는 하루에 몇 시간 이상 잠들지 못했다.

베카와의 섹스는 큰 도움이 됐다. 하지만 베카는 연인에게 육체적인 사랑 이상을 원했고, 케스트럴은 복잡하고 골치 아픈 관계는 원치 않았다. 그는 상대방이 자신을 껴안거나 선을 넘는 애착을 보일 때마다 냉정한 모습을 보였다. 때로는 상처받은 베카가 며칠 동안 연락을 끊기도 했지만, 화해를 제안하는 것도 언제나 그쪽이었다. 케스트럴은 그럴 때마다 관계를 평상시처럼 유지하기로 못을 박으며 재결합에 동의했다.

케스트럴은 오랜 세월 여러 명의 파트너와 함께 이 지겨운 순환을 겪어왔다. 하지만 이번에는 그도 평소보다 관계 유지에 더 신경을 쓰고 있다. 베카는 매력적이고 친절한 사람이다. 자신이 가르치는 학생들을 주제로 늘 감동적이면서도 재미있는 이야기를 들려줬고, 케스트럴과 같은 모임에서 적극적으로 활동하기도 했다.

베카가 섹스를 마치고 돌아가면 케스트럴은 안도감과 실망감을 동시에 느꼈다. 그는 자신의 감정이 혼란스러웠다. 술을 끊어서 그런 걸까? 아니면 베카가 지금껏 만났던 다른 사람들과 달라서일까?

케스트럴의 남자 형제들은 저마다의 가족과 함께 남부 캘리포니아에 살고 있다. 가끔씩 연락을 주고받긴 하지만, 케스트럴은 그들에게 그 무엇도 기대지 않는다. 자동차로 두세 시간 거리에 사는 어머니와도 가끔 만나지만, 직장생활이나 사생활까지 공유하진 않는다. 두 사람은 같은 상처를 공유했던 과거 얘기를 절대 꺼내지 않는다.

어머니가 70대였던 시절에는 종종 딸을 만나러 시애틀에 놀러 오기도 했다. 케스트럴은 어머니를 모시고 이국적인 식당을 찾거나 뮤지컬을 보러 갔고, 어머니와 함께하는 시간에서 커다란 행복과 만족감을 느꼈다. 식당에서는 샴페인을 마시며 소녀처럼 킥킥댔고, 극장을 나선 뒤에는 집에 도착할 때까지 뮤지컬 OST를 흥얼거렸다. 하지만 이제 80대가 된 어머니는 너무 쇠약해져서 장거리 여행을 할 수 없다. 두 사람은 일주일에 한 번 전화로 대화를 나누며, 이건 무뚝뚝한 딸이 나서서 할 수 있는 최대한의 애정표현이었다.

케스트럴은 결코 외롭다는 말을 하지 않는다. 그는 스스로 사생활을 중요시하며 혼자 있는 시간을 좋아하는 사람이라고 생각한다. 타인을 믿고 내면을 솔직히 드러내는 데서 오는 기쁨은 그에게 낯선 감정이다.

외로움을 느끼는 이유가 무엇이든, 우리는 언제나 타인과 연결될 방법을 찾을 수 있다. 예컨대 우리는 적어도 하루에 한 번씩 밖에 나가 상점이나 길거리에서 마주치는 사람들과 대화를 나누기로 다짐할 수 있다. 공원에서 반려견을 산책시키는 여성이나 아이와 놀아주는 엄마들에게 말을 걸 수도 있다. 친척이나 오랜 친구에게 연락할 수도 있고, 자원봉사에 참여할 수도 있다. 그중에서도 가장 현명한 전략 중 하나는 자신과 마찬가지로 외로워하고 있을 사람을 떠올리고 전화를 거는 것이다.

우리에게는 언제나 자신을 걱정해줄 단 한 사람의 존재가 필요하다. 내 친구 앨버타는 이렇게 말했다. "내 하루가 어땠는지 징글징글할 정도로 물어봐주는 사람이 있으면 좋겠어." 우리에게 가장 중요한 인간관계는 보통 가까운 동성 친구들이다. 만약 이런 친구 관계로 이뤄진 안전망을 확보하고 있다면 당신은 운이 좋은 사람이다. 하지만 지금 당장은 없다 해도 걱정할 필요 없다. 새로운 공동체를 만들면 된다. 우리는 예배당을 찾을 수도 있고, 매주 이웃을 초대해 커피타임을 가질 수도 있고, 소박한 저녁 식사를 대접하거나 운동 모임을 결성할 수도 있다.

친구는 넓은 의미의 가족이다. 우리는 서로에게 유대감을 선사하고, 서로의 삶을 흔들리지 않게 붙잡아준다. 나와 내 친구들은 이러한 과정을 '생존 의식'이라고 부른다. 나이에 관계없이, 인간이라면 누구나 완전한 인간이 되기 위해 공동체에 소속되고 싶다는 본능을 느낀다. 내 동생 제이크가 말했듯이, 우리는 '체온을 유지하기 위해 다 함께 웅크리고 있는 아기 쥐'와 다를 바 없다.

사회과학자들은 사랑을 주고받는 행위가 반드시 필요하다는 사실을 알고 있다. 2015년 브리검영대학교가 발표한 연구에 따르면, 고립과 외로움은 하루에 담배를 열다섯 개비 피우거나 알코올중독에 걸리는 것만큼이나 건강에 해롭다고 한다. 노년에 이른 이들 중

외로움을 완전히 피할 수 있는 사람은 없다. 하지만 이러한 감정은 자신을 돌보고 타인에게 다가갈 때가 됐다는 신호로도 해석할 수 있다.

우리는 혼자 보내는 시간을 긍정적으로 재구성하거나 즐길 거리를 더 많이 찾아내는 방식으로 외로움을 고독으로 변화시킬 수 있다. 음악이나 영화, 책을 즐길 수도 있고, 뭔가 창조적인 취미를 가질 수도 있다. 새로운 요리법을 배워서 매일 밤 자신을 위해 맛있는 건강식을 만들 수도 있고, 사진을 찍거나 스크랩북을 만들거나 집안의 가계도를 정리할 수도 있다.

기억을 활용해서 과거의 소중한 사람들을 방문할 수도 있다. 나는 우울할 때마다 돌아가신 할머니와 이모들, 혹은 학창 시절에 가장 친했던 친구들을 떠올리며 그들과 함께 만든 행복한 추억을 되새긴다. 즐거운 방학이나 좋은 레스토랑에서 나눴던 긴 대화는 어제 일처럼 선명히 떠올릴 수 있다. 성인이 된 자녀들과 손주들의 감사한 존재를 생각하면 지금도 마음이 벅차오른다. 잠을 이룰 수 없었던 어느 날 밤에는 지금까지 키스했던 남자들을 한 명씩 회상하기도 했다. 상당히 재미난 경험이었다.

책은 훌륭한 동반자다. 우리는 책을 통해 안나 카레니나와 마담 보바리, 제인 에어와 하루를 보낼 수 있다. 시공을 초월해서 전 세계를 여행할 수도 있다. 하루는 메리 셸리 부부와 이탈리아에서 식사를 즐기고, 다음 날은 시몬 드 보부아르, 거트루드 스타인과 파리에서 시간을 보내는 것이다.

독서 모임은 탁월한 선택이다. 회원들은 사교를 즐기는 동시에 진지한 감상과 다양한 관점을 두고 토론을 벌인다. 서로 좋은 책을 추천해주기도 한다. 독서 모임에 참석하는 여성은 동료들에게서 영감을 받은 덕분에 평균보다 더 많은 책을 읽는다는 연구 결과도 나와 있다.

강아지나 고양이와의 관계에서 위안을 얻는 여성도 많다. 반려동물은 돌볼 대상이 돼주는 동시에 주인을 돌보기도 한다. 우리는 반려견을 산책시키며 야외에서 걸을 기회와 동네 사람들과 대화할 기회를 얻는다. 고양이와 함께 잠드는 경험은 와인 세 잔에 해당하는 진정 효과가 있다(내가 방금 지어낸 말이지만, 내 경험상 충분히 맞는 말인 것 같다).

우리 노년 여성들은 이미 수십 년의 노력 끝에 혼자만의 시간을 즐기는 데 필요한 여러 가지 기술을 손에 넣었다. 하지만 삶의 이 단계에 들어서면 지금보다 훨씬 많은 기술이 필요하다.

남편 존이 세상을 떠난 후, 마르타는 자녀들과 소통하기 위해 새로운 방법을 고안해냈다. 마르타와 존은 클리블랜드에 살면서 50년 전 결혼할 때 오픈한 작은 자동차 수리점을 경영해왔다. 남편은 1년 전에 세상을 떠났다. 마르타는 딱 일주일간 가게를 닫았다가 다시 열었다. 그는 모터 수리나 부품 교체에 남편만큼 능숙했고, 집에서 홀로 쉬는 것보다 가게에서 일하는 편이 덜 외롭다고 생각했다.

가게는 별로 붐비지 않았다. 고객은 대개 오래된 단골손님들이었다. 손님이 없을 때면, 마르타는 혼자 기계를 만지작거리거나 신문을 읽었다. 오래전 존이 생일 선물로 준 낡은 카세트 플레이어로 블루스나 컨트리음악을 듣기도 했다.

마르타에게는 댈러스에 사는 딸과 데이턴에 사는 아들이 있다. 딸 한나는 만 30세의 미혼 여성으로, 대형 백화점에서 일하며 생계를 유지한다. 아들 얼은 아내 조디와 함께 손자 커티스를 키우며 정비공으로 일한다. 사실 며느리인 조디는 마르타를 별로 좋아하지 않았고, 시어머니가 요리와 집안일에 영 재능이 없다고 생각했다. 마르타는 며느리의 의견을 인정하면서도, 자신은 조디가 할 줄 모르는 타이어 교체와 배기통 점검을 할 수 있는데 뭐가 문제인지 모르겠다고 생각했다. 하지만 굳이 며느리를 타박할 마음은 없었다. 두 자녀는 홀로 된 엄마를 거의 찾아오지 않았다. 처음 얼마 동안은 마르타도 특별히 신경 쓰지 않았다. 마르타는 아이들보다 존이 그리웠다.

한나는 일요일 밤마다 전화를 걸었다. 대화는 보통 가벼운 안부 인사와 한나의 직장 얘기, 아파트 이야기 순으로 이어졌다. 마르타는 딸의 전화를 손꼽아 기다렸고, 어느 순간부터 통화가 점점 길어지기 시작했다. 어느 날 마르타는 자신도 깜짝 놀랄 제안을 했다. 항공 요금을 지불할 테니 몇 달에 한 번씩 자신을 방문해달라고 딸에게 부탁한 것이다. 한나는 엄마의 부탁에 응했고, 두 사람은 그렇게 존의 장례식 이후 처음으로 만날 날을 잡았다.

얼은 가끔씩, 주로 토요일에 손자를 데리고 운전을 해서 어머니 댁을 찾아왔다. 그들은 주로 편자게임(편자를 던져 고리에 끼우는 미국의 전통 놀이 - 옮긴이)이나 볼링을 즐긴 뒤 스테이크를 먹으러 갔다. 커티스는 내년에 고등학교를 졸업할 예정이다. 아이는 대학에 가길 원했지만, 부모는 충분한 저축을 해두지 못한 상태였다. 어쨌든,

마르타는 만약 손자가 클리블랜드에 있는 학교에 가게 된다면 자신의 집에 머물게 해주겠다고 제안했다. 손자는 감사한 마음으로 고민해보겠다고 대답했다.

몇 주 후, 마르타는 커티스에게 전화를 걸어 방학 중에 자신의 가게에서 일할 마음이 있는지 물었다. 손자는 말동무가 돼주고 할머니는 정비 기술을 가르쳐줄 수 있을 터였다. 무엇보다, 마르타는 손자가 동네의 다른 가게에서 아르바이트를 했을 때 받을 수 있는 것과 비슷한 수준의 급료를 지불할 계획이었다. 커티스는 대도시에서 방학을 보낼 수 있다는 사실에 들떠서 기꺼이 마르타의 제안에 응했다. 마르타는 수화기를 놓자마자 기쁨에 겨워 춤을 췄다.

어떤 여성은 특별한 노력 없이도 혼자 사는 기술을 터득한다. 에스텔은 의료기기 판매 사업을 운영하는 성공한 사업가이다. 에스텔은 첫 직장에서 판매 노하우를 배웠고, 만 30세 무렵에는 남부 오마하에 작은 상점을 낼 수 있을 정도로 자금을 모았다. 현재 그는 대도시 근방에 총 다섯 개의 지점을 운영하고 있다. 자신과 같은 아프리카계 미국인 출신의 젊은 사업가들에게 멘토 역할도 하고 있다.

현재 에스텔은 독일 셰퍼드종 반려견인 밍구스와 함께 시내의 콘도에서 살고 있다. 낮에는 종일 사람들과 어울려 일하고, 퇴근 후에는 조용한 집으로 돌아와 사랑스러운 반려견과 행복한 시간을 보낸다. 저녁 시간을 친구들과 보내는 일은 거의 없다. 그는 고독을 사랑한다. 주말에는 가끔씩 동성 친구들과 함께 식사를 하거나 콘서트에 가기도 한다. 토요일에는 주로 오마하 교외에 사는 여동생 멜바를 만난다. 가족의 의무 때문에 갈등이 생길 때도 있지만, 두 사람은 기본적으로 사이가 좋다. 에스텔은 종종 설교를 늘어놓고, 멜바는 언니의 잔소리를 능청스럽게 못 들은 척한다. 둘은 끊임없이 서로에게 문자메시지를 보내고, 멜바의 두 딸까지 데리고 여행을 떠나기도 한다. 에스텔은 조카 중 한 명을 자신의 회사에 고용했고, 언젠가 그에게 경영을 가르쳐 사업을 물려줄 계획이다.

일요일에는 오마하 시내 근처의 재활치료센터에서 지내는 만 60세의 오빠 아이크를 방문한다. 그는 40대에 교통사고를 당해 목이 부러지는 비극을 겪었고, 그때 이후 줄곧 이곳에서 살게 됐다. 에스텔은 오빠에게 오디오북과 사탕을 가져다주고, 종종 밍구스를 데려가기도 한다. 그의 반려견은 아이크는 물론 다른 환자들에게도 인기가 많다. 감사하게도 센터에는 강아지와 산책을 즐길 수 있는 야외 정원이 마련돼 있다.

맑은 날이면 에스텔은 아이크를 휠체어에 태우고 정원으로 피크닉을 나간다. 가끔씩은 토요일에 방문해서 함께 축구 중계를 보거나 낱말 맞추기 게임을 한다. 그는 오빠에게 사업 관련 고민을 털어놓는다. 아이크는 늘 동생의 말을 귀 기울여 듣고, 드물지만 유용한 조언을 해주기도 한다.

때로는 음식을 차려주거나 키스를 해줄 누군가가 그립기도 하지만, 결혼이나 출산은 에스텔의 선택지에 들어 있지 않다. 대신, 그는 밍구스와 산책을 하고, 페이스북을 확인하며, 블로그와 인터넷 뉴스를 읽는다. 연애는 끊은 지 오래다. 소득부터 인종, 성별, 정치적 성향, 성적인 기대와 성병에 대한 두려움까지 너무나 많은 요소가 에스텔의 발목을 잡았다. 그는 또래 미혼 남성 대부분이 자기 수준에 미치지 못한다고 생각한다. 게다가 그에게는 오빠와 동생, 조카 그리고 좋은 친구들이 있다.

성격과 환경에 따라, 우리는 외로움에 대처할 자신만의 방법을 찾을 수 있다. 내 친구 중 한 명은 도시와 국가에 영향을 미치는 정책을 연구하며 하루를 보낸다. 매일같이 관료들과 정보나 의견을 교환하고, 시청 구내식당에서 정책 결정자들과 함께 점심을 먹으며 자신의 영향력이 아직 죽지 않았음을 확인한다. 또 다른 친구는 산타페에 작은 집을 구입해 지내면서 종종 친구들을 초대한다.

진은 1년에 두 번씩 역사 공부를 위해 단체 여행을 떠난다. 여행 사이에는 주로 다음 여행지에 대해 공부하며 시간을 보낸다. 가장 최근에 방문한 곳은 베트남이었다. 때로 동행할 친구를 찾기도 하지만, 그는 혼자 하는 여행을 두려워하지 않으며 여행지에서도 충분히 친구를 사귈 수 있다고 믿는다.

평생 외향적인 삶을 살았던 사람도 나이가 들면 대부분 고독과 친구가 된다. 행복한 노년을 보내는 비결 중 하나는 혼자 있을 때 즐길 수 있는 여러 가지 활동을 찾는 것이다. 혼자 보내는 시간에 익숙해지면 익숙해질수록 행복한 인생을 누릴 가능성이 더 높아진다. 혼자 있는 시간을 즐기는 기술과 노년까지도 우리 삶에 남아 있는 사람들과 더 깊은 관계를 형성하는 기술을 익힌다면 외로움은 고독으로 변한다. 자, 이제 인생의 노를 저을 때 우리에게 어떤 기술이 필요한지 구체적으로 살펴보도록 하자.

2부

여행의 기술

방향감각을 잃지 않는다면

8장
자기 자신 이해하기

———————

여성은 티백과 같다.
뜨거운 물에 담그기 전까지는
그가 얼마나 강한지 알 수 없다.

엘리너 루스벨트

———————

아무도 당신을 고통으로부터 지켜줄 수 없다.
단순히 울거나, 먹어치우거나, 갈구하거나, 모른 척하거나,
주먹질하는 식으로 문제를 회피할 수는 없다. 심리치료도 소용없다.
당신은 그 고통을 받아들이고 살아남아야 한다. 인내하고 견뎌야 한다.
고통을 뚫고 걸으며 사랑하고, 앞으로 나아가고, 더 나은 사람이 돼야 한다.
당신은 치유를 향한 스스로의 욕구로 만들어진 다리를
할 수 있는 한 빨리 달려서 건너야 한다.

셰릴 스트레이드 Cheryl Strayed

＊

　오래전 열일곱 살짜리 조카가 오클라호마의 한 편의점에서 길을 잃었다며 전화를 걸어왔다. 당시는 GPS 기기가 상용화되기 전이었고, 그는 지도조차 갖고 있지 않았다. 조카는 자신이 길을 잘못 들었다는 사실을 깨달았고, 내게 연락을 취해 자신이 있는 곳에서 링컨까지 가려면 어떤 도로로 들어가야 할지 확인해달라고 부탁했다. 나는 지도를 꺼내며 그에게 지금 있는 곳이 어딘지 물었다. 안타깝게도 아이는 자신의 위치를 알지 못했다.

　"자, 편의점 점원에게 그곳 위치를 물어보는 데서부터 시작하자꾸나. 네가 있는 곳이 어딘지 모르면 여기까지 오는 길을 찾을 수도 없으니까."

　우리 나이 든 여성이 항상 처해 있는 상황이 이러하다. 삶은 끊임없이 중요한 변화를 맞이하며, 따라서 자신이 인생의 어느 부분에 있는지 안다는 것은 단순히 지리적 위치를 아는 것보다 훨씬 더 복잡한 문제다. 우리는 자신에 대해, 그리고 변화하는 상황 속에서 자신에게 무엇이 필요한지에 대해 정확히 인지해야 한다. 그러려면 스스로를 보살피고자 하는 내면의 목소리를 듣는 기술을 익혀야 한다.

물론 자기 자신을 완전히 이해하기란 불가능하다. 우리는 무지와 혼란, 제한된 관점에 방해를 받는다. 현실 부정이나 인지 부조화, 투사Projection, 구획화Compartmentalization를 포함한 방어기제 또한 우리의 자아인식을 가로막는다.

더불어 우리는 여성의 생각과 감정, 행동을 정의하는 사회의 가르침에 의해, 그리고 우리의 역할을 정의하는 문화적 틀에 의해 제약을 받는다. 사실 지혜의 요소 중 하나는 사회가 정의한 자신과 진정한 자신을 구별하는 능력이다.

우리는 친구나 심리치료사에게 이러한 내적 투쟁에 관해 털어놓을 수 있다. 자아인식을 촉진하는 여성들의 모임을 비롯한 다양한 그룹 활동에 참여할 수도 있다. 일기 쓰기나 명상도 좋은 방법이다. 심리학 서적도 도움이 되며, 때로는 내가 가장 좋아하는 방법인 걷기 혹은 앉아서 생각하기를 실천할 수도 있다.

자신에 대한 이해도가 높아질수록, 우리는 단순한 충동과 내면의 깊은 곳에서 우러나온 목소리를 더 쉽게 구분할 수 있다. 가장 진실한 자아에 따라 행동할 가능성 또한 높아진다.

최선의 자아를 손에 넣기 위해서는 자신의 인생을 주장할 수 있어야 한다. 우리는 자신이 진정으로 원하는 것이 무엇인지 파악하고 그것을 추구해야 한다. 여성에게 이러한 권리 추구는 언제나 힘겨운 투쟁이었다. 우리 문화는 여성에게 책임감을 갖고 남을 보살피고, 언제나 타인에게 유용한 사람이 되라고 가르친다. 하지만 그 무엇보다 우리는 스스로를 돌보는 법을 배워야 한다.

우리 어머니와 이모를 비롯해 세상 모든 어머니들은 도움을 요청받을 때마다 의무감에 휩싸여 발 벗고 나섰다. 우리 또한 늘 의무를 지고 살아가지만, 우리 어머니와 그 자매들이 그래왔던 것처럼 모든 요구에 반사적으로 응할 필요는 없다. 도움을 요청하는 목소리에 응답하기 전에 우리는 스스로 생각하고 결정을 내릴 권리를 행사해야 한다.

우리는 자신의 시간과 공간을 보호하는 법을 배울 수 있다. 시간 관리는 바보들을 위한 기술이 아니다. 인생은 방치하면 방치할수록 복잡하고 골치 아파진다. 삶을 단순하게 운영한다는 것은 글을 명료하게 쓰는 것만큼이나 손에 넣기 어려운 기술이다. 인생의 대차대조표를 작성한다면, 다시 말해서 기꺼이 할 일과 절대 하지 않을 일의 목록을 미리 정해둔다면 큰 도움이 될 것이다. '손님을 맞이하기에 난 너무 바빠.' 이런 애매한 생각은 대차대조표의 항목으로 적합하지 않다. 하지만 '저녁 식사 이후에는 전화를 받지 않겠어' 혹은 '일요일 저녁에는 반드시 가족과 식사를 함께하겠어' 같은 구체적 다짐은 매우 적합하다. 맨 처음에는 이런 시도 자체가 금기에 도전하는 것처럼 느껴지겠지만, 시간이 지나면 새로운 자유의 급물살을 기쁜 마음으로 받아들일 수 있을 것이다.

거절의 힘은 강하다. 이 사회에 속한 여성으로서 우리는 '나중에 생각하자' 혹은 '뭐, 어떻게든 되겠지'라는 식으로 생각하도록 교육받는다. 우리는 그저 "싫어요No"라고 말하는 법을 배우지 못했다.

맨 처음 "싫어요"라는 대답으로 어떤 요구를 거절했을 때, 나는 머릿속에 번개가 치는 느낌을 받았다. 변명 없이 진심을 전달하는 것은 굉장히 이상한 느낌이었다. 지금도 거절을 할 때면 가급적 완곡한 표현을 사용하려고 노력하지만, 그럼에도 "싫어요"라는 말을 쓸 때는 예외 없이 힘과 기쁨이 폭발하는 느낌이 든다.

"좋아요Yes"라는 말의 힘은 자기 자신의 필요를 충분히 아는 데서 나온다. 이것은 만 65세 이상 여성 대부분에게 낯선 기술이다. 우리는 일단 자기 자신에게 무엇이 필요한지 알아야 하고, 그것을 소리 내서 말할 수 있을 만큼 단호해야 한다. 그 대답이 상대방을 불편하게 할지라도 흔들려선 안 된다. "나는 이걸 원해. 그리고 실제로 해낼 거야"라고 말하기란 절대 쉬운 일이 아니다. 하지만 만약 이런 기술을 배운다면, 우리는 자신의 인생에 대해 주도적인 선택을 내릴 수 있을 것이다.

우리에게는 스스로 원하지 않는 상황에서 걸어 나올 권리가 있다. 나 또한 지난 삶을 돌아보면 부당한 대우를 받았던 경험을 몇 번이나 떠올릴 수 있다. 직장 상사는 내게 소리를 질렀고, 친구는 내 잘못이 아닌 일로 나를 비난했고, 개중에는 나를 '가르친다'는 명목으로 남들 앞에서 창피를 준 이도 여럿 있었다. 내게 단순히 그 자리를 떠나버릴 용기가 있었다면 얼마나 좋았을까. 내면의 소리를 듣는 기술을 익히면서부터, 나는 무시당하거나 방치되거나 모욕당한다는 느낌이 드는 상황을 더 이상 참지 않는다. 물론 실제로 자리를 박차고 나오는 일은 드물지만, 내게 그럴 선택권이 있다는 사실을 아는 것만으로도 한결 마음이 안정된다.

빨간 머리는 성미가 급하다는 말이 있지만, 엠마는 오랫동안 가족들의 요구를 받아주는 삶을 살아왔다. 그는 특히 딸 앨리스에게 관대했다. 콜로라도 시골 지역의 보수적인 가정 출신인 엠마는 늘 '착한 소녀'가 돼야 하며 주변 사람의 감정을 살피고 책임져야 한다고 배우며 자랐다. 이러한 교육 방법에는 문제가 많았다. 모든 이를 행복하게 만들려고 발버둥 치는 동안, 엠마는 서서히 자기 자신을 잃어갔다. 종일 남의 뒤치다꺼리를 하며 지낸 그에게 남은 거라곤 아무도 자신을 인정하거나 자신에게 감사하지 않는다는 씁쓸한 감정뿐이었다.

엠마의 성실한 남편 크리스는 와이오밍주의 농장 출신이다. 엠마는 최선을 다해 남편에게 헌신했다. 크리스는 아내를 자유롭게 풀어주기보다 엄격하게 속박하는 타입이었다. 보통 때는 엠마도 이런 남편의 성격에 불만을 느끼지 않았지만, 때로는 그의 꽉 막히고 융통성 없는 태도에 숨이 막혔다. 크리스는 엠마의 '덜렁대는' 성향을 못 견뎌했다. 예컨대 통장 잔고가 넉넉하지 않은 상황에서 엠마가 앨리스에게 용돈을 쥐어 줬다는 사실을 알게 되기라도 하면 그는 즉시 이성을 잃고 폭발했다.

엠마는 딸과도 마냥 편한 사이가 아니었다. 두 사람은 어떤 면에서는 너무 닮았고, 어떤 면에서는 극과 극인 모녀였다. 앨리스는 씀씀이가 헤프고 자기애가 강했다. 엠마는 당당하게 자신의 이익을 우선시하는 딸의 모습을 동경했지만, 한편으로는 그 아이가 지나치게 무신경하고 감사할 줄 모른다고 생각했다. 엠마는 딸과 협상하는 방법도, 딸에게 존중을 요구하는 방법도 알지 못했다.

엠마에게 있어 자기 자신의 목소리를 듣고, 자신이 진정으로 원하고 필요로 하는 것을 실천으로 옮기는 일은 가장 큰 도전이었다. 그는 사회화 과정에서 좋은 여성이 되려면 타인의 행복을 자신의 행복으로 여겨야 하며, 늘 주변을 둘러보며 모든 이의 감정을 돌봐야 한다고 배웠다. 그에게 자기 자신을 돌봐야 한다고 말해준 이는 아무도 없었다.

그는 삶의 무게중심을 제대로 못 잡고 있을 뿐만 아니라, 노년에 이른 대부분의 여성과 마찬가지로 다양한 슬픔을 느끼고 있었다. 친구들은 병상에 눕거나 따뜻한 날씨를 찾아 애리조나 등지로 이사를 가기 시작했다. 부모님은 모두 돌아가셨고, 특히 어머니에 대한 그리움이 사무쳤다. 그는 정치계의 행태를 보며 한탄했고 지구의 미래를 걱정했다. 이곳은 그가 손주들을 비롯해 세상 모든 아이들에게 물려주고 싶은 건강하고 평화로운 세상과 거리가 멀었다. 엠마는 밤마다 분노와 슬픔을 느꼈다.

매일 아침 눈 뜰 때마다 그는 감사하고 충만한 삶을 살 수 있길 기도한다. 하지만 우리 대부분과 마찬가지로, 그 또한 자신의 소망이 보기보다 훨씬 어렵다는 사실을 깨닫는다. 세상에는 그의 진로를 방해하고 신경을 곤두서게 하고 집중력을 빼앗는 일이 너무 많다.

낙관적인 예측과 끝없이 높은 기대는 종종 현실의 벽에 부딪혀 좌절된다. 몇 번인가 가족 휴가를 계획했지만 모두의 일정을 맞추는 데 성공한 적은 단 한 번도 없었다. 엠마는 딸과의 데이트를 기대했지만, 앨리스는 늘 일정을 취소하거나 심지어 대놓고 귀찮다는 태도를 보이면서 엄마를 실망시켰다.

여느 때처럼 가족의 저녁 식사를 차리고, 앨리스가 집세를 낼 수 있도록 수표를 써주고, 뒷정리와 설거지를 하던 엠마는 갑자기 주방 바닥에 주저앉았다. 딸은 떠나기 전에 그에게 고맙다는 말조차 하지 않았다. 뿐만 아니라 엄마를 철저히 무시하면서 아빠에게만 작별인사와 포옹을 건넸다.

크리스는 접시를 닦다 말고 아내의 어깨를 어색하게 두드리며 부드러운 어조로 말했다. "수표가 제대로 지불돼야 할 텐데 말이야."

엠마는 한 시간 동안 흐느껴 울었다. 자기 연민과 죄책감, 비통함을 가눌 길이 없었다. 그는 아무리 노력해도 모두를 기쁘게 할 수 없다는 사실을, 그것이 헛된 소망에 불과하다는 사실을 철저히 깨달았다.

엠마는 자신과 비슷한 또래의 심리치료사를 찾아갔다. 치료사 로렐은 가족들 사이에서 씨름하는 엠마의 고민을 주의 깊게 들었다. 몇 가지 질문을 던지던 로렐이 문득 이렇게 말했다. "호흡이 굉장히 얕으신 것 같네요. 제가 좀 도와드릴게요."

로렐은 심호흡을 비롯해 몇 가지 코어 운동법을 알려줬다. 더불어 엠마에게 요가 수업을 듣고 매달 마사지를 받으라고 권하며 최대한 자신의 몸과 마음, 호흡에 집중할 것을 당부했다.

생전 처음 마사지를 받기 전까지 엠마는 자신의 몸이 얼마나 경직돼 있는지 몰랐다. 한동안은 너무 아파서 다 그만두고 주차장으로 달려가고 싶은 마음뿐이었다. 하지만 요가 수업과 마사지에 익숙해지면서 차츰 자신의 몸에 친숙해졌다.

로렐은 마음챙김Mindfulness 수련법도 가르쳤다. 두 사람은 매번 명상으로 상담을 마무리했으며, 때로는 상담 도중에 잠시 명상의 시간을 갖기도 했다. 엠마는 자신을 돌아보고 내면을 탐험하는 방법을 배웠다. 그러는 동안 자신이 얼마나 아집과 죄책감에 사로잡혀 살아왔는지 깨달았다. 치료사는 객관적인 입장에서 내담자가 자신을 충분히 알아갈 수 있도록 곁에서 도왔다. 시간이 흐르면서 엠마는 자신의 진정한 목소리를 보다 분명히 들을 수 있게 됐다.

심리치료를 마칠 무렵, 엠마는 사람들에게 부탁을 받을 때 종종 느껴지던 내면의 불편한 감정에 주의를 기울일 수 있게 됐다. 그는 스스로 피곤하고 꺼려지는 기분이 든다면 그때가 바로 부탁을 거절할 때라는 사실을 서서히 배워나갔다. "생각해보고 다시 연락할게"라고 대답하는 법도 배웠다. 이러한 대답은 엠마에게 자신의 필요와 욕구를 더 진지하게 고민할 수 있는 시간을 벌어줬다.

그는 몇 주의 훈련을 거쳐 점점 더 단호하고, 삶의 중심을 잡으며, 자기 자신에게 집중하는 사람으로 변해갔다. 물론 때로는 비참한 실패를 겪기도 했다. 다른 이들을 우선시하는 버릇을 버리지 못한 나머지 심호흡을 하거나 대답 전에 잠깐 시간을 둔다는 원칙조차 잊어버리곤 했기 때문이다. 하지만 그는 점점 자신의 한계를 인지하고 몸과 마음, 정신에 집중하는 법을 배워나갔다.

자기이해와 자기보호 능력의 중요성은 나이를 먹을수록 커진다. 거절에 익숙해지지 않는다면 우리는 시도 때도 없이 고통에 빠질 수밖에 없다. 감정은 우리에게 감사히 받아들이고 주의 깊게 살펴야 할 정보를 제공한다.

고통은 스트레스에 대응하여 나타나는 자연스럽고 건강한 반응으로, 생존에 반드시 필요한 요소다. 손가락을 베이면 피가 나듯이 힘든 상황에서 고통을 느끼는 것은 지극히 당연한 일이다. 억눌려 있던 감정의 수문을 여는 순간, 우리는 신선한 활력이 몸속에 퍼지는 것을 느낀다. 사랑하는 사람의 죽음을 슬퍼할 때든, 일상 속에서 사소한 분노를 느낄 때든, 우리는 몸과 마음, 정신을 총동원하여 감정을 있는 그대로 느껴야 한다. 열린 마음과 진실한 태도로 받아들이면, 어둠은 한층 덜 압도적으로 다가온다. 물론 이런 시도에 매번 완벽하게 성공하는 사람은 세상에 없다. 하지만 자기 자신을 알기 위한 노력은 그 자체로 의미가 있다.

나는 대서양 연안을 따라 내려오는 장거리 비행 중에 메러디스와 처음 만났다. 조지아 출신의 그는 주근깨가 점점이 박힌 부드러운 피부를 지닌 만 66세의 매력적인 여성으로 남부 사투리를 썼다. 내가 심리학자이자 작가라고 자기소개를 하자, 그는 자신의 이혼 관련 상담을 받고 싶어 했다.

나는 인터뷰 허가를 구한 뒤 펜과 노트를 꺼내들었다. 그는 심리 상담 경험이 전혀 없다고 말하며 승무원에게 위스키 온 더 록을 주문했다. 술 덕분인지 혹은 상담 주제에 대한 열정 덕분인지, 메러디스는 내내 크고 활기찬 목소리로 얘기했다. 나는 다른 승객들이 그의 이야기를 들을까 봐 걱정했지만 오히려 그는 개의치 않는 것 같았다.

메러디스가 이혼한 것은 15년 전이었다. 하지만 그는 마치 어제 일처럼 그때 일을 회상했다. 간호학을 공부하는 순진한 대학생이던 그는 차분한 성격의 공대생인 전남편 더그를 파티에서 처음 만났다. "더그는 대화를 주도하며 상대방을 편안하게 해주는 내 모습을 좋아했어요. 전 그의 진중한 성격에 푹 빠졌죠." 메러디스는 이렇게 말한 뒤 코웃음을 치며 덧붙였다. "하지만 실은 진중한 게 아니라 꽉 막힌 고집쟁이일 뿐이었어요."

두 잔째 위스키를 주문하면서, 그는 전남편이 표현에 무척 서툴렀다고 설명했다. 메러디스는 그에게 감정을 드러내며 소통하는 법을 가르쳐주고 싶었다고 말하며 고개를 절레절레 흔들었다. "누구나 사랑하는 사람을 변화시킬 수 있다고 생각하지 않나요?"

두 사람은 1975년에 결혼식을 올렸다. 결혼 전부터 걱정스러운 점이 없진 않았지만, 메러디스는 마음의 소리를 무시했다. "우리 둘의 공통된 취향이라곤 롤링스톤스와 세인트루이스 카디널스 팀의 팬이라는 것뿐이었거든요."

결혼생활은 처음부터 긴장감의 연속이었다. "저는 감정을 절대 숨기지 못하는 사람이었어요. 그리고 더그는 '매사에 외향적인' 제 성격을 참지 못했죠. 저는 늘 애정표현에 목말라 있었지만, 그가 절 사랑하긴커녕 제 기분에 신경 쓴다는 인상조차 받을 수 없었어요."

더그는 저축을 위해 맞벌이를 해야 한다고 주장했다. 딸이 태어난 후에도 아내를 설득해 최대한 빨리 복직시켰다. 정유 회사에 다니던 그는 출장이 잦았고, 가족과의 외출이나 휴가에 돈 쓰는 것을 아까워했다.

어느 해, 그는 아내의 생일에도 집에 오지 않더니 그로부터 몇 주 후 지금껏 바람을 피워왔다고 고백했다. 메러디스는 온몸이 갈가리 찢어지는 듯한 고통 속에서 사흘 내내 울었다. 흐느끼는 호소를 녹음해서 더그에게 이메일로 보냈지만, 남편은 답장조차 하지 않았다.

메러디스는 회한과 분노로 가득한 시간을 보냈고, 자신이 바보 같다는 생각을 멈출 수 없었다. 마침내 그는 이혼 소송을 제기했다. "길고 쓰라린 과정이었어요. 사실은 지금도 고통이 계속되고 있죠." 메러디스가 속삭이듯 내게 말했다.

더그는 텍사스 출신의 여자와 재혼했다. 메러디스는 애틀랜타에 남아 간호사로 일하면서 딸들을 키웠다. 전남편은 딸들에게 큰 관심이 없었고, 아이들 또한 아빠를 별로 그리워하지 않았다.

막내딸이 대학에 입학하며 집을 떠난 뒤, 메러디스는 섹시한 옷을 구입했다. 그리고 짧은 상의를 입으면 관능적으로 드러나는 문신을 등허리 부근에 새겼다. 수십 년 동안 연애를 끊고 살았던 그는 온라인 데이트 사이트에 빠져들었다. 메러디스는 그곳에서 한 남자를 만나 잠자리를 함께했지만, 남자가 2주 후 이별을 통보하면서 마음에 큰 상처를 받았다. 다른 남자들은 너무나 외로운 나머지 한두 번 데이트 후에 곧바로 청혼을 하는 인간들뿐이었다. 심지어 그중 한 명은 스토커로 밝혀졌고, 메러디스는 경찰서로 달려가 접근금지 명령을 신청해야 했다. 그는 더 이상 누구와도 데이트를 하지 않는다.

20분 후 착륙한다는 기장의 안내방송이 나왔을 때, 나는 그에게 속마음을 솔직히 털어놔줘서 고맙다고 말하며 어쩌면 심리치료가 도움이 될지도 모른다고 조심스레 조언했다. "제가 봤을 땐 전남편의 존재가 당신의 현재 삶을 너무 많이 지배하고 있는 것 같아요."

메러디스는 최면 상태에서 깨어나기라도 하려는 듯 고개를 내저었다. 그러고는 내가 막 그의 옆자리에 앉았을 때 봤던 것과 같은 차분하고 자신감 있는 여성의 표정으로 돌아왔다. 하지만 난 그 밑에 숨은 진심을 알고 있었다.

얼마나 많은 여성이 이런 식으로 표정을 감추는 법을 배울까? 얼마나 많은 이가 내면의 감정을 숨길까? 우리 중 분노와 후회의 무거운 짐을 안고 살아가는 이들이 얼마나 될까?

메러디스는 술의 힘을 빌려 낯선 사람과 대화를 나누면서 자기 자신을 이해하려고 시도했다. 나는 그의 노력을 존경한다. 우리의 모든 노력은 칭찬받을 가치가 있다. 현재 상황을 제대로 이해하지 못한다면, 결정을 내리거나 도전을 하거나 좋은 결과를 만들어내는 것은 애초에 불가능하다. 지금 자신이 어디로 가고 있는지, 어떻게 하면 목적지에 도달할 수 있는지 확인하려면 우선 현재 위치부터 파악해야 한다.

어쩌면 우리의 가장 큰 도전 중 하나는 수십 년 동안 품고 있던 그 모든 화를 다루는 방법을 배우는 것일지도 모른다. 우리는 평생 동안 가부장적인 문화 속에서 살았고, 그 과정에서 늘 화를 삭이고 미소 띤 얼굴을 보여야 한다고 배웠다. 남성에게 괴롭힘당하거나 평가받는 굴욕을 참을 때마다 우리의 몸속에는 화가 쌓여간다. 하지만 우리 세대 여성에게 분노는 제대로 대면하기 지극히 어려운 감정이다. '숙녀답지 못한' 감정이기 때문이다.

이렇게 쌓인 화는 종종 내면으로 파고들어 우울증을 유발하거나, 극도의 수치심 외에 아무것도 남기지 않는 자기 파괴적 행동으로 이어진다. 오랜 세월 지속된 화는 원한으로 변하며, 원한을 품고 살아가는 것은 남이 죽길 바라면서 스스로 독약을 삼키는 것과 같다. 장 아메리Jean Améry는 말했다. "원한은 우리 모두를 (자신의) 무너진 과거라는 십자가에 못 박아버린다."

대부분의 사람들은 화난 상태가 지극히 불쾌한 경험이라고 생각하며 벗어나기 위해 최선을 다한다. 하지만 화를 극복하는 가장 건강한 방법은, 비록 직관에 어긋나는 것처럼 보일 수 있지만 그 경험을 온전히 받아들이는 것이다. 사실 화는 우리 몸과 마음의 연약한 부분을 보호하기 위해 생겨난 감정이다. "나 화났어"라고 말하는 대신 "화가 생겨나고 있어"라고 말해보자. 그러면 분노에 휩쓸리는 대신 자신이 처한 상황을 조금 더 자세히 바라볼 수 있고, 결과적으로 그 감정을 보다 효과적으로 다스릴 수 있을 것이다.

화를 경험하는 것과 표현하는 것은 완전히 별개의 일이다. 우리는 종종 불같은 격노와 얼음 같은 침묵 사이를 오가곤 하는데, 둘 중 어느 하나도 건설적인 태도는 아니다. 우리는 여러 번의 시행착오 끝에 감정을 적절히 드러내는 법을 배워야 한다. "화를 제대로 표현하는 방법은 뭔가요?"라는 질문에 대한 대답은 다음과 같다. "때에 따라 다릅니다." 누구와 함께 있는지, 어떤 상황에 처해 있는지, 감정을 얼마나 통제할 수 있는 상태인지, 감정을 표출했을 때 어떤 결과가 예상되는지 등에 따라 이 질문에 대한 답은 크게 달라진다. 스스로 "내가 어떤 식으로 분노를 표현하면 나 또는 다른 누군가에게 도움이 될까?"라는 질문을 던지는 것도 좋은 방법이다.

대부분의 경우에는 화를 다스리고 이성적으로 해결책을 생각할 수 있을 때까지 기다리는 것이 최선일 것이다. 하지만 때로는 당장 "그 일 때문에 돌아버리겠어"라고 내뱉지 않으면 직성이 풀리지 않는 순간도 있다.

분노를 해소할 물리적 방법을 찾는 것도 큰 도움이 된다. 그러지 않으면 그 모든 흥분과 에너지가 우리 몸에 남아 지속적인 동요를 일으킬 수 있다. '물리적 방법'은 도처에 널려 있다. 베개를 주먹으로 치거나, 샤워실에 얼음 조각들을 집어 던지거나, 나무에 돌멩이를 던지거나, 지쳐 나가떨어질 때까지 발로 찰 뭔가를 찾을 수도 있다. 육체적으로 화를 표출하는 순간, 우리는 마음이 정화되는 카타르시스를 느낀다. 들끓는 마음을 진정시키고 이 사태의 원흉을 떠올리며 이성적인 대응책을 찾을 수도 있다.

우리 또래의 많은 여성은 화를 상대적으로 덜 느낀다. 우리는 부정적인 감정을 다루는 법과 관계를 능숙하게 조정하는 법을 배웠다. 자기 자신과 다른 사람들을 보다 관대하게 받아들이고, 삶의 끊임없는 도전 또한 더욱 효과적으로 헤쳐 나간다. 우리에게는 배의 수평을 제대로 유지하는 능력이 있다. 하지만 이 깊고 강렬한 감정에 대처하는 방법을 아직 배우지 못했다면 지금 당장, 최대한 빨리 그 기술을 배워야 한다. 불교 신자들에게는 익숙한 말이겠지만, 인생은 곧 고통이다. 고통을 피할 방법은 없지만 남은 날에 대비해 자신을 단련할 수는 있다.

자아인식과 타고난 생명력 그리고 다양한 삶의 기술과 함께라면, 우리는 상황에 관계없이 사그라지지 않는 열정을 유지할 수 있으며 삶을 있는 그대로 받아들이는 동시에 감사와 기쁨을 느낄 수 있다. 이러한 기술을 배웠을 때, 우리는 비로소 '성숙한' 혹은 '원숙한' 사람으로 거듭난다. 와인으로 치면 최상급 빈티지가 되는 것이다.

그렇게만 된다면, 우리는 더 이상 모든 상황을 책임져야 한다는 압박을 느끼지 않을 것이다. 다른 사람의 인생을 일일이 보살펴야 한다는 부담에서도 상당 부분 해방될 것이다. 그 대신, 도덕적 상상력을 확장함으로써 보다 다양한 관점을 지니게 될 것이다.

우리는 문화가 정해놓은 규칙과 역할에서 자유로워질 것이다. 자신도 몰랐던 재능을 발견하고 내면에 숨어 있던 용기와 기쁨의 원천을 발견할 것이다. 더불어, 우리는 스스로 상상했던 것보다 더 큰 자기 자신을 발견하게 될 것이다.

9장

행복을 선택하기

한 사람의 철학을 확인하는 가장 좋은 방법은
그가 하는 말이 아니라 선택을 보는 것이다. ……
우리가 내리는 선택은 궁극적으로 우리 자신의 책임이다.

엘리너 루스벨트

피할 수 없는 일이란 존재하지 않는다.
과거의 행적이 매 순간 영향을 미치듯,
자유 또한 매 순간 힘을 행사하고 있다.

난 신 Nan Shin

＊

　마를렌은 술에 너무 빠진 나머지 자녀들의 결혼식에조차 초대받지 못한 아버지 밑에서 가난하게 자랐다. 그의 어머니는 학교 식당에서 일하며 무능한 남편과 일곱 명의 자녀를 부양해낸 강인한 여성이었다. 어머니는 쾌활한 성격의 소유자로 결코 불평을 허용하지 않았다. 아이들이 징징대거나 풀 죽어 있을 때마다, 마를렌의 어머니는 웃으며 말했다. "기운 내렴, 우리 아기 다람쥐들!"

　마를렌은 어느새 화려한 치마와 레이스 블라우스, 커다란 귀걸이로 외모를 꾸미는 성인 여성으로 자라났다. 그는 늘 욕설 대회가 열리면 누구에게도 지지 않을 자신이 있다고 당당하게 주장했다. 직장에서는 모든 동료에게 애칭을 지어줬고, 마음만 먹으면 누구라도 웃게 만들 수 있었다. 그는 어머니처럼 밝고 쾌활한 사람이고, 역시 어머니처럼 가난을 헤쳐 나가고 있다. 지병인 뇌전증 때문에 운전은 물론이고 발작으로 문제를 일으킬 수 있는 곳에서는 일할 수가 없었기 때문이다. 그는 아이들이나 환자를 돌보는 직업을 원했지만, 그의 표현에 따르면 그 직업은 뇌전증 환자에겐 "열려 있지 않았다".

마를렌은 일찍 결혼해서 집을 떠났고, 생계를 유지하기 위해 온갖 직업에 뛰어들었다. 현재는 식량 배급 센터에서 일하며 정부에서 보조금을 지원받아 임대주택에서 지낸다. 하루 일을 마치면 자신과 남자친구가 먹을 식료품을 구입할 수 있다. 그에게는 성인이 된 두 자녀가 있는데, 아들은 군대에서 복무 중이고 딸은 다른 주에 살고 있다.

마를렌은 아이들의 친아버지와 오래전에 이혼했고, 쭉 남자라는 존재를 저주하며 지냈다. 하지만 5년 전 대니를 만나면서부터는 사정이 바뀌었다. 그는 대니를 "자기야"라고 부르며 대부분의 시간을 함께 보낸다. 두 사람은 가장 좋아하는 TV 프로그램 〈크리미널 마인드Criminal Minds〉를 함께 시청하고, 금요일마다 프라이드치킨을 먹거나 패스트푸드 식당에서 외식을 하며, 마를렌의 집에서 카드게임과 빙고, 도미노를 즐긴다. 그는 내게 대니를 만난 순간 삶에서 가장 중요한 것이 뭔지 깨달았다고 말했다. 그들은 다투거나 불평하는 데 시간을 낭비하지 않았고 삶을 최대한 활용했다.

"저는 인생이 고되리라는 사실을 일찌감치 깨달았고, 그 안에서 즐길 방법을 찾아야 한다고 생각했어요." 마를렌은 내게 이렇게 말했다. 이러한 태도는 그의 삶의 토대가 됐다. 평생에 걸친 가난과 지병 때문에 비참한 인생을 살 수도 있었지만, 그는 그런 일이 일어나도록 내버려두지 않았다. "전 항상 사랑과 기쁨을 선택하거든요."

태도는 상황을 이긴다. 모든 여성은 자신의 역사를 결정할 수 있다. 심지어 자신이 선택하지 않은 조건 아래서도. 우리에게는 운명을 고를 힘이 없지만, 적어도 다양한 내·외부적 사건에 어떤 반응을 보일지는 스스로 자유롭게 결정할 수 있다. 행운은 행복을 누리기 위한 필요조건도 충분조건도 아니다. 하지만 태도는 필요충분조건이다.

행복은 선택과 기술의 문제다. 우리 모두는 세상의 경계선 안에서 살아가지만, 긍정적이고 감사한 삶을 누릴 수 있도록 프레임을 만들어나가는 것은 우리의 자유다. 행복을 얻기 위한 경험적 선택을 한번 하고 나면, 이를 토대로 목표 달성에 필요한 레퍼토리를 개발할 수 있다. 더 행복한 삶을 추구하는 데 늦은 시기란 없다. 절망과 행복은 모두 자기 충족적 예언이다. 우리는 스스로 될 수 있다고 믿는 사람이 된다.

심리학자 소냐 류보머스키Sonja Lyubomirsky는 최근 한 사람이 느끼는 행복도의 약 50퍼센트가 유전적 요소에 의해 결정된다는 연구 결과를 발표했다. 나머지는 주어진 상황과 개인의 태도, 행동에 달려 있다. 그는 상황을 긍정적인 방향으로 바라보고 감사하는 마음을 가지며 가진 것을 나누는 태도가 한 사람의 행복에 가장 큰 영향을 미친다고 주장했다. 비록 완벽한 통제권은 없을지라도, 우리에겐 선택권이 있다. 실제로 후생유전학 분야의 연구 결과에 따르면 우리가 나이 듦에 대해 생각하는 방식은 노년의 인생뿐 아니라 DNA에까지 영향을 미친다고 한다.

어떤 여성은 손거스러미만으로도 불행을 느끼지만, 또 어떤 여성은 트럭에 치여도 계속 웃을 수 있다. 이러한 차이는 상황을 대하는 태도와 대처 능력에 달렸다. 우리는 의지를 통해 자신을 정의할 수 있고, 필요한 기술을 습득함으로써 이러한 의지를 실현할 수 있다.

우리는 자신과 대화하는 방식을 선택할 수 있다. 현실을 직시하며 주어진 고통을 받아들이고 탐구할 수도 있지만, 스스로 이런 주문을 걸 수도 있다. "다 잘될 거야." "나는 할 수 있어." "로마는 하루아침에 이뤄진 게 아니야." 우리는 주어진 축복에 감사하고, 먹구름 사이로 비치는 한 줄기 빛에 집중할 수 있다. 우리 나이쯤 되면, 많은 여성이 적어도 가끔이나마 이런 태도를 보일 수 있게 된다.

나는 최근에 마음에 평화를 가져다주는 유용한 문구 하나를 배웠다. 우리 부부는 얼마 전 딸 사라의 가족과 그가 데려온 친구와 함께 교외의 식당에 저녁을 먹으러 갔다가 반려견 빅스가 없어졌다는 사실을 깨달았다. 딸과 남편, 사위는 정신없이 빅스를 찾아 나섰다. 나와 우리 손자 콜트레인, 동석한 친구는 식당 바깥에서 그들이 빅스를 데려오길 간절히 기다렸다. 몇 분쯤 지났을까. 콜트레인이 두려움에 떨며 말했다. "혹시라도 빅스가 죽었으면 어떡해요?" 나는 대답했다. "빅스는 괜찮아. 곧 돌아올 거란다. 우리가 생각할 수 있는 최악의 상황은 빅스가 저녁 식사 후에 나타나는 거야. 그럼 모두들 저녁을 먹는 내내 기분이 좋지 않을 테니까." 사라의 친구가 간단명료하게 덧붙였다. "아직은 걱정할 때가 아니야." 우리 모두는 안정을 되찾았고, 과연 빅스는 5분도 지나지 않아 식당 정원으로 뛰어 들어왔다. 그날 이후로 나는 많은 상황에서 "아직은 걱정할 때가 아니야"라는 말을 사용한다.

삶의 균형을 잡는 기술에는 여러 가지가 있다. 노숙자 쉼터나 호스피스 센터에서 자원봉사를 하는 것도 좋은 방법이지만, 때로는 그저 "더 나빠질 수도 있었어", "내일은 새로운 태양이 뜰 거야", "누구나 실수를 하는 법이지"와 같은 유용한 문장을 활용할 수도 있다.

나탈리는 이러한 기술을 완벽히 터득한 여성이다. 그는 다양한 증상과 함께 혈구 감소증을 유발하는 무서운 질병인 루푸스를 앓고 있다. 혈소판 수혈을 받고 봉와직염과 싸우고 가볍게 넘어지거나 심지어 이를 닦다가도 병원에 가야 하는 일을 수차례 겪어왔지만, 그는 이렇게 말했다. "난 절대 루푸스가 내 삶의 최우선순위 자리를 차지하도록 내버려두지 않을 거야."

병 때문에 많은 모임에 나가긴 어렵지만, 나탈리는 자신이 참석했던 모든 행사와 파티를 일일이 기록해둔다. 스크랩북 만들기와 베이킹을 즐기고, 때때로 자기 집 차고에서 벼룩시장 겸 파티를 연다. 그가 음악을 틀고 몸을 흔들며 비올라를 켜면 모두들 즉시 흥이 오른다. 만약 내가 그에게 "혹시 함께 산책을 하거나 커피를 마시거나 스마트폰으로 사진을 교환할 수 있을까요?"라고 묻는다면, 그는 이렇게 대답할 것이다. "지금 장난해요? 난 늘 그러고 살아요."

빳빳하게 다린 검은 정장을 차려입고 적갈색 머리를 땋아 올린 윌로우는 사울을 데리고 검진을 받으러 갔다. 의사는 사울의 기존 차트를 검토한 뒤 그의 몸을 면밀히 검사했다. 의사는 사울의 어깨를 가볍게 두드리며 안타깝지만 파킨슨병이 빠른 속도로 진행되는 중이라고 말했다. 얼마 후면 휠체어를 타야 할 테고, 말을 하거나 음식을 삼키는 데 어려움을 겪을 거라고도 했다.

그날 밤 윌로우는 슬픔에 겨워 거의 잠을 이루지 못했다. 그는 사울의 미래에 닥칠 고통을 상상하고, 자신의 대처 능력을 걱정했다. 하지만 다음 날 아침, 윌로우는 준비를 시작할 마음을 단단히 먹고 자리에서 일어났다. 그는 가장 먼저 직장에 전화를 걸어 일주일 휴가를 신청했다. 그다음으로는 사울이 다치지 않고 돌아다닐 수 있도록 아파트의 구조를 꼼꼼히 살피고 바꿔야 할 부분들을 목록으로 작성했다.

그는 목수와 배관공을 불러 남편이 좀 더 안전하게 몸을 씻을 수 있도록 샤워실 구조를 개조했다. 사울이 관리하는 데 도움이 되도록 평소에 두 사람이 구입하는 모든 식료품 목록을 작성하기도 했다. 더불어 윌로우는 부부와 가장 가까운 친구들을 토요일 저녁 식사에 초대하면서 사울에게 말했다. "그래도 병 소식을 한 번에 전하는 편이 더 쉬울 거야."

윌로우는 몇 주에 걸쳐 끊임없이 삶의 우선순위를 재정렬했다. 처음에는 일하는 시간을 줄이더라도 직장에는 계속 다니겠다고 생각했다. 그러던 어느 날, 마침내 사울이 혼자서는 침대에서 나올 수 없는 순간이 찾아왔다. 윌로우는 남편을 부축해 화장실에 데려가야 했다. 함께 마실 커피를 내리며 그는 더 이상 일을 계속할 수 없으리라는 예감을 느꼈다. 커피를 잔에 따르는 동안 눈물이 두 뺨을 타고 흘러내렸다. 도움이 필요한 사람들을 보살필 수 있었던 지난 세월은 참으로 영광스러운 시간이었다.

그는 사무실에 전화를 걸어 이틀간 인수인계를 한 뒤 작별인사를 할 거라고 말했다. 비서는 윌로우 본인보다 그 결정에 훨씬 덜 놀란 것 같았다. "우리는 이사님이 그리울 거예요. 하지만 올바른 결정을 내리신 거라고 생각해요. 마지막으로 남편 분을 뵈었을 때, 곧 이런 날이 올 거라는 걸 알았어요." 비서가 말했다.

아내의 결정을 들었을 때, 사울은 고개를 내저으며 눈물을 흘리기 시작했다. 윌로우는 그를 껴안으며 말했다. "이제부턴 당신과 함께 있고 싶어."

몇 달이 지났을 무렵, 윌로우는 자신이 그만둔 기관이 어떻게 운영되고 있는지 궁금해졌다. 그는 새로 부임한 이사와 만나 비영리 단체를 운영하는 데 필요한 여러 가지 사항을 논의했다. 오며 가며 사무실에 들러 함께 일했던 직원들이나 고객들을 만나기도 했고, 가끔은 길거리 음식을 사서 루비나 마이론과 나눠 먹기도 했다. 윌로우는 직장이 그리웠지만, 결코 자신의 선택을 후회하진 않았다.

그는 이제 사울의 간병인이자 간호사이자 일정 관리인이라는 새로운 직업을 찾았다. 그는 남편을 위해 음식을 잘게 자르고, 화장실 출입을 도왔다. 그 외에 약을 관리하거나 남편을 목욕시키거나 옷을 갈아입히거나 함께 볼 영화를 고르거나 매주 서로 다른 친구들을 집으로 초대하는 것도 그의 주요 업무였다.

사울을 돌보는 과정에서 생겨나는 수많은 일들 중 윌로우를 가장 괴롭히는 것은 바로 의사결정이었다. 그는 파킨슨병과 싸우는 데 도움이 될지도 모르는 모든 가능성을 놓고 남편을 설득해야 했다. 투병생활 초기에 사울은 치료는 물론이고 힘이 많이 드는 활동을 거부하는 경향을 보였다. 하지만 그도 결국에는 본인의 건강을 책임지고 지켜야 할 사람이 바로 자기 자신이라는 사실을 인정했다.

초창기에는 월로우도 상황을 묵묵히 받아들이기가 힘들었다. 병원 방문일이 다가오면 겁부터 집어먹었다. 의사의 처방이 갈등을 불러일으킬 가능성이 높다는 사실을 짐작했기 때문이다. 하지만 시간이 지날수록 그는 자신이 남편의 간호사라기보다 보호자에 가깝다는 사실을 깨달았다. 그의 가장 큰 역할은 두 사람의 관계를 굳건하고 친밀하게 유지하는 일이었다. 그는 남편에게 말했다. "당신이 어떤 치료를 받기로 결정하든, 혹은 받지 않기로 결정하든, 나는 무조건 당신 편이야."

미래를 떠올릴 때마다 두려움이 밀려왔지만, 월로우는 대개 일상적인 문제를 하나하나 처리하면서 하루를 헤쳐 나갔다. 매일을 충실한 날로 만들자고 다짐했다. 그는 현실과 전쟁을 벌이는 대신 그것을 받아들이고, 친구가 되고, 배움을 얻고 싶었다.

월로우의 선택은 스스로를 변화시켰다. 월로우는 인생에서 정신적으로 가장 강렬한 변화의 시기에 접어들었다. 일에 집착하는 경향을 서서히 버렸고, 웃는 날이 점점 많아졌으며, 자신과 다른 사람들을 더 사랑하게 됐다. 남편의 건강이 나빠진 것은 슬펐지만, 그는 그 어느 때보다 충만하고 감사한 삶을 살게 됐다. 라흐마니노프의 음악을 듣거나 공원에서 석양을 바라보는 순간은 축복처럼 느껴졌다. 태어나서 처음으로 월로우는 자신이 온전히 살아 있다고 느꼈다.

자유Freedom란 우리의 가장 소중한 가치와 일치하는 결정을 의식적으로 내릴 수 있는 능력이다. 변덕이나 충동, 일시적인 기분에 휩쓸려 하는 행동인 반응Reactivity과 반대되는 개념이라고도 할 수 있다. 이러한 단순 반응은 자기 파괴적인 선택으로 이어질 수 있다. 자유를 실현하기 위해서는 자아인식과 더불어 무엇에 집중할지, 지금 처한 상황을 어떻게 받아들일지 제대로 선택하는 기술이 필요하다.

사람이라면 누구나 때때로 절망을 느낀다. 살다 보면 우리를 무릎 꿇게 만드는 사건과 마주치곤 한다. 상당 수준의 자아인식을 갖춘 사람일지라도 매사에 초월적인 선택을 할 수는 없다. 우리는 발버둥 치는 삶에 싫증을 내거나, 내 친구의 표현을 빌리자면 '끝없이 이어지는 빌어먹을 성장 경험'에 지쳐버린다.

하지만 우리는 수용력과 회복력을 기를 수 있다. 비극을 통해 자신을 신뢰하고 타인과 더욱 깊게 연결되는 법을 배울 수도 있다.

이것이 바로 이른 5월의 어느 날 케스트럴에게 닥친 상황이었다. 직장으로 갑자기 전화를 걸어온 어머니가 떨리는 목소리로 이렇게 말했다. "얘, 내가 폐암 3기래. 제발 우리 집으로 와주렴. 내일 나와 함께 병원에 가주면 좋겠어."

15분 후, 케스트럴은 시애틀 시내에서 고향 집을 향해 운전을 하고 있었다. 그의 서릿발 같은 푸른 눈빛은 도로에 못 박혀 있었다. 어머니를 모시고 병원에 간 그는 진단 내용을 듣는 어머니 옆에서 의사의 말을 일일이 메모했다. 의사는 수술과 방사선치료를 권했고, 환자의 눈을 들여다보며 부드러운 어조로 위로의 말을 건넸다. "정말 유감입니다."

모녀는 몇 분 동안 말없이 손을 꼭 잡고 앉아 있었다. 의사 역시 아무 말도 하지 않았다. 마침내 케스트럴이 입을 열었다. "결정을 내리기 전에 상의를 좀 해봐야 할 것 같아요."

케스트럴은 어머니를 모시고 집으로 돌아간 뒤 페퍼민트 차를 끓이고 함께 정원에 앉아 잔디밭에 길게 드리운 그림자를 한참 동안 바라봤다. 저녁 식사 후, 어머니는 일찍 잠자리에 들었지만 케스트럴은 오래된 자전거를 타고 거리를 쏘다녔다. 어린 시절부터 익숙했던 풍경이 오늘따라 더 작고 칙칙해 보였다.

그와 형제들이 놀림을 받으며 다녔던 학교를 지날 때는 분노가 느껴졌고, 그의 가족이 늘 외상으로 물건을 샀던 식료품점을 지날 때는 부끄러움이 느껴졌다. 이 마을과 엮인 기억은 대개 불행한 것이었다. '내가 평생 분노를 품고 살아온 것도 당연해.' 그는 생각했다.

하지만 자전거를 타고 달리는 동안, 그의 머릿속에 또 다른 생각이 떠올랐다. '하지만 이게 정확히 누구 책임인 걸까?'

다음 날 아침, 케스트럴은 인터넷으로 암 치료에 대한 정보를 수집했다. 칠리소스 핫도그와 시나몬롤로 점심을 먹으면서 그는 어머니에게 치료법을 선택할 권리가 있으며, 의사가 아닌 자신이 어머니의 관리를 담당하게 될 거라고 말했다. 어머니는 딸에게 의사 말을 고분고분 따라달라고 부탁했다. "그가 내 병을 치료해줄 거라고 믿어야 해." 어머니가 말했다.

케스트럴은 겁에 질린 어머니를 바라보며 대답했다. "알았어요.

그를 믿을게요. 하지만 최종 결정권은 여전히 엄마에게 있어요."

어머니는 의사가 권한 수술을 받기로 결심했다. 어머니가 일정을 잡기 위해 간호사와 통화하는 동안, 케스트럴은 어머니를 감싸 안았다. 사실 케스트럴은 통화 내내 어머니에게 매달려 있었고, 누가 누구를 위로하고 있는지 잘 모르겠다고 생각했다.

다음 날 그는 회사에 전화를 걸어 휴가를 냈다. 베카에게도 연락해서 여름 내내 연락이 어려울 거라고 미리 설명했다. 자기 일처럼 공감하고 위로를 건네는 베카를 보며, 케스트럴은 자신이 연인을 매우 그리워하리라는 사실을 직감했다. 이런 생각이 들자 문득 불안해졌다. 그는 다른 사람에게 약한 모습을 보이고 싶지 않았다.

케스트럴은 어머니의 수술 며칠 전부터 식료품을 사들이고 빨래를 하고 정원에 백합을 심었다. 어느 날엔가는 함께 앉아서 오래된 가족 앨범을 넘겨봤다. 하지만 둘 중 누구도 행복한 기분을 느끼지 못했다. 그들은 앨범을 덮고 어머니가 보관하고 있던 1950년대 빅 밴드 음악을 들으며 십자말풀이 게임을 했다. 케스트럴은 매일 밤 어머니의 작은 술 보관함을 열고 싶은 충동과 싸웠다. 이 많은 고통을 어떻게 감당해야 할지 대책이 서질 않았다.

어머니가 수술을 받은 날 저녁, 집에 홀로 돌아온 케스트럴은 보드카에 손을 대고 싶다는 강렬한 욕구를 느꼈다. 하지만 그는 술을 마시는 대신 베카에게 전화를 걸었다. 맨 처음에는 감정을 털어놓으라는 연인의 제안에 발끈했지만, 그는 어느새 저도 모르게 마음을 열고 있었다. 케스트럴은 어머니처럼 착하고 사랑스러운 사람에게 이런 운명을 내린 신이 저주스럽고, 어머니의 인생 대부분이 비참했다는 사실이 너무 싫다고 말했다. 베카는 당황하는 기색 없이 케스트럴의 격한 감정표현을 묵묵히 받아줬다. 마침내 전화를 끊었을 때, 케스트럴은 자신을 있는 그대로 드러냈다는 사실이 불안하면서도 괴로움을 솔직히 털어놨을 때 찾아오는 깊은 안도감을 느꼈다. 그는 자기 얘기를 하는 게 생각보다 훨씬 쉽다는 데 놀랐다.

어머니는 수술에 따른 통증과 피로를 안고 집으로 돌아왔다. 비상사태에 대비해 강력한 진통제를 받아 왔지만, 다행히 단 한 알만 먹은 뒤 일반 진통제로 바꿀 수 있었다. 어머니는 며칠 동안 햇볕을 쬐며 졸거나 정원에서 십자말풀이를 하며 시간을 보냈다. 의사와 약사, 형제들로부터 걸려온 전화를 받는 것은 케스트럴의 몫이었다. 케스트럴은 어머니의 목욕을 돕고, 그가 집 안 곳곳을 돌아다닐 때마다 일일이 부축했다.

케스트럴은 매일 밤 베카와 통화하면서 위안을 얻었다. 때로는 어머니의 병 얘기를 나눴지만, 대개는 베카에게서 직장 이야기나 둘이 함께 참여하는 모임 소식을 전해 들었다. 그는 자신의 연인에게 평범한 일상을 재미있고 흥미진진하게 얘기하는 사랑스러운 능력이 있다고 생각했다.

여러 차례에 걸친 진지한 상의 끝에, 어머니는 처음으로 방사선치료를 받았다. 그는 치료 부작용으로 구토와 설사, 무기력증을 겪었고 겨우 회복한 뒤에는 두 번째 방사선치료를 거부했다. 어머니는 죽음을 두려워하지 않았고, 더 이상의 고통도 원치 않았다.

어느 날 오후, 케스트럴이 정원에서 꽃다발을 만들어 가져왔을 때 어머니는 그에게 멋진 여름을 보냈다고 말했다. "내가 가장 좋아했던 시간은 늘 너와 함께 있는 순간이었단다. 암 투병을 하며 보낸 이번 여름도 마찬가지였어."

케스트럴은 침을 꿀꺽 삼켰다. 그의 푸른 눈동자에는 따뜻하고 부드러운 빛이 어려 있었다. "엄마, 사랑해요." 케스트럴이 말했다.

우리는 수백 가지 방식으로 주도적인 삶을 실현할 수 있다. 예컨대 우리는 사랑하는 사람에게 헌신하거나 자원봉사 프로젝트에 참여하기로 결정할 수 있다. 누구와 함께 시간을 보낼지, 언제 은퇴할지, 어디서 살지, 귀중한 자원을 어떻게 사용할지에 대한 선택은 오롯이 우리의 손에 달려 있다. 세상에서 가장 가치 있는 자원은 바로 시간이다. 따지고 보면, 우리가 내리는 중요한 결정은 모두 시간과 연관돼 있다. 아침에, 점심에, 저녁에, 오늘 하루 동안, 이번 주에, 나는 무슨 일을 하며 지낼 것인가?

20대에서 40대까지의 세월을 보내는 동안, 우리는 일이나 자녀들에 매여 매사에 바쁘고 숨 막히게 돌아가는 일상을 보낸다. 따라서 이 수십 년 사이에는 자유보다는 반응에 따른 선택을 내릴 가능성이 높다. 우리는 마감 전에 일을 마쳐야 하고, 아픈 아이를 병원에 데려가야 하고, 3학년짜리의 받아쓰기 공부를 도와야 한다. 아이가 학교에 다니는 동안에는 아침마다 밥을 차려야 하고, 양치질을 점검하고, 학부모-교사 모임에 참여하고, 아이의 축구 연습을 응원하러 가야 한다. 식료품을 구입하고, 옷을 빨고, 식사를 준비하고, 동화책을 읽어주며 아이를 재우는 것도 우리 몫이다. 시간은 우리를 소모시킨다.

하지만 나이 들수록 우리는 점점 시간에 대해 주도적인 의사결정을 내릴 기회를 얻는다. 우리는 카약을 배우고, 운동과 요리 수업을 듣고, 난민들에게 영어를 가르치는 자원봉사를 할 수 있다. 정기적으로 일상을 들여다보며 진짜 즐거워서 하는 일과 그저 습관적으로 하는 일을 구분할 수도 있고, 삶에 우선순위를 매기며 필수적인 일과 그렇지 않은 일을 분류할 수도 있다. 우리는 자신에게 "내가 내 가치관에 따라 시간을 보내고 있나?" 혹은 "마지막 순간에 지난 삶을 돌아볼 때 내가 시간을 분배한 방법이 만족스럽게 느껴질까?"라는 질문을 던질 수 있다.

우리 모두에게는 자신에게 무엇이 필요한지 결정할 자유가 있다. 최근 발표된 닐슨Nielsen 설문조사에 따르면, 은퇴한 사람들은 일주일에 평균 50시간가량을 TV 시청으로 보낸다고 한다. 이렇게 지내는 동안 그들은 타인과 교류하고 재능을 계발할 시간을 흘려보내고 만다.

우리는 돈뿐 아니라 다양한 자원을 사용하는 방법을 주체적으로 결정할 수 있다. 내가 생각하는 자원의 정의에는 1년 중 캠핑을 할 수 있는 날이나 한 달 중 손주들을 만날 수 있는 날이 포함된다. 진심 어린 관계를 맺고 있는 지인들의 수도 빼놓을 수 없다. 우리 문화는 돈이 안정성을 만든다고 교육하지만, 사실 삶의 이 단계에서 우리를 구원하는 것은 바로 사랑이다. 부에 대한 정의는 오직 자신만이 내릴 수 있다. 이런 과정을 통해 우리는 스스로 쌓고자 하는 것이 무엇인지 명확히 알 수 있다.

일부 여성에게 자산이란 곧 은행 계좌에 들어 있는 돈을 뜻한다. 물론 재정적 안정은 편안하고 안락한 삶에 큰 도움이 된다. 하지만 재산이 많은 여성도 얼마든지 빈곤한 기분을 느낄 수 있다. 그들에게는 '충분하다'는 개념이 없고, 따라서 끝없는 갈증을 잠재울 길이 없기 때문이다.

필요Needs와 욕구Wants를 구별하는 것은 매우 중요하다. 필요를 충족시킬 수 있다면, 우리는 이미 충분히 풍족한 삶을 살고 있는 것이다. 여기에 욕구를 얼마나 충족할 수 있을지 여부는 개인의 재정 상황에 따라 달라진다. 미국의 경우, 비록 이 나라의 비싸고 예측 불가능한 건강관리 시스템 때문에 모든 돌발 상황에 대비한 필요 재산을 측정하기란 지극히 어렵지만, 대충 평소에 돈 걱정을 하지 않고 살 수 있을 정도면 재정적으로 안정됐다고 할 수 있을 것이다.

부유함을 느끼는 방법 중 하나는 가진 것을 즐기는 것이다. 오늘은 눈 내리는 날이고 나는 희고 보드라운 눈송이를 감상하기 위해 몇 분에 한 번씩 창밖을 내다본다. 나에게는 우리 할머니와 이모가 손수 만든 누비이불이 있는데, 그것들을 옷장에 보관하는 대신 꺼내서 직접 덮고 잔다. 이 이불을 덮으면 할머니와 이모의 존재가 느껴지고 이내 편안한 잠이 찾아온다.

서맨사와 그의 남편 토니는 작은 미술용품 가게를 운영했다. 서맨사는 아마도 내가 아는 가장 주체적인 여성일 것이다. 어느 화창한 날 아침, 우리는 그가 가진 삶의 선택지에 대해 이야기를 나눴다. 서맨사 부부는 원치 않는 선택의 순간을 여러 차례 경험했다.

토니의 아버지와 그의 형제들은 모두 이른 나이에 심장마비로 세상을 떠났다. 그리고 어느 눈 내리는 날 아침, 토니는 차고 앞에서 제설 작업을 하다가 갑자기 심장 발작을 겪었다.

입원해 있는 동안, 토니와 서맨사는 가게를 팔고 일찍 은퇴하기로 결정했다. 돈은 빠듯해지겠지만 시간이 더 빠듯했다. 몇 달 후, 그들은 시니어 센터에서 함께 도자기 수업을 듣기 시작했다.

서맨사는 두 번이나 암 치료를 받았었다. 맨 처음 암 선고를 받았을 때, 그는 초등학생 자녀들을 키우는 만 39세의 젊은 엄마였다. "림프종은 정말 끔찍한 병이에요." 그가 내게 말했다. "나는 스스로에게 물었어요. '내가 대체 무슨 잘못을 했길래? 어째서 이런 일이 내게 일어난 거야?' 그다음으로는 운명과 흥정을 했죠. 제발 아이들이 성인이 될 때까지만 살게 해달라고."

"나는 치료에 집중했고 감정적으로 한 번도 무너지지 않았어요. 6개월 동안 단 한 번도 울지 않았죠. 마지막 검사에서 완치 판정을 받았을 때에야 눈물이 나왔어요. 나는 당장 남편 직장에 전화를 걸어서 거의 말을 잇지 못할 정도로 흐느꼈어요. 그이는 내가 나쁜 소식을 들었다고 생각했었대요."

4년 전 유방암 진단을 받았을 때, 서맨사는 예전보다 훨씬 담담하게 결과를 받아들였다. 아이들은 이미 어른이 됐고, 무엇보다 그에게는 이미 암을 이겨낸 경험이 있었다. 어느 날 운전을 하던 그는 우연히 핑크 시스터즈 예배당Pink Sisters Chapel 건물을 지나게 됐다. 늘 깊은 정적에 둘러싸인 이곳은 '성령의 여종 지속 성체조배의 수녀회Sister Servants of the Holy Spirit of Perpetual Adoration' 부속 건물로,

핑크색 의복을 갖춰 입은 수녀들이 여기서 전 세계 사람들을 위해 24시간 기도를 올린다. 가톨릭 신자가 아니었음에도 서맨사는 뭔가에 이끌리듯 그 안으로 들어갔다. 예배당 안에서는 세 명의 수녀가 무릎을 꿇고 기도를 올리는 중이었고, 그 앞에는 다른 여성 한 명이 바닥에 얼굴을 대고 양팔을 쭉 뻗은 채 십자가 모양으로 엎드려 있었다.

서맨사는 예배용 의자에 앉아서는 기도하는 여인의 조각상처럼 보이는 어떤 형체를 바라봤다. 이윽고 그는 그 형체가 살아 있는 수녀라는 사실을 깨달았다. 수녀는 서맨사가 자리를 뜨는 순간까지 미동도 하지 않고 기도를 올렸다. "그곳은 공기 자체가 다른 것 같았어요. 보는 나까지 완벽하게 평온해졌죠."

이 우연한 경험은 그가 두 번째 암 선고를 받고 느끼던 두려움을 완전히 없애버렸다. 치료는 잘 진행됐고, 서맨사는 몇 개월 만에 또다시 완치 판정을 받았다. 비록 두 종류의 암 모두 재발 가능성이 있지만 서맨사는 더 이상 그것에 대해 생각하지 않는다. "그런 생각 자체가 암세포를 끌어들일 수 있거든요. 나는 두 번 다시 암에 걸리지 않으리라는 마음가짐으로 살고 있어요."

그는 단 한 번도 병에 정복당한 적이 없다. "살면서 몇 번의 굴곡을 겪었지만, 그런 건 이미 지나온 배경에 불과해요. 그런 것보다는 새로 태어난 우리 손자가 훨씬 중요하죠."

"우리 부부는 삶의 모든 단계를 즐기며 살아왔어요. 아기가 태어났을 때는 온 마음을 다해 사랑했고, 아이들을 키우는 과정도 즐겼죠. 우리는 인생의 매 순간을 충실히 보냈고 기쁜 마음으로 다음 단계를 맞이했어요. 아이들이 독립했을 때도 외로워하기보단 마음껏 자유를 누리길 택했을 정도로요. 지금도 아이들이 집에 오면 오는 대로, 떠나면 떠나는 대로 좋아요."

서맨사와 토니는 노후를 착실히 준비해왔다. 그들은 다른 지역에 사는 아이들에게 짐이 되길 원하지 않으며, 다양한 대비책을 마련해둔 고향에서 죽는 날까지 살아갈 계획이다. "남편과 나는 죽음에 철저히 대비하고 싶거든요."

그들은 이미 정리를 시작했다. 두 사람의 부모님은 돌아가시면서 자녀들이 원하지도 않고 보관하기도 어려운 물건을 잔뜩 남겨주셨다. 서맨사와 토니는 그 경험을 통해 선의로 준 선물이라도 받는 사람 입장에서는 달갑지 않을 수 있다는 사실을 깨달았다. 두 사람은 이미 성인이 된 자녀들이 오래된 물건을 좋아하지 않는다는 것을 잘 알았고, 따라서 그들에게 직접 원하는 물건을 고를 기회를 줬다. 선택이 마무리되면 남길 물건을 목록으로 작성하고, 나머지는 미련 없이 버릴 생각이다.

"난 늙어가는 게 두렵지 않아요." 서맨사가 내게 말했다. "늙으면 늙는 대로 적응할 수 있다고 생각해요."

여러 가지 건강상의 어려움에도 불구하고, 그는 신중한 선택을 통해 행복한 인생을 손에 넣었다. 그의 선택은 결과적으로 최선이었다. 우리 모두는 사랑하고 성장하고 번영하는 삶을 선택할 수 있다. 세상을 떠나는 순간 행복과 자부심으로 가득한 기억이 떠오르도록 행동할 수 있다. 우리는 매일 아침 자기 자신을 위해 좋은 하루를 만들어갈 수 있다.

10장

좋은 하루 만들기

행복한 삶의 비결 중 하나는
계속해서 작은 보상을 받는 것이다.

아이리스 머독 Iris Murdoch

습관에는
어떤 종류의 우아함이 깃들어 있다.

시몬 드 보부아르

네브래스카주 비버시티에 살던 여섯 살짜리 꼬마 시절, 나는 찻잔에 쏙 들어가는 작은 강아지를 판다는 신문 광고를 봤다. 봉투에 1달러를 넣어서 뉴욕의 우체국 사서함으로 보내면 열흘 안에 강아지를 보내준다는 내용이었다. 나는 1달러를 달라고 어머니를 졸랐다. 어머니는 그 광고가 거짓이며 용돈을 잃을 거라고 경고했지만, 강아지를 절박하게 원했던 내 귀에는 그 말이 들어오지도 않았다.

봉투를 부치고 난 뒤, 나는 아직 만나지도 않은 강아지에게 캐러멜이라는 이름을 지어줬다. 그날부터 매일 오후 현관에서 우편을 기다리는 나날이 시작됐다. 우리 집을 방문한 집배원의 손에 상자가 들려 있지 않다는 사실을 확인하면 실망이 밀려왔다. 열흘이 지났을 때 어머니는 내게 포기하라고 말했지만, 나는 이번에도 말을 듣지 않았다. 나는 그렇게 몇 달 동안 캐러멜을 기다렸다. 솔직히 말하면, 내 안에는 여전히 그 강아지를 기다리는 마음이 남아 있다.

이제 나는 강아지를 얻기 위해 우편으로 돈을 보내지 않는다. 대부분의 경우, 나는 기대치를 제대로 관리할 수 있다. 성인이 된 아이들에게 부탁받지도 않은 조언을 해주면서 감사받길 기대하지 않고, 나 자신을 포함한 그 누구도 항상 착한 사람이 될 수 있다고 기대하지 않는다. 나는 소중한 사람들의 결점까지 포함해서 사랑하려고 노력한다. 그 결점 또한 그들의 정체성을 구성하는 필수 요소이며, 그들 또한 나를 똑같이 관대한 시선으로 바라봐준다는 사실을 이해하기 때문이다.

나는 별자리 운세를 보지 않는다. 내 행복을 찾기 위해 무엇이 필요한지 정도는 스스로 알 수 있다.

좋은 하루를 만들고 싶다면 감정과 사고, 행동 면에서 좋은 선택을 내려야 한다. 우리는 의미 있는 활동과 만족스러운 일상, 가족 및 친구들과 함께하는 시간, 스트레스를 이겨낼 수 있도록 해주는 적절한 대응 전략을 통해 하루를 채워갈 수 있다. 유머감각을 기르고, 가차 없는 삶의 흐름을 느낄 때마다 그저 살아 있다는 사실 자체에 감사할 수 있도록 현재를 인생 전체의 관점에서 바라보는 감각을 키우는 것도 중요하다.

행복한 삶을 살기 위해서는 의미와 즐거움 가득한 활동으로 어떻게 하루를 만들어나갈지 배울 필요가 있다. 한 사람이 시간을 보내는 방법은 그가 어떤 사람인지 보여준다. 현재와 동떨어진 마법 같은 미래란 존재하지 않는다. 오늘이 바로 우리의 미래다. 삶이란 시시각각 펼쳐지는 사건들 그 자체다. 호흡과 식사, 수면 같은 기본적 욕구 외에도 우리에게는 매일 아침 침대를 박차고 나가게 만드는 삶의 동력이 있다. 우리는 기대와 목적의식을 채워줄 활동을 원한다. 그런 활동을 떠올릴 수만 있다면, 힘든 상황 속에서도 살아나 갈 힘을 얻을 수 있다.

우리 중 많은 사람이 부정적인 생각이나 투덜거림으로 하루를 시작한다. 우리는 주로 코앞에 닥친 걱정거리나 오늘 당장 처리해야 할 일들을 떠올린다. 어쩌면 눈을 뜨자마자 몸 어딘가에서 통증이 느껴질 수도 있다. 날씨가 춥거나 흐리거나 달갑지 않은 일정이 예정돼 있다면 우울함은 두 배가 된다. 하지만 우리는 그 와중에도 기대되는 일이나 감사할 일을 떠올리며 마음을 다잡을 수 있다.

글쓰기와 마찬가지로, 삶에서는 뭔가를 더하는 것만큼이나 빼는 것이 중요하다. 책임과 의무가 빼곡히 들어찬 '할 일 목록To do list' 같은 인생을 살고 싶어 하는 사람은 없다. 지나치게 급하고 빽빽한 일정에 맞춰 움직이다 보면 결국 모든 일이 성가시게 느껴질 것이다. 석양이 구름을 금빛과 구릿빛으로 물들이는 순간에는 페이스북 창을 잠시 끄고 하늘을 바라보자. 때로는 청구서 계산을 잠시 미뤄두고 손주들에게 옛날이야기를 들려주자.

단조로운 일상에 파묻혀 삶이 시시한 일의 연속이 되도록 내버려둬선 안 된다. 우리는 매일같이 작은 보상을 받길 원한다. 일이 뜻대로 풀리지 않을 때면 장미 꽃다발을 만들거나 초콜릿 바를 사거나 반려동물과 놀아주거나 친구와 티타임을 가져보자. 이러한 휴식은 우리에게 회복할 시간을 준다. 우리는 단 15분이라도 가만히 앉아서 쉬거나 마음 편히 책 읽는 방법을 배워야 한다.

일상에는 여백이 필요하다. 하루에 너무 많은 일정을 잡는 것은 현명한 선택이 아니다. 우리는 스스로 편안하고 만족스러운 방향으로 나아가길 원한다. 때로는 자신에게 꾸물거리거나 빈둥거리는 시간을 허락하자. 일정표에 '약속 잡지 않는 날'을 표시하고, 휴대 전화와 소셜미디어, 뉴스 없이 하루를 보내는 경험을 해보자.

나이가 들면 에너지 수준이 목표를 따라가지 못할 때가 생긴다. 우리 대부분은 활기차고 적극적인 일상을 간절히 바라면서도 현실적인 체력의 한계를 느낀다. 에너지는 귀중한 자원이며, 따라서 최대한 효율적으로 분배돼야 한다. 가장 중요한 것은 페이스 조절이다. 페이스를 무시하면 탈진해서 쓰러져서 며칠 동안 침울한 나날을 보내게 될 것이다.

노년의 삶에는 균형감각과 더불어 장기적 관점을 통해 극복해야 할 수많은 양극성이 존재한다. 우리는 고독과 우정, 일과 휴식 사이에서 균형을 잡기를 원한다. 건강에 집중하면서도 집착하지 않기 위해 노력한다. 체계적인 규칙과 즉흥적인 즐거움을 동시에 추구한다. 얼핏 뜬구름 잡는 소리처럼 들릴 수도 있지만, 우리는 실제로 매일 이러한 요소들 사이에서 균형을 찾으며 살아가고 있다. 지금 이 순간 밀린 집안일을 해야 할까, 아니면 친구와 콘서트에 가야 할까? 한때 열광했지만 수십 년간 읽지 못했던 책을 읽어야 할까, 아니면 새로운 책을 읽어야 할까? 과거에 가장 좋아했던 장소를 방문해야 할까, 아니면 새로운 곳을 여행해야 할까? 노후 자금을 마련하기 위해 더 많은 시간을 일에 투자해야 할까, 아니면 손주들과 시간을 보내기 위해 일하는 시간을 줄여야 할까?

평온하고 행복한 삶을 위해서는 건강한 스트레스 대처 방안이 필요하다. 스트레스를 해소해주는 좋은 습관을 계발하지 못한다면 자칫 음주나 마약, TV 중독, 쇼핑 중독과 같은 자기 파괴적인 습관에 빠질 수 있다.

아픈 언니를 간병하는 로라는 교회 성가대에서 노래를 부른다. 평일 리허설과 일요일 예배는 그를 기쁨과 소속감 가득한 세상으로 데려간다. 레이나는 정원 가꾸기를 좋아한다. 남편이나 다 큰 자녀들과 교감이 잘되지 않을 때면 언제나 정원으로 나가 잡초를 뽑고 장미나무에 물을 준다. 카라는 스케치북을 들고 머릿속에 떠오르는 이미지를 그대로 종이에 옮긴다.

마약에 중독된 딸을 향한 슬픔, 관절염으로 인한 신체적 고통, 양육권을 가진 조부모로서의 의무를 짊어진 실비아에게는 좋은 날보다 힘든 날이 훨씬 많았다. 일주일 동안 잠을 이루지 못한 그는 결국 새 주치의가 추천한 통증클리닉을 찾기로 결심했다.

예약하던 순간까지만 해도 불신을 품고 있던 그였지만, 약속 시간에 맞춰 도착한 클리닉의 환경은 예상 외로 나쁘지 않았다. 대기실에서는 작은 폭포가 흘러내렸고 시끄러운 TV 소리도 없었다. 이윽고 젊은 물리치료사가 그의 이름을 불렀고, 실비아는 창문과 화분이 가득한 방으로 안내받았다.

물리치료사 메건은 실비아의 물리적 통증과 그가 겪고 있는 삶의 고충에 관한 이야기를 한 시간 동안 묵묵히 들었다. 메건은 실비아의 이야기를 들으며 때때로 적절한 질문을 던졌고, 모든 대답을 선입견 없이 받아들였다. 자신에게 어떤 도움이 필요한지 정확히 알 순 없었지만, 실비아는 적어도 메건이 자신에게 해를 끼치지는 않으리라는 인상을 받았다. 메건은 하루에 몇 분씩이라도 믿을 수 있는 사람과 통증에 대해 대화를 나눠보라고 추천했다. "남편에게 얘기해볼게요. 루이스라면 제 얘기를 기꺼이 들어줄 거예요." 실비아는 저도 모르게 이렇게 대답하고선 스스로도 깜짝 놀랐다.

대화 처방과 더불어, 메건은 매일 통증을 1점에서 10점 사이로 평가한 뒤 점수와 더불어 자세한 느낌을 기록해보라고 권유했다. 실비아는 지금껏 한 번도 통증에 점수를 매기거나 기록해본 적이 없다. 하지만 물리치료사의 제안은 비싸거나 지나치게 부담스럽지 않았다. 정신없이 뛰어다니는 손주들을 돌보며 제대로 된 기록을 할 자신은 없었지만, 적어도 점수 정도는 어렵지 않게 매길 수 있을 것 같았다. 치료를 마치고 나오면서 실비아는 곧바로 다음번 예약을 잡았다.

두 번째로 클리닉을 방문했을 때, 실비아는 메건이 지난번에 해준 조언을 충실히 따랐으며 그 결과 큰 도움을 받았다고 말했다. 우선, 통증에 점수를 매김으로써 상황을 조금 더 객관적으로 볼 수 있었다. 루이스와 나눈 매일 5분의 대화는 부부 관계를 어느 정도 개선해줬다. 남편은 때때로 그의 팔을 다정하게 쓰다듬었고, 한번은 장난스럽게 엉덩이를 찰싹 때리기까지 했다. 메건과 실비아는 이 대목에서 함께 웃음을 터뜨렸다.

메건은 간단한 허리운동 몇 가지와 통증 완화에 도움이 되는 차를 알려줬다. 실비아가 수영을 좋아한다고 말했을 때는 인근 재활

병원의 온수 수영장을 이용할 수 있도록 일정을 잡아주겠다고 제안했고, 수영장 이용료를 의료보험에 청구할 수 있는지 여부도 확인해줬다. 실비아는 육아 스케줄을 조절해서 수영장에 다니기로 마음먹었다.

일주일 후, 그는 재활병원으로 차를 몰고 가서 거품이 이는 따뜻한 물속으로 뛰어들었다. 그날 밤에는 오랜만에 여덟 시간 동안 숙면을 취했고, 다음 날 아침에는 루이스와 손주들에게 팬케이크를 구워 줬다. 그는 요즘 일주일에 두 번씩 아이들을 남편에게 맡기고 물속에서 몸과 마음을 진정시키는 황홀한 시간을 보낸다.

실비아는 태어나서 처음으로 자신의 필요와 개인적인 우선순위를 노트에 적어 내려갔다. 그런 뒤에는 개략적인 일주일 치 스케줄을 짰다. 물론 그의 일정표는 대개 남편과 아이들을 위한 시간으로 채워졌지만, 그 사이사이에는 수영과 허리운동, 통증 일기, 교회의 여성 신도 모임 등이 붉은 펜으로 기록됐다.

붉은색 일정을 지키기 시작하면서, 그는 삶에 활기를 느끼기 시작했다. 통증클리닉에 막 다니기 시작했을 무렵 실비아가 매긴 통증 점수는 6점에서 7점 사이였지만, 지금은 2점에서 3점 사이로 줄었다. 밤에는 더 깊이 잠들고, 남편과의 대화도 점점 즐기게 됐다. 루이스는 이따금씩 대화를 마친 후 카드게임을 하자고 제안했고, 두 사람은 웃으며 그 시간을 즐겼다.

매주 일요일마다 실비아는 아이들을 주일학교에 보낸 뒤 여성 신도 모임에 참여했다. 그는 어느새 옛날처럼 농담을 던지는 자신의 모습을 발견했다. 일주일에 한 번씩 다른 여성들과 대화를 나눌 수 있다는 것은 큰 위안이 됐다. 그는 다른 여성들이 자신만의 시련을 어떻게 극복했는지 들었다. 한 여성은 남편과 불화를 겪는 중이었고, 두 명은 암과 싸우고 있었다. 한 사람은 골다공증으로 반복적인 척추 골절을 겪는다고 했다. 실비아는 자신이 세상에서 가장 고통스러운 사람이 아니라는 사실을 깨달았다. 사실 누가 인생의 고통에 순위를 매길 수 있겠는가? 하지만 자신의 삶과 친구들의 삶을 비교한 결과, 실비아는 자신의 삶이 더 낫다는 결론을 내렸다.

실비아가 통증을 점수로 평가한 것처럼, 우리는 자신만의 스트레스 요소에 10점 만점으로 점수를 매길 수 있다. 처음에는 모든 요소가 10점 만점에 11점짜리로 느껴지겠지만, 시간이 갈수록 진짜 10점짜리 고통은 거의 존재하지 않는다는 사실이 분명해질 것이다. 요리를 망치거나, 약속을 잊어버리거나, 도서관에서 빌린 책을 잃어버리는 것 정도는 아무리 해봤자 2점을 넘지 않는다. 불편한 감정에 점수를 매길 수 있게 되면, 삶을 균형 있게 유지하는 데 큰 도움을 받을 수 있다.

실비아는 전문가의 도움을 받아 좋은 나날을 만들어갈 계획을 세웠다. 우리 또한 같은 선택을 할 수 있다. 더불어 우리는 지나치게 외롭거나, 피곤하거나, 허기지거나, 화가 나지 않도록 자신의 상태를 항상 주의 깊게 살펴야 한다. 불편한 상황을 감지하면 즉시 조치를 취할 수 있다. 예컨대 우리는 느리고 깊은 호흡을 통해 몸의 반응도를 조절하는 법을 배울 수 있다. 하루 동안, 아니면 단 5분이라도 짧은 휴식을 즐길 수도 있다.

손님으로 북적이는 식당을 운영하는 욜란다는 쉬는 날마다 꼭 짬을 내서 마사지를 받는다. 일단 마사지를 받으면 휴일 동안 어떤 일이 일어나도 느긋하고 즐거운 마음으로 대처할 수 있고, 월요일 아침에는 완벽하게 컨디션을 회복한 채 일터로 돌아갈 수 있다.

주 정부 공무원인 롤라는 일주일 내내 재산세 관련 업무를 처리하고 화가 난 사람들을 상대하며 보낸다. 금요일 오후에는 초조함에 경련이 일어날 지경이 된다. 그는 남편에게 부탁해서 한적하고 아름다운 시골길로 드라이브를 나간다. 한두 시간 풍경을 즐긴 후에는 조용한 호숫가에 멈춰 서서 노을을 바라본다. 자연의 고요함과 싱그러움은 롤라의 불안을 진정시켜준다.

반복은 안정감을, 변화는 활력을 선사한다. 우리는 만족스럽고 규칙적인 일상과 신선하고 흥분되는 자극 사이에서 균형을 찾길 원한다. 단단하고 편안한 안전지대를 갖추되, 정기적으로 그곳에서 빠져나가고 싶어 하는 것이다.

대조되는 상황은 감각적 자각을 고조시킨다. 예를 들어, 썰매나 크로스컨트리 스키를 탄 후에 불가에 앉아 뜨거운 차나 코코아를 마시면 황홀한 기분이 든다. 차가운 물에서 수영을 한 후 즐기는 뜨거운 샤워는 행복감을 가져온다. 하루 종일 책상에 앉아 일을 했다면, 여유롭게 산책을 즐기고 신선한 채소가 가득한 식사를 준비하면서 다시 한번 감각의 세계에 들어갈 수 있다. 사람들과 부대끼며 지낸 하루 끝에 조용히 홀로 보내는 저녁은 축복처럼 느껴진다.

반대로, 한동안 외로운 시간을 보냈다면 떠들썩한 파티를 열고 싶을 것이다.

'주제 변경Subject Change'은 이러한 대조를 효과적으로 나타내는 표현이다. "지금은 주제 변경이 필요한 순간이야!"라고 말하고 뭔가 새로운 활동을 시작할 수 있다면, 똑같은 하루도 평소보다 훨씬 신선하게 느껴질 것이다. 휴가를 떠나는 것과 휴가지에서 집으로 돌아오는 것 모두 주제 변경이 될 수 있다. 업무에 매달려 열심히 일하다가 지인과의 전화 통화나 낮잠, 커피 한잔을 위해 잠시 멈추는 시간 또한 일상 속의 주제 변경이다.

한 활동을 멈추고 다음 활동을 시작하려는 순간, 우리는 행동을 효과적으로 전환할 수 있는 방법을 찾고 다음에 무슨 일이 일어나든 적극적이고 긍정적인 태도로 받아들일 준비를 갖출 수 있다. 예를 들어, 우리는 손님을 맞거나 전화를 받기 전에 잠시 숨을 고르며 다가올 시간에 집중할 마음의 준비를 할 수 있다. 이런 과정을 거친다면 누구를 만나든 상대방에게 진정으로 관심을 기울일 수 있다.

좋은 하루를 만드는 데 가장 중요한 요소 중 하나는 기대치를 관리하는 것이다. 문화를 막론하고, 행복은 합리적인 기대치와 연결돼 있다. 외식이든 휴가든 동창회든, 어떤 것에 대한 기대치가 높을수록 실망할 가능성이 커진다는 것은 누구나 이해할 수 있는 삶의 원리다. 인생에 아무런 문제가 없길 바란다면 실망과 불평이 뒤따를 수밖에 없다. 그런 이들에게 삶이란 문제 해결의 연속을 뜻할 것이다.

심리학자들은 세상에 두 가지 주된 유형의 사람이 존재한다는 사실을 확인했다. 기대 최소화형Minimizer은 늘 기대치를 낮게 유지하지만, 기대 최대화형Maximizer은 언제나 상황이 지금보다 좀 더 낫길 바란다. 기대 최대화형은 화창한 6월 저녁에 가장 좋은 장소에 텐트를 치고도 거미 한 마리 때문에 캠핑을 망쳤다고 생각한다. 반면 기대 최소화형은 현재 가진 것에 만족하고, 적당히 괜찮은 경험으로도 충분한 즐거움을 느낀다. 그들은 비록 캠핑 날에 비가 오고 핫도그를 깜빡했어도 그날을 재미난 에피소드로 추억할 가능성이 높다. 다행히도, 기대 최대화형 또한 연습을 통해 기대치를 낮추고 작은 실망을 오히려 인생의 재미 요소로 생각하는 방법을 익힐 수 있다. 그들은 시간이 흐를수록 더 큰 행복을 찾게 될 것이다.

나이 든 여성의 삶에는 예상치 못했던 큰 사건이 시도 때도 없이 찾아온다. 만약 인생의 강렬함과 신랄함을 있는 그대로 받아들이고 적절한 기대치를 가질 수 있다면, 우리는 삶을 있는 그대로 즐길 수 있을 것이다. 그레이스 이모는 내게 말했다. "난 언제나 원하는 것을 얻는단다. 내가 뭘 원해야 할지 알고 있기 때문이지."

합리적인 기대치를 유지하는 것과 비슷한 기술로 상황을 균형 있게 유지하는 기술이 있다. 우리 부부는 30년 전에 뇌종양으로 소중한 친구를 잃었는데, 그 뒤로 이성을 유지하기 힘든 상황을 만날 때마다 서로에게 이렇게 말한다. "이건 적어도 뇌종양은 아니잖아." 토네이도나 허리케인으로 집을 잃었을 때, 뛰어난 회복력을 지닌 사람이라면 이렇게 말할 것이다. "아무도 안 죽었으니 얼마나 다행이야?"

삶이 괴로울 때는 최대한 단기적인 관점에서 생각해보자. 장기적으로 보면 우리 모두는 죽는다. 하지만 단기적으로는 우리 모두가 하루에 한 가지씩 행복에 대한 계획을 세울 수 있다. 삶의 무게가 특히 무겁게 느껴지는 순간이면, 앞으로 10분 동안 무슨 일을 할 수 있을지 한번 떠올려보자.

이러한 관점을 조금 응용하면 복잡한 프로젝트를 한 단계씩 분해해서 처리하는 중요한 기술을 익힐 수 있다. 어린이 합주반의 선생님들은 이 전략을 정확히 이해하고 있으며, 덕분에 아주 작은 걸음에서 시작해서 아이들이 복잡한 교향곡을 연주할 수 있도록 가르친다. 이사처럼 복잡한 과정 또한 할 일을 작은 단계로 나눠서 조금씩 해나갈 수 있다. 나는 도저히 엄두가 안 나는 일을 맞닥뜨릴 때마다 '한 시간 규칙'을 적용한다. 이 일에 하루에 딱 한 시간씩만 투자하자고 자신을 다독이는 것이다. 그러다 보면 어느새 문제가 해결돼 있다.

우리에게 주어진 진짜 시간은 스스로 인지하고 있는 시간뿐이다. 어쩌면 우리가 자신에게 줄 수 있는 최고의 선물은 삶의 속도를 늦추고 한 번에 한 가지 일만 하는 연습을 하는 것일지도 모른다. 대부분의 사람은 그러는 데 어려움을 겪는다. 심리학자 마틴 셀리그만Martin Seligman의 최신 연구에 따르면, 인간은 기본적으로 미래를 예측하고 계획하며 걱정하는 데 얽매여 살아가는 존재다. 한 번은 내 친구가 이렇게 말한 적이 있다. "내가 단 한 번이라도 진짜 '현재'를 살았던 적이 있을까? 지금 이 순간과 나 사이에는 너무나 많은 벽이 있는 것 같아."

미래에 대한 고민을 거둔다면, 세상은 보다 크고 흥미로운 장소가 될 수 있다. 나는 얼마 전 손자 콜트레인에게 부품을 자르고 붙여가며 만드는 모형 배 조립 세트를 선물했다. 손자는 내 선물을 몇 분쯤 가지고 놀더니 이내 흥미를 잃은 듯 전자 피아노를 켜고는 노래를 부르며 춤을 추기 시작했다.

나는 한동안 그 아이를 조립 세트로 유인하기 위해 노력했다. 심지어 "할머니 혼자서는 바이킹 배를 만들 수가 없는데……"라며 우는소리까지 냈다. 하지만 콜트레인은 아랑곳 않고 춤을 췄다. 그 순간, 갑자기 현재에 충실하자는 결심이 찾아왔다. 나는 자리에서 일어나 손자와 함께 노래하고 춤을 췄다. 새로운 노래를 만들려고 낑낑대는 아이에게 '천둥'이나 '산' 같은 단어를 알려주기도 했다. 노래는 한층 우스꽝스러워졌고, 우리 둘은 함께 웃음을 터뜨렸다. 나는 이 즐거운 경험을 통해 현재에 충실한 태도가 얼마나 중요한지 깨달았다.

서두르지 않겠다고 결심하는 순간, 삶은 한층 단순해진다. 우리는 할 일 목록을 창밖으로 던져버리고 그 순간에 충실해야 할 때가 언제인지 배울 수 있다. 예를 들어 나이 든 고양이가 무릎으로 뛰어 올라오면 하던 일을 멈추고 그 폭신한 친구를 꼭 안아줄 수 있다. 잡지를 읽고 있는데 손주가 찾아와 쿠키를 굽고 싶다고 말하면 즉시 책을 덮고 계량수저와 밀가루, 설탕을 찾아줄 수 있다. 차고를 정리하고 있는데 친구가 찾아와 산책을 하자고 말하면 이렇게 대답할 수 있다. "그래. 너무 좋아. 당장 나가자!"

엘로이즈는 주어진 일에 우선순위를 매기고 삶에 감사하는 능력이 세상 누구보다 뛰어난 여성이었다. 4년 전 남편을 폐질환으로 잃었을 땐 다시 행복해질 수 없을지도 모른다는 생각이 들었지만, 그는 결국 삶을 다시 일으켜 세웠다. 그는 상실을 딛고 좋은 삶을 살기 위해 꼭 필요한 태도와 기술을 잘 갖추고 있었다.

그의 남편 빌 클러프콘Bill Kloefkorn은 네브래스카 웨슬리안대학교의 영문학과 교수이자 네브래스카주를 대표하는 시인으로, 바다 같은 마음과 그 못지않게 넓은 인생관을 갖춘 사람이었다. 엘로이즈와 빌은 고등학생 때부터 알고 지내던 사이였다. 남편이 세상을 떠난 뒤, 그는 슬픔을 다스리며 의미 있는 일을 통해 외로움을 극복했다.

나는 얼마 전 그가 지내고 있는 노인보조 주거시설에 방문했다. 시설 입구에서 엘로이즈와 마주쳤을 때, 나는 예상보다 훨씬 활기찬 그의 모습에 깜짝 놀랐다. 아담하고 날씬한 그는 밝은 갈색 눈동자를 빛내며 내게 새로운 보금자리를 자랑스레 소개해줬다.

우리는 여행사와 은행, 약국이 즐비한 '메인 스트리트'를 따라 내려간 뒤 금붕어가 노니는 분수와 밝은 조명으로 가득한 카페테리아를 지나쳤다. 엘로이즈는 카페테리아 바깥의 오솔길을 가리키며 그 길이 우리 도시의 산책로와 연결된다고 말했다.

마침내 우리는 계단을 올라가 아파트 3층에 위치한 엘로이즈의 집에 도착했다. 그는 자신이 가장 좋아하는 장소라고 말하며 숲이 내려다보이는 발코니를 가리켰다. 그곳에 앉아 책을 읽거나 새와 야생동물을 관찰할 때가 인생에서 가장 행복한 순간이라고도 말했다.

엘로이즈와 나는 빌의 사진과 생전에 그가 수집했던 도자기 돼지 인형으로 가득한 거실에 앉았다. 엘로이즈는 커피를 만들면서 자신이 여전히 건강하며 운전도 계속한다고 말했다. 그는 친구나 가족, 친척과도 좋은 관계를 유지하고 있었다.

"빌이 막 세상을 떠났을 때는 이사할 생각조차 들지 않았어요. 그저 슬픔에 빠져서 지냈죠." 그는 남편과 함께 살던 집에 3년을 더 머물렀다. 하지만 작년 초겨울, 대대적인 집수리가 필요한 상황이 닥치자 결국 이사를 결심했다. 자녀들 중 한 명은 어머니가 집을 내놓는 것을 반대했지만 그는 이렇게 말하며 자녀를 달랬다. "아버지는 내가 안전한 곳에서 행복하게 지내길 바라실 거야."

엘로이즈는 자신이 어떻게 빌을 기리고 있는지 들려줬다. 그는 때때로 '빌의 바위'라고 이름 붙인 바위를 찾아가고, 그 곁에 앉아 가족들의 최근 소식을 전해준다고 했다.

링컨에 있는 클러프콘초등학교는 빌의 이름을 딴 것이다. 아이들은 4학년 때 빌의 일생과 작품에 대해 배운다. 엘로이즈는 일주일에 몇 번씩 그 학교를 방문해서 아이들에게 빌에 관해 들려준다고 말했다. 생전의 그가 어떤 사람이었는지 알려주고, 아이들이 그의 시를 암송할 수 있도록 돕는 것이다. 아이들은 종종 빌의 죽음에 대해 묻고, 그는 최대한 솔직히 대답해준다. 아이들은 엘로이즈 또한 언젠가 죽게 되는지 궁금해했다. 그럴 때면 그는 이렇게 대답했다. "사람은 누구나 죽는단다. 가장 중요한 건 살아 있을 때 행복한 인생을 누리는 거야."

아이들은 엘로이즈 같은 할머니와 대화하는 경험을 통해 감정의 문을 활짝 열 수 있다. "어떤 애들은 자신의 할머니나 할아버지가 돌아가셨을 때 얘기를 하기도 해요. 나는 그저 곁에 앉아서 묵묵히 들어주죠." 그가 말했다.

엘로이즈는 친척이나 친구를 잃는 경험에 대해서도 이야기했다. 그는 노트에 친구나 지인의 죽음을 날짜별로 기록하고 있었다. "세상 모든 사람은 사랑하는 이들을 계속 잃게 되잖아요. 하지만 그 사실도 우리가 좋은 시간을 보내는 걸 막을 순 없어요."

그는 새 보금자리의 합창단에서 노래를 부른다. 매끼 식사 후에 시설 내 산책로를 함께 걷는 '1마일 걷기 클럽'의 멤버가 됐고, 실내 독서 모임에도 가입했다. 엘로이즈는 사람들과 함께 보내는 시간을 좋아하지만, 그만큼 혼자 누리는 자유로운 시간 또한 즐긴다고 말했다. 가십꾼이나 매사에 불평하는 사람들과 함께 있을 때면 마음이 불편해지기 때문에 자연스레 피하게 됐다. 때로는 방에서 혼자 책을 읽는 것만으로도 행복해졌다.

그의 친한 친구 중 한 명은 네브래스카 웨슬리언대학교에서 일하던 남편을 잃은 또 다른 미망인이다. 두 사람은 사랑하는 이의 죽음을 함께 슬퍼했고, 이제는 정기적으로 아침 식사를 함께하거나 외출을 나가는 친구가 됐다.

엘로이즈는 쾌적한 주거 환경과 질 높은 삶을 누릴 수 있다는 데 감사한다. 그도 남편도 큰돈을 벌어들인 적은 없지만 그들은 늘 검소한 삶을 살았다. "이런 곳에서 살 수 있을 만큼 저축을 해둬서 얼마나 다행인지 몰라요. 이런 행운을 누리지 못하는 친구들도 많거든요." 엘로이즈가 말했다.

그는 내게 냉장고에 붙여둔, 초등학생들이 선물해준 그림을 보여줬다. 그중에서 나는 커다랗고 아름다운 돼지 밑에 '내 친구 클러프콘 할머니에게'라고 쓰인 그림이 가장 마음에 들었다.

엘로이즈는 뛰어난 인생 항해술을 지니고 있으며, 스스로 좋은 날을 만드는 법을 알고 있다. 빌을 잃은 뒤 그는 슬픔을 극복하고 행복해지는 길을 찾아냈다. 관리하기도 쉽고 유쾌한 이웃이 가득한 새 집으로 이사했고, 합창단에서 노래를 부르는 동시에 혼자 있는 시간을 만끽한다. 평생 동안 유지해온 건강한 습관을 통해 삶의 균형을 잡고 있다. 그는 인생에서 무엇을 추구해야 하는지, 그리고 그것을 얻었을 때 어떻게 즐겨야 하는지를 아는 중요한 기술을 갖추고 있다.

우리는 스스로 추구하는 것을 찾게 된다. 유머와 아름다움, 즐거움을 찾는 사람은 주변에서 바로 그 가치를 발견할 것이다. 엘로이즈는 언제 어디서든 사랑의 증거를 찾아내길 좋아한다. 손을 꼭 잡고 버스를 기다리는 커플이나 아이스크림콘을 손에 들고 병원으로 들어가는 은발의 노부인, 연주회에서 진지하게 첼로를 켜는 어린아이의 모습을 보면 우주가 사랑으로 가득하다는 증거를 발견했다는 생각에 기쁨이 밀려온다고 했다.

태도는 의식을 바꾼다. 행복을 찾기 위해서는 신경 써야 할 것과 그러지 말아야 할 것을 구분할 줄 알아야 한다. 승마를 즐기는 사람들은 말이 기수의 시선에 따라 움직인다는 사실을 안다. 우리에겐 자신이 보고 싶은 것이 무엇인지, 있고 싶은 곳이 어디인지 배울 기회가 있다.

하루의 마무리는 좋은 날의 필수적인 부분이다. 잠이 들길 기다리는 동안 우리는 하루 동안 배우고, 즐기고, 행복과 자부심을 느꼈던 일들을 떠올리면서 마음을 어루만질 수 있다. 때에 따라서는 기도나 명상을 할 수도 있다. 걱정보다는 이런 활동이 평온을 찾는 데 훨씬 큰 도움을 준다.

나는 어젯밤 죽음과 감옥, 학대받는 아이들이 나오는 악몽을 꾸다가 새벽 4시경 잠에서 깼다. 너무나 떨린 나머지 다시 잠을 이룰 수도 없었다. 나는 잠시 동안 심호흡을 했다. 그런 뒤에는 세상 모든 고통받는 이들을 위해 기도했고, 콜로라도주 플래글러에 있는 우리 할머니의 작은 집을 떠올리려고 노력했다.

벌써 45년 이상 그 집에 가지 않았지만, 나는 여전히 할머니의 화장대 위에 놓인 사진들과 카드게임을 하는 거실의 테이블, 물푸레나무가 내려다보이는 식당의 창문, 주방에 있던 작고 빨간 테이블과 스토브 앞에서 요리하는 할머니의 뒷모습을 선명히 떠올릴 수 있었다. 지하 저장고에 쌓여 있던 과일 병조림도 생각났다. 할머니가 직접 만든 푸른 자두 조림의 맛과 할머니가 주방 선반에 접시를 정리하던 방식까지 이내 기억할 수 있었다. 나는 할머니가 오트밀과 당밀 쿠키를 가득 넣어두던 과자 단지를 생각하면서 다시 잠에 빠져들었다.

11장
공동체에 참여하기

피부를 코뿔소 가죽처럼 단단하게 만들어라.
어떤 말도 고깝게 받아들이지 말고,
누구에게도 원한을 품지 마라.
하루를 마치면서 그날 있었던 일은 마무리해라.
쉽게 낙담해서는 안 된다.
끊임없이 패배를 받아들이고,
자신을 일으켜 세우고,
계속 앞으로 나아가라.

엘리너 루스벨트

공감은……
가장 혁명적인 감정이다.

글로리아 스타이넘

＊

　노라와 로저는 성인이 된 후 대부분의 삶을 교외의 작은 지역 사회에서 보냈다. 은퇴를 하게 됐을 때, 그들은 마을에 뭔가 도움이 되는 일을 하기로 결심했다. 한창 대화를 나누던 두 사람은 문득 마을 전체에 공원이 하나도 없다는 사실을 깨달았고 이 상황을 개선하기 위해 친구들을 모았다. 그들은 자금을 모으고, 핵심 주거 지역 인근에서 적당한 땅을 찾고, 허가를 받기 위해 온갖 행정적인 절차를 밟아야 하는 장기 프로젝트를 계획했다. 4년 후, 두 사람이 결성한 그룹은 마침내 나무를 심고, 분수대와 놀이터 시설을 설치하고, 미니 골프와 테니스를 칠 수 있는 코트를 만들었다.

　노라와 로저는 프로젝트가 한창이던 무렵 돌아가신 노라의 어머니를 위해 은행나무를 심었다. 그들은 매일 저녁 공원을 산책했고, 가족들이 소풍을 즐기는 모습을 기쁜 마음으로 바라봤다. 두 사람이 세상을 떠난 후에도 이 마을에는 어른과 아이가 함께 즐길 수 있는 장소가 쭉 남아 있을 것이다.

행동은 절망을 이기는 해결책이다. 세상에 도움이 될지 안 될지는 알 수 없지만, 적어도 우리에게는 늘 도움이 된다. 우리는 마을 정원을 가꾸거나, 좋은 일에 시간과 돈을 기부하거나, 양극화된 우리 사회의 구성원들이 서로를 존중하고 공감하도록 돕는 것과 같이 희망적인 일에 참여하면서 실제로 희망을 얻을 수 있다.

우리 나이 든 여성들은 지역사회 활동에 특히 적합하다. 우리에게는 수십 년에 걸쳐 쌓은 많은 기술과 다양한 분야에 걸친 노하우가 있다. 우리 중 많은 이는 같은 장소에서 오랫동안 살아왔고, 따라서 해결해야 할 문제가 뭔지, 다수의 행복을 위해 어떤 시스템이 갖춰져야 하는지 잘 알고 있다. 운이 따라준다면, 우리는 사람들과 자원을 서로 연결하는 '커넥터Connector' 역할을 할 수 있다.

우리에게는 오래 산 사람 특유의 지혜와 세상에 대한 지식, 그리고 복잡하면서도 장기적인 문제를 다룰 여유 시간이 있다. 우리는 의사결정권을 가진 사람들과 관계를 발전시키고 정보에 접근할 수 있으며 아이들과 청소년, 노년층을 도울 수 있다. 의지만 있다면 얼마든지 방법을 찾을 수 있다. 스스로의 힘에 대한 믿음은 실제로 힘을 만들어낸다.

세계적인 이슈에 관심을 갖고 큰 변화를 이끌어내려는 사람들도 종종 자신이 지역사회에서 가장 큰 변화를 이끌어낼 수 있다는 사실을 뒤늦게 깨닫는다. 자신이 사는 장소야말로 우리가 가장 많은 지식을 가지고 있고 영향력을 미칠 수 있으며 열정을 발휘할 수 있는 곳이다. 교육, 환경, 공공경영, 사회정의를 포함하여 어떤 분야에 관심을 갖고 있든 간에, 우리는 대개 집에서 가까운 곳에서 일할 때 능력을 가장 효과적으로 발휘할 수 있다.

린은 내가 참여한 고스트랜치 수련회에서 합창을 주도했던 여성이다. 그는 아름다운 목소리를 가진 활기찬 리더였다. 수련회가 끝날 무렵, 나는 그에게 인터뷰를 해줄 수 있는지 물었다.

린은 남편 모데카이를 떠나보낸 뒤 다섯 아이를 홀로 키웠다. 그의 남편은 필라델피아에서 사회운동과 지역사회 조직에 평생을 헌신한 인물이었다. 린은 남편의 일을 존경했지만, 아이들을 키우느라 너무 바빠서 제대로 참여하진 못했다. 마침내 막내가 독립했을 때에야 린은 남편이 생전에 하던 일에 좀 더 깊이 관여하게 됐다. 그의 관심을 끈 이슈는 환경문제와 세계적인 난민 문제였다. 그는 '의식 있는 어른들의 모임Conscious Elders Network'이라는 단체를 조직하여 대의에 참여하고 싶은 노년층의 열망을 자극했고, 실제로 전국 각지의 사람들이 이 단체에 가입했다.

린은 자신이 어른답게 스스로를 포용하고 있다고 느낀다. 그는 나이 든 이가 책임감을 갖고 문제를 해결하는 모습을 묘사하는 '어른다움'이라는 표현을 좋아한다. 현재 만 67세인 그는 자신에게 세상을 바꾸는 데 적극적으로 참여할 시간이 10년에서 15년쯤 남아있다고 생각한다.

"지금은 제게 영광의 시절이에요. 저는 인생의 그 어느 시점보다 자유롭고 힘이 넘치거든요." 그가 말했다.

나이 듦에 따라 생각은 깊이를 더해갔다. "지금의 제게는 커다란 문제를 고민할 여유 시간이 있어요. 애정으로 연결된 관계와 의미 있고 활기찬 생활이야말로 성공적인 노년기에 대한 정의라고 생각해요."

린은 호기심 어린 태도로 죽음을 맞이하고 싶으며, 자신이 존재함으로써 세상이 조금이라도 더 나은 곳이 됐다고 느끼길 원한다고 말했다. "이 세상에 태어나고 인생을 누릴 수 있었던 것은 특권이자 영광이었어요. 나이 들어가면서 지난 실패를 후회하기보다제가 이룬 것들에 더 집중하고 싶어요."

린은 삶이라는 것이 세상을 떠나는 순간까지 일구고 싶은 정원이라고 생각한다. 그 정원에 좀 더 많은 색과 깊이를 더하고, 최대한 많은 곳에 빛을 비추는 것이 그의 소망이다.

우리 모두는 누군가에게 무언가를 줄 수 있다. 어떤 재능이라도남과 나누며 살 수 있다. 옆집에 사는 고독한 이웃을 한 번씩 들여다볼 수도 있고, 노숙자들에게 옷가지를 나눠줄 수도 있고, 병원이나 무료 급식소에서 자원봉사를 할 수도 있다. 주일학교에서 아이들을 가르치거나 각종 위원회에서 일할 수도 있다. 공원에서 쓰레기를 줍거나 거동이 불편한 분들에게 식사를 배달해주는 활동에참여할 수도 있다. 세상에는 모든 종류의 재능과 흥미를 발휘할 수있는 분야가 존재한다.

내가 아는 행복한 여성 중 상당수는 적극적인 행동주의자들이다. 나는 이 글을 쓰면서 폐수 유출에 대한 청문회에서 성경 문구를 인용하던 낸시나 젊은 공직 후보자들을 위해 기금모금 행사를개최하는 크리스티의 모습을 떠올렸다. 우리는 좋아하는 일을 하면서 다양한 연령대나 다른 관점을 가진 사람들과 교류할 수 있다.세상에 대해 더 많이 배울 수도 있다. 작가 데이비드 브룩스David

Brooks는 한 달에 한 번 정기적으로 참석하는 모임을 만들면 수입을 두 배로 늘리는 것과 같은 정도의 행복을 누릴 수 있다고 말했다. 이러한 주장을 경제적으로 어려운 가정에까지 적용할 수 있을지는 모르겠지만, 어쨌든 좋은 공동체 활동이 기본적으로 행복의 밑거름이라는 사실은 분명하다.

행동주의는 복잡한 속성을 지니고 있다. 행동을 통해 원하는 것을 이루면 희열이 느껴지지만, 중요한 문제에서 실패를 맛보면 크나큰 좌절이 찾아온다. 게다가 중간에 지쳐 나가떨어지고 싶지 않다면 적극적인 활동에도 분명한 경계선을 그어놓아야 한다. 열정적인 사람은 매일 매 시간 중요한 일을 찾아내곤 한다. 내게는 토요일 밤 12시라도 기후변화나 정치문제에 새로운 이슈가 생기면 즉시 이메일을 보내는 지인들이 있다. 하지만 우리는 열정적인 활동에서도 균형을 잡기 위해 노력해야 한다. 일하는 것도 중요하지만 쉬는 것도 중요하다.

샌디는 링컨으로 이사를 오자마자 여러 가지 자원봉사 프로젝트에 몰두했다. 책임감 있고 지적인 그는 얼마 안 가 함께 일하는 모든 사람에게 인정받기 시작했다. 하지만 그로부터 6개월 후, 그는 일하던 모든 프로젝트에서 손을 떼야 했다. 도움이 되고 싶다는 열망에 자신을 너무 몰아붙인 나머지 완전히 지쳐버린 것이다. 나는 그가 얼마 동안 몸과 마음을 추스른 후 다시 한번 좋은 일을 향한 열정을 되찾을 수 있기를 바란다. 그는 이번 일을 통해 자신을 보호해야 한다는 교훈을 얻었을 테고, 따라서 다음번에는 지치지 않고 지속적으로 원하는 일을 할 수 있을 것이다.

이러한 경고는 우리 모두에게 적용된다. 정도를 넘어 지나치게 행동하는 것은 좋지 않다. 현실적으로 일주일에 한 시간밖에 남을 도울 수 없다면, 그냥 그렇게 하는 편이 옳다. 낮잠을 사랑하거나 밤 9시에는 잠자리에 들어야 하는 사람이라면 자신의 필요를 해치지 않는 선에서 참여할 활동을 찾을 수 있을 것이다. 사람보다 동물을 더 돕고 싶다면 역시 그에 맞는 활동을 찾으면 된다. 삶의 이 단계가 허락하는 매우 큰 즐거움 중 하나는 우리에게 휴식을 취하고 삶을 마음껏 누릴 자유가 있다는 것이다. 휴식을 소홀히 하면 결국 타인을 돕는 것이 자신에게 좋지 않다는 결론에 도달할 수밖에 없다. 이는 세상에도 우리에게도 슬픈 일이다.

우리 모두는 남들에게 도움이 되길 원하지만, 자신의 시간을 낭비하고 싶어 하진 않는다. 다양한 정보를 얻길 원하지만, 자신의 능력으로 해결할 수 없는 일까지 지나치게 걱정하지는 않길 바란다. 나는 '실천 가능한 지성Actionable Intelligence'과 개인적으로 '실천을 방해하는 지성Distractionable Intelligence'이라고 부르는 개념을 명확히 구분하고 있다.

내가 사는 지역인 네브래스카의 예를 들자면, 예전에 대기업의 닭고기 가공 공장이 우리 지역의 강 상류 부근에 건축 허가를 신청했다는 정보가 퍼진 적이 있다. 이 공장은 공기와 물을 오염시키고 지역 주민의 건강을 위험에 빠뜨릴 가능성이 컸다. 시민들은 이 정보에 따라 정책 결정자들에게 전화를 걸고 시위를 조직하고 지역 주민을 대상으로 교육 프로그램을 준비했다. 하지만 우리로서도 바다가 산성화되거나 만년설이 녹고 있다는 정보에 대해서는 당장 직접적인 대응책을 마련할 수 없고, 그저 깊은 무력감을 느낄 뿐이다.

우리 중 누구에게도 혼자서 세상을 구할 책임은 없다. 하지만 주어진 상황에서 최선을 다할 수는 있다. 그리고 최선을 다한다는 말은 보통 다른 사람들과 함께 일한다는 뜻이다. 같은 일을 해도 집단이 개인보다 효율적일 수 있다. 우리는 함께 일하는 과정에서 목표를 공유하고 짐을 나누며 위안을 얻는다.

모든 지역사회에는 우리가 능력을 발휘할 수 있는 장소가 있다. 어떤 열정과 재능을 지녔든, 우리는 자신의 능력을 세상의 발전과 연결해줄 공동체를 찾을 수 있다. 우리에게는 좋은 사람들로 구성된 단체를 직접 선택할 권리가 있다. 나를 불편하게 하는 사람들을 견디면서까지 지속해야 할 공동체 활동은 존재하지 않는다.

공동체 만들기는 생각보다 어렵지 않다. 처음에는 단 한 명의 친구와 커피를 마시면서 뜻을 모아도 된다. 일단 목표가 분명해지면 다른 사람들에게 참여를 요청할 수도 있다. 가장 효과적인 선택은 목표에 도움을 줄 특정한 지식이나 기술을 가진 사람이 주변에 있는지 알아보는 것이다. 초대받은 사람들에게만 가입을 허락하면 확실히 의지할 수 있는 사람들과 함께 일할 수 있다.

나는 지난 8년간 우리 주에 석유 운송관인 키스톤 XL 파이프라인Keystone XL Pipeline 매설 공사를 막는 공동체 활동에 참여해왔다. 이 모임은 우리 정원에서 자두나무 손질을 돕던 청년 브래드와 세계적인 기후변화에 대한 대화를 나누다가 결성됐다. 우리는 똑같은 걱정을 하고 있었고, 얼마 후 뜻이 맞는 친구 몇 명을 우리 집에 초대해서 저녁 식사를 들며 무슨 일을 함께할 수 있을지 얘기해보자는 데 동의했다. 그로부터 8년이 흐르는 동안 우리 모임은 점점 강해졌다. 현재 우리는 키스톤 XL 파이프라인뿐 아니라 청정에너지, 지역 음식 홍보, 기후변화 교육, 상수도 보호와 같은 문제를 두루 다루고 있다.

적어도 지금까지 우리 모임은 파이프라인 건설 중지를 포함해서 많은 성과를 얻었다. 환경보호론자들이 선거에 출마하도록 장려하고, 입법부와 시민들을 대상으로 환경문제에 대한 인식을 촉구했다. 하지만 우리의 가장 큰 업적 중 하나는 구성원들의 마음을 하나로 모았다는 점이다. 우리는 재미와 배려를 강조한다. 한 달에 한 번은 구성원의 집에서 포틀럭 파티를 열어 맛 좋은 와인과 각자가 직접 장만한 음식을 맛본다. 회의는 딱 진지함을 해치지 않을 만큼 즐겁고 유쾌한 분위기 속에서 진행된다. 목표와 재미는 우리가 오랜 세월 함께할 수 있었던 두 가지 중요한 주춧돌이다.

물론 각자가 맡은 일 자체는 단조롭고 지루하다. 하지만 우리는 같은 일도 최대한 재미있게 하려고 노력하며, 어렵지만 꼭 필요한 프로젝트에 도전할 때는 서로를 응원한다. 우리는 심각하고 중요하다고 생각하는 문제를 해결하기 위해 1년, 또 1년을 함께 보내왔고 그사이에 다양한 이슈에 대한 정보를 교환하고 행동 계획을 세웠다. 우리 모임의 가장 어린 구성원은 갓난아기 때 가입한 밥이지만, 대부분의 멤버는 20~30대 청년과 만 65세 이상의 노년층이다. 그 사이에 있는 연령대는 인구통계학적으로 아이를 키우느라 외부적인 문제에 신경을 쓰지 못하는 경향이 있다.

함께 일하는 과정은 매우 재미있다. 우리 나이 든 여성들은 모임을 주최하고 간단한 식사를 준비한다. 우리는 대개 인맥이나 자원을 잘 갖추고 있고, 지역 행정 시스템을 잘 이해하고 있다. 젊은 사람들은 에너지가 넘치고, 주로 육체적인 힘이나 소셜미디어 지식이 필요한 분야에서 활동한다. 상당수의 젊은 구성원이 예술가고 음악 관련 활동에 참여 중이기 때문에 사람들의 인식을 촉구하는 축제나 교육 포럼, 콘서트를 개최하기도 수월하다. 우리는 서로에게 배울 점이 너무 많다.

우리는 환경보호를 위한 행동을 하는 정치인들에게 사과 파이를 구워서 선물하곤 한다. 사과 파이 증정식에는 언제나 기자들이 초대되고, 덕분에 우리에게 선물을 받는 이들의 얼굴은 긍정적인 이미지로 신문 지면에 실린다. 게다가 집에서 만든 파이 선물을 싫어할 사람이 어디 있겠는가?

우리는 세상의 각종 문제를 넋 놓고 바라보거나 마냥 슬퍼하고 절망하는 대신 공동체를 만들었고, 그 속에서 서로를 돌보며 점점 성장해나갔다. 마틴 루터 킹 목사는 서로 사랑하는 공동체에 참여하는 것이 곧 대의를 위한 활동이라고 말했다. 우리 공동체의 구성원들은 정확히 그런 기분을 느끼며 일한다.

물론 우리 모두가 공동체를 직접 만들어야 하는 건 아니다. 기존에 있던 공동체나 사회봉사 조직에 가입하는 것도 좋은 방법이다. 내 이웃 여성 몇 명은 투표소에서 자원봉사를 한다. 요양원에서 노래를 부르는 작은 합창단에 가입한 친구들도 있다. 가장 중요한 것은 자신의 강점과 재능을 파악하고 우리 지역사회를 위해 그 능력을 활용하는 것이다.

나는 얼마 전 아프리카계 미국인을 대상으로 운영되는 지역 문화회관인 말론센터Malone Center의 운영자 세 명을 만났다. 엘라와 코린은 60대고 샤론은 만 75세였다. 코린은 청바지에 면 티셔츠를 입은 포동포동하고 편안한 인상이었고, 샤론은 프린트 원피스에 세심하게 정돈된 머리와 화장을 하고 있었다. 부드러운 말투와 연약한 인상의 엘라는 그들 사이에 앉아 가볍게 고개를 끄덕이거나 동료들의 팔을 두드리면서 대화를 격려했다.

코린은 자신을 신앙심이 매우 깊은 사람이라고 소개했다. 그의 아버지는 교회에 다니라는 유언을 남기고 돌아가셨다. 딸이 서로를 사랑하는 공동체에 참여하길 원했던 것이다. 그전까지만 해도 그런 생각을 해본 적이 없었지만 코린은 아버지의 충고에 따랐고, 그때의 결정에 감사하고 있다. 그 덕분에 함께 웃고 서로 돌보며 같이 있을 때 안정감을 느끼는 관계를 손에 넣었기 때문이다. 현재 그의 가장 큰 목표는 신에게 한 걸음 더 다가가는 것이다.

암을 극복한 엘라는 건강을 유지하기 위해 열심히 일하는 유형이다. 그는 평생 배움을 게을리 하지 않았으며, 지금도 지역 전문대학교에 다니며 아프리카계 미국인의 역사를 공부하고 있다. 적십자에서 자원봉사를 하고 위험한 환경에 있는 청소년들에게 멘토링을 제공한다. 남는 시간에는 이웃들을 살피고, 부적절한 말이나 행동을 하는 아이를 발견하면 더 바르게 행동하도록 격려한다. 처음에는 엘라의 조언을 귀찮게 여기던 아이들도 이제는 모두 그를 좋아하고 존경한다. "우리 마을 아이들은 더 이상 예전처럼 무례한 모습을 보이지 않아요." 그가 말했다.

샤론은 평생 행동주의자로 살아왔으며, 모든 인종의 사람들을 돕는 데서 보람을 느낀다고 말했다. 경력의 대부분을 복지기관에서 보낸 그는 현재 가석방된 사람이나 가정 폭력에서 탈출한 이들의 재활을 돕는 공동체를 운영한다. 샤론의 역할은 그들에게 자립심을 길러주는 동시에 지역사회의 책임감 있는 성인 구성원이 되도록 가르치는 것이다.

샤론과 엘라, 코린은 사방에서 러브콜을 받고 있다. 물론 기꺼이 돕고 싶지만, 그들에게는 노년의 삶을 즐기는 것 또한 중요한 과제이기에 어떤 일을 수락할지 신중하게 판단하고 결정하는 편이다. 엘라는 "생각해볼게요"라고 말하는 법을 배웠다. 셋 모두 하루 동안 심사숙고하지 않고는 어떤 요청도 받아들이지 않는다는 원칙을 세워두고 있다. 그들은 해가 질 무렵 일을 멈추고 일요일에는 반드시 휴식을 취한다. "신도 일요일에는 일하지 않아요." 코린이 말했다.

그들은 모두 취미를 갖고 있다. 코린과 샤론은 느긋한 시골길 드라이브에 푹 빠져 있다. 샤론은 토요일 저녁마다 춤을 추러 나가고, 엘라는 독서와 음악 감상을 즐긴다. 셋 모두 카드게임과 낱말 맞추기 게임을 좋아한다.

세 여성은 역사적으로 아프리카계 미국인들이 주로 거주했던 말론 지역에서 쭉 살고 있다. 그들은 마을의 옛날과 지금 모습이 엄청나게 다르다는 사실을 인정한다. 그들이 자라던 시기에 말론은 강인하고 활기찬 지역사회를 자랑했다. 사람들은 서로를 잘 알고, 이웃의 사정을 적극적으로 챙겼다. 샤론이 웃으며 말했다. "모두가 서로에게 관심을 기울이니까 아무도 나쁜 짓을 할 수 없었죠."

과거에는 많은 어른들이 지역 구성원들을 적극적으로 도왔다. 코린의 어머니 또한 어려운 고등학생들이 대학에 갈 수 있도록 돕는 학자금 모금에 참여했다. 나이 든 이들은 현관 옆 베란다에 나와 앉아 마을이 돌아가는 모습을 자세히 살폈다. 말론센터는 매일 각종 활동에 참여하기 위해 모여든 가족들로 붐볐다. 엘라는 당시 지역사회의 리더들이 실체와 목소리, 영향력을 갖추고 있었다고 말했다.

하지만 지난 15년 사이에 상황이 바뀌었다. 옆 마을에 있던 대학교가 부지 확장을 위해 말론의 토지를 매입하면서 많은 건물과 집이 철거됐다. 지역 공동체는 무너졌고 전통은 자취를 감췄다. 세 여성은 당시에 분노보다 슬픔을 느꼈다고 회상했다. 그들은 가족들이 더 건강하고 사람들이 서로를 가깝게 챙기던 옛 시절을 기억하고 있었다.

그들은 역사적으로 봐도 백인 미국인보다는 아프리카계 미국인이 나이 든 여성을 더 존중했다고 말했다. 심지어 오늘날에도 아프리카계 미국인 가정은 나이 든 친척을 가급적 요양원에 보내지 않으려 한다. 하지만 그들은 슬픈 표정을 지으면서 이러한 문화가 예전 같지 않다는 데 동의했다. 샤론은 부모들이 더 이상 자녀에게 어른을 존경하는 법을 가르치지 않는다고 말했다. 세 여성 모두 요즘 아이들이 TV와 비디오게임에 너무 많은 시간을 쏟는다고 생각했다.

하지만 이러한 현실을 안타까워하면서도, 그들은 상황 개선을 위해 기꺼이 책임을 지고자 했다. "저는 죽는 날까지 일하고 싶어요." 샤론이 말했다.

"저도 마찬가지예요. 하지만 좀 더 쉬운 일을 하고 싶어요." 엘라가 웃으며 말했다. "전 단지 사람들을 사랑하고 싶을 뿐이에요."

"저는 황금률을 따르려고 해요." 코린이 동료들의 말을 받았다. "그것만 해도 쉬운 일이 아니거든요."

볕이 좋은 날이면 세 사람은 베란다에 나와 앉는다. 그곳에서 거리를 지나는 이웃들에게 인사를 건네고, 아이를 키우는 어머니들과 대화를 나누기도 한다. 그들은 동네 사람들과 반려견들의 이름을 외우고, 항상 이웃의 사정을 주의 깊게 살핀다. "베란다에 앉아만 있어도 꽤 많은 일을 할 수 있답니다." 코린이 웃으며 말했다.

미국 원주민 문화는 공동체의 이익을 위해 행동하는 가장 모범적인 모델 중 하나다. 그들의 전통은 지구와 그 위에 사는 모든 생명체가 서로 연결돼 있다는 진심 어린 믿음을 바탕으로 이루어졌다. 그들은 부족의 전통과 역사를 매우 존경한다. 늘 장기적인 관점에서 생각하고, 중요한 의사결정에 앞서 동식물을 포함한 모든 생명의 미래를 고려한다.

한번은 오마하족의 한 여성 구성원과 대화를 나눌 기회가 있었다. 우리는 그가 미래 세대를 위해 기울이는 노력에 대해 이야기하며 아침을 보냈다. 나는 그를 야생동물 보호구역인 스프링크릭 초원Spring Creek Prairie에서 열린, 물을 뿌리며 구성원들을 축복하는 부족 전통 행사에서 처음 만났다. 길고 검은 머리에 큰 키, 호의적이면서도 위엄 있는 인상의 러네이는 전통 의상을 차려입고 작은 연못가에서 노래를 부르고 있었다.

2주 후, 나는 대화를 위해 러네이의 집을 방문했는데, 실내로 들어서자 아프리카 원주민 예술품으로 뒤덮인 벽이 눈에 들어왔다. 테이블에는 독수리 깃털과 향기름새 풀을 꼬아서 만든 끈이 놓여 있었다. 러네이는 조근조근한 말투와 강한 사명감을 지닌 여성이었다.

내가 어느 부족 출신인지 물었을 때, 러네이는 두 시간짜리 이야기를 들려줬다. 그 이야기는 오마하족이 오지브와족과 함께 캐나다 퀘백에서 미주리강 인근으로 이주하게 된 배경에서 시작하여 전사이자 물의 수호자, 공동체의 치료사이자 언어학자로서의 그의 현재 삶에 대한 설명으로 끝이 났다.

러네이는 본인 얘기를 할 때도 언제나 개인이 아닌 부족의 일원으로서의 정체성을 강조했고, 특정한 사건은 긴 연대표의 작은 부분으로 개념화해서 설명했다. 예를 들어, 그는 스탠딩록Standing Rock 근처를 지나게 될 송유관인 다코타 엑세스 파이프라인Dakota Access Pipeline 매설 반대 운동을 토지와 물, 조약상의 권리를 수호하기 위한 원주민들의 지속적인 투쟁의 일부로 보고 있었다.

그는 오마하족이 1700년대까지만 해도 부유하고 인구도 많았다고 말했다. 미주리주에서 사우스다코타주 사이를 지나는 미주리강은 그들의 통제권 안에 있었다. 하지만 1804년에 천연두가 발생하면서 수많은 부족민이 목숨을 잃었다. 이야기 전승자와 치료사, 정신적 지도자, 장인이 잇따라 사망하면서 그들의 문화적 역사는 파괴됐다. 프랑스 모피 상인들이 도착했을 무렵 부족 문화는 이미 엉

망진창이 돼 있었다.

러네이는 프랑스 무역상과 결혼한 오마하 족장 딸의 후손이다. 당시 무역상들은 부족 지도자와의 관계를 강화하기 위해 부족민과 결혼하곤 했다. 그렇게 외지인 남편을 얻은 아내들은 몇 개 국어를 배워 통역사로 활동할 수 있었다.

러네이의 부모님은 링컨 지역 공동체의 일원이었고, 원주민 저항 단체인 미국 인디언운동American Indian Movement에서 활동하기도 했다. 데니스 뱅크스Dennis Banks나 러셀 민스Russell Means를 포함한 미국 인디언운동의 지도자들도 종종 그의 가족과 함께 식사를 들었다. 부모님은 당시 소녀였던 그에게 인디언전쟁의 상징인 운디드 니 기념비Wounded Knee Monument를 보여줬다. "저는 어릴 때부터 뭔가 중요한 일을 하는 사람이 될 것 같았어요. 스스로 작은 일을 위해 태어난 사람이 아니라고 믿었죠." 러네이가 내게 말했다.

러네이는 어린 시절부터 문화를 공부했고, 연례 회의와 춘분 모임에 참석해 부족 문화에 대해 배웠다. 당시 부족민들은 고대부터 내려온 의식을 치르고 싶어도 방법을 몰라 실행하지 못하고 있었다. 그는 자기 부족의 역사와 의식을 연구해서 다른 이들에게 가르치기로 결심했다.

러네이는 만 열여덟 살 때 링컨에서 메이시 인근의 오마하 인디언 보호구역으로 이사했다. 처음에는 보호구역의 규칙이 낯설게 느껴졌지만, 결국에는 적응하고 좋아하게 됐다. 진짜 집을 찾은 기분이 들었다. 대학을 졸업한 후에는 오마하 부족의 아이들에게 역사와 언어, 각종 의식을 가르쳤다.

라코타수 부족 남성과 결혼한 러네이는 물의 수호자로 임명됐고, 인디언 천막에서 진행된 의식에서 첫 번째 독수리 깃털을 수여받았다. 얼마 후에는 마침내 부족의 공식적인 전사로 임명됐다. 현재 그는 물 관련 의식을 주재하고 10대들의 비전을 이끌어내는 임무를 맡고 있으며, 직접 이야기 전승 프로젝트를 시작하기도 했다. "일을 할 때면 몸에서 에너지가 뿜어져나오는 느낌이에요. 저는 신성한 땅에서 일하고 있으니까요." 그는 말한다.

이 장에 등장하는 모든 여성은 서로 연결되는 동시에 타인을 돕는 방법을 찾았다. 그들은 절망의 해독제를 찾았으며, 돈으로 살 수 없는 목적의식을 갖고 행복한 노년을 보내고 있다. 공동체를 만들어 함께 일하면 세상을 바꿀 힘을 얻을 수 있다. 어디에 사는 누구든 우리 모두는 필요한 존재다. 선을 위해 행동할 때 우리는 비로소 스스로의 힘으로 움직일 수 있으며 보다 진실되고 연결된 삶을 손에 넣을 수 있다.

나는 내 나이가 참 좋다

12장

빛나는 이야기 만들어내기

어떤 이야기는 침몰하는 배와 같으며, 우리는 주위에 떠 있는 수많은 구명보트에도 불구하고 그 배와 함께 가라앉는다. …… 우리는 스스로 이야기를 말한다고 생각하지만, 때로는 이야기가 우리에게 말을 한다. 그 이야기들은 우리에게 사랑할지 미워할지, 현실을 직시할지 눈을 감을지 말해준다. 자주, 너무나 자주, 이야기는 우리 몸에 안장을 얹고 올라탄 뒤 채찍질을 하며 명령한다. 그러면 우리는 의문조차 갖지 않은 채 그 명령에 따른다.

리베카 솔닛 Rebecca Solnit

심장에 자극을 주고, 뇌에 연료를 공급하며,
옥수수나무가 열매를 맺도록 하는 것이 바로
기억이다.

조이 하조 Joy Harjo

오스틴에 사는 실비아는 자신이 삶 자체가 아니라 삶에 대한 이야기를 통제하고 있다는 사실을 배웠다. 그는 손주들이 주방에서 크리스마스 캐럴에 맞춰 힙합 댄스를 추거나 집 앞마당에서 사우스바이사우스웨스트(South by Southwest, 영화와 음악, IT 분야를 아우르는 세계 최대의 산업 축제로, 매년 오스틴에서 개최된다 - 옮긴이) 참가자들에게 레모네이드를 파는 모습을 떠올리며 킬킬 웃곤 한다. 그는 자신의 인생에 이런 기쁨 전도사들이 존재한다는 사실에 감사한다. 이 아이들이 계속 마법을 부려준다면 루이스조차 다시 행복을 찾을 수 있을지 모른다는 희망까지 생겼다. 그는 주어진 의무에 최선을 다하는 자신의 모습에 자부심을 느낀다. 어쩌면 종잡을 수 없는 마약중독자 딸 또한 언젠가 집으로 돌아올지 모른다. 실비아는 아직 딸의 침대를 치우지 않았다.

우리는 과거를 바꿀 수는 없지만, 이야기는 바꿀 수 있다. 현재의 삶에 영향을 미치는 것은 우리의 길고긴 역사만이 아니다. 그 역사에 대한 이야기 또한 현재를 바꾼다. 우리는 이야기를 통해 자신의 삶을 이해하고, 모순을 해결하며, 우리 자신과 다른 사람들을 이해할 수 있다. 이야기는 우리를 둘러싸고 있는 인생의 흐름을 이해할 수 있는 배경을 마련해준다.

우리는 세상을 이해하는 게 아니라 감각과 기억, 경험의 틀을 통해 구성해나간다.

때로는 이야기가 예고 없이 변하기도 한다. 우리는 종종 '행복한 결혼생활'을 하다가 갑자기 이혼한 사람들의 이야기를 듣는다. 하룻밤 사이에 '자상하기 이를 데 없던' 반려자가 이기적이고 자기중심적인 인간으로 변하기라도 한 것처럼. 우리 중 누구라도 친구가 전해준 갑작스러운 소식이 원래 기억과 너무 달라서 혼란을 겪었던 적이 한 번쯤은 있을 것이다. 하지만 대개의 경우 이야기는 시간의 흐름에 따라 점진적으로 변화한다.

이야기란 기본적으로 현실에 바탕을 두고 있으며, 여기에 어느 정도의 주관적 경험이 더해져 생겨난다. 과거의 실수나 후회, 트라우마와 마찬가지로 승리와 기쁨, 자부심의 순간 또한 이야기의 구성 요소가 될 수 있다. 우리는 자신만의 관점을 취하면서도 다른 사람들이 사물을 다른 시각에서 바라볼 수 있다는 사실을 인정한다.

오로지 사실만을 바탕으로 이야기를 만드는 것은 생각보다 훨씬 어려운 도전이다. 모든 이야기를 사실로만 구성하는 사람은 세상에 존재하지 않는다. 객관적인 사실은 찾아내기가 매우 어렵다. 우리는 생각의 상당 부분을 추측에 의존하며, 당연하게 여기고 대충 넘어가는 일도 많다. 우리는 환상을 믿고, 상상에서 위안을 얻고,

불편한 확신을 피한다. 때로는 일부러 슬픔으로 가득 찬 이야기를 골라서 떠올리고는 우울의 늪에 빠지기도 한다. 하지만 이야기가 우리를 슬프고 외롭고 무력하게 만들 때조차 우리는 더 나은 이야기를 만들 수 있다. 진실을 외면하지 않으면서도 기쁨과 감사를 이끌어내는 그런 이야기를.

우리는 자신과 타인에 대해 관대하고 긍정적인 방식으로 생각할 수 있다. 때로는 이야기 전체를 다시 그릴 수도 있다. 우리 역사 가운데서 상황에 탄력적으로 대처했던 때를 기억해낼 수도 있고, 스스로 힘이 될 만한 이야기를 만들 수도 있다. 심지어 가장 고통스러운 경험조차도 도움이 될 수 있다. 우리는 스스로에게 이런 물음을 던질 수 있다. "그 경험이 어떻게 나를 강하게 만들었지?" "나는 그 경험에서 어떤 교훈을 얻었지?" "그 시기를 돌아볼 때 자부심을 느낄 만한 부분에는 무엇이 있을까?"

우리는 인생을 풍요롭게 만드는 방향으로 이야기를 떠올리도록 한 걸음씩 훈련해나갈 수 있다. 생각의 균형을 찾고, 감정을 처리하고, 삶의 관점을 재구성하는 기술을 익힐 수도 있다. 즐거움이나 친절함, 용기에 대한 이야기는 문화적 고정관념은 결코 줄 수 없는 힘을 제공한다.

윌로우는 새로운 이야기를 만들어냄으로써 사울의 파킨슨병과 자신의 은퇴에 대처할 수 있었다. 그는 늘 자신을 향해 말한다. "나는 새로운 삶과 새로운 우선순위를 얻은 거야." 그럴 때면 남편을 향한 관대함과 책임감이 솟아오른다. 이제 윌로우는 일이 아니라 자신과 남편을 이끌고 힘든 시기를 헤쳐 나가는 능력에서 자신의 정체성을 찾는다. 아침에 눈을 뜨면 가장 먼저 이런 생각을 떠올린다. '오늘은 어떤 일이 우리를 행복하게 해줄까?'

윌로우의 최대 우선순위는 자신과 남편에게 좋은 시간을 선물하는 것이다. 윌로우는 남편이 가장 좋아하는 음식을 만들고, 그의 등을 마사지하고, 샤워를 도우면서 재미난 농담을 던진다. 하루는 남편이 웃다 지쳐 이렇게 말하기도 했다. "제발 그만해. 이만 멈추지 않으면 나 진짜 쓰러질지도 몰라." 이 말은 두 사람에게 더욱 큰 웃음을 가져왔다.

두 사람은 침대에 누워서 신문을 읽거나 카드게임을 했다. 윌로우는 이 게으른 시간이 놀랍도록 즐겁다는 사실을 깨달았다. 몸 건강이 악화될수록 남편은 더욱 쾌활하고 철학적으로 변모해갔다. 윌로우는 그런 남편을 매일 조금씩 더 사랑하게 됐다.

윌로우와 마찬가지로 우리 모두에게는 고통을 존중하는 동시에 보다 즐거운 일을 찾아내서 즐길 수 있는 능력이 있다. 우리는 회복력에 초점을 맞춰 기쁨과 슬픔을 기억할 수 있다. 스스로 사랑받고 강인하고 회복력 있고 존경받고 가치 있고 관대하고 행복한 사람이라는 사실을 증명하는 이야기를 만들어낼 수도 있다. 우리 모두는 그런 이야기를 갖고 있다. 제대로 찾아내기만 하면 된다.

힘든 시기를 이겨내고 구원받은 이야기는 종종 긍정적인 효과를 불러일으킨다. '익명의 알코올중독자Alcoholic Anonymous'와 '익명의 약물중독자Narcotics Anonymous'를 포함한 중독자 치료 모임은 사람들이 구원의 이야기를 만들어낼 수 있도록 돕는다. 신도들에게 '새 생명'을 부여하는 복음교회 또한 마찬가지다. 때로는 결혼 서약을 되새기는 것만으로도 구원의 이야기를 만들 수 있다. 이러한 의식은 우리에게 과거에서 벗어나 새로운 사람으로서 새로운 인생을 위해 헌신하겠다는 의미를 부여한다.

세상에는 아름다운 화해 이야기가 넘쳐난다. 돌아온 탕자 이야기가 대표적이지만, 비슷한 조건에서 엄마와 딸이 등장하는 이야기도 많다. 이러한 이야기는 자매의 재회나 친구의 용서를 포함하여 등장인물들이 내면의 평화를 얻고 더 즐거운 미래로 나아간다는 내용을 담고 있다. '누군가 나를 필요로 하고 있어'라고 스스로 말할 수 있게 됨으로써 많은 사람이 엄청난 용기를 얻었다.

우리의 이야기를 다시 쓰기 위해서는 노력은 물론이거니와 상상력이 필요하다. 글쓰기나 그림, 음악, 기타 예술 활동은 상상력을 기르는 데 효과적이다. 내가 글쓰기를 좋아하는 가장 큰 이유 중 하나는 소재가 되는 사건이 뭐든 글을 쓰는 과정에서 두 번째 이야기를 만들 수 있기 때문이다. 나는 이 두 번째 이야기 속에서 보다 아름답고 행복한 방향으로 사건을 재구성할 수 있다. 더 나은 이야기를 만드는 것이 예술이 아니라면 무엇이 예술이겠는가?

어떤 이야기는 우리 안에서 최고의 자신을 이끌어내지만, 어떤 이야기는 절망과 분노, 두려움을 유발한다. 우리는 지난 몇 년의 기억 속에서 친절하고, 성실하고, 강인했던 순간을 되새김으로써 그런 순간을 극복할 수 있다. 지금껏 제대로 평가받지 못했던 자신의 미덕과 생존 기술을 탐구하는 것도 좋은 방법이다.

다른 사람의 관점을 함께 고려하면 이야기가 더욱 분명하고 정교하며 유용해진다. 친구들은 종종 우리의 고민을 듣고 우리가 예전에 했던 말을 상기시켜준다. 우울한 순간에 과거의 힘든 순간과 그 시련을 잘 이겨낸 자신의 모습을 떠올리면 큰 위로가 된다. 자신을 잘 아는 파트너의 관점 또한 도움이 될 수 있다. 내 친구 린다는 50회 고등학교 동창회를 위해 성인이 된 이후의 자기 삶을 주제로 간략한 글을 썼다. 린다의 글을 읽은 그의 남편은 이렇게 말했다. "이 글에는 실패와 상실 이야기만 들어 있는걸. 당신의 직업적인 성공이나 새로운 취미 이야기도 좀 넣어보면 어때? 왜, 승마 같은 것 있잖아."

엠마가 지나친 의무감에 너무 많은 일거리를 만들고 패닉에 빠질 때면 크리스는 묵묵히 엠마를 안아주고 농담으로 분위기를 가볍게 만들며 상황을 균형 있게 바라볼 수 있도록 돕는다. 가령 엠마가 앨리스 때문에 돌아버릴 지경이라고 말하면 "우리 돌지 말고 직진해볼까?"라고 대답하는 식이다. 두 사람은 함께 웃음을 터뜨리고, 엠마는 기분이 한결 나아진다. 적어도 지금 상황이 농담도 못할 정도로 우울하진 않다는 사실을 깨닫는 것이다.

케스트럴은 새로운 이야기를 만드는 데 어려움을 겪었다. 그는 언제나 차갑고 냉정한 태도로 자신을 보호했고, 이 방법도 효과가 없을 때는 알코올로 마음의 상처를 달랬다. 사방에 벽을 둘러친 삶은 외롭지만 최소한 안전하게 느껴졌다.

하지만 어머니가 암 선고를 받은 그해 여름, 케스트럴의 이야기는 작동을 멈췄다. 그는 더 이상 안전하다고 느끼지 못했고, 술로 두려움을 마취시킬 수도 없었다. 갑자기 편안하고 친밀한 사람의 손길이 절실해졌다.

그는 자신이 품고 살아온 분노가 엄청난 대가를 가져왔다는 사실을 깨달았다. 지금껏 타인과 연결되거나 사랑을 나눌 기회를 놓치며 살아왔던 것이다. 물론 어머니를 사랑하는 것은 어려운 일이 아니었지만, 베카를 믿고 의지한다는 건 어떤 의미에서 아버지의 분노를 받아내는 것보다 더 힘든 도전이었다.

케스트럴이 두려움과 절박함을 동시에 느끼며 감정을 털어놨을 때 베카는 그의 말을 존중하고 경청했다. 어느 날 저녁, 평소처럼 베카와 통화를 하던 케스트럴은 문득 이런 말을 꺼냈다. "내가 돌아가면 우리 한번 진지하게 만나보자."

두 사람은 동시에 웃음을 터뜨렸다. "좋아." 베카가 대답했다. 그 순간, 케스트럴의 인생에 '연애'라는 새로운 이야기가 생겼다.

기념일과 이벤트는 종종 새로운 이야기의 밑바탕이 된다. 우리 나이 든 여성들은 대개 이야기를 재구성하는 여러 가지 방법을 알고 있다. 우리는 동창회나 가족의 결혼식에 참석할 수 있고, 생일 파티를 열거나 결혼기념일을 축하할 수 있다. 장례식이나 추도식 또한 고인을 사랑했던 이들이 한자리에 모이는 중요한 행사다.

이러한 행사는 지난 이야기를 재구성하는 기회가 된다. 같은 추억을 공유하고 있는 사람들과 대화를 나누다 보면 특정한 시점에 대한 보다 구체적인 기억을 이끌어낼 수 있다. 이런 질문도 도움이 된다. "우리 가족에 대해 기억나는 점이 있나요?" "제 어린 시절은 어땠나요?" "우리 중학교 1학년 때 생각나?"

한 이야기에서 다음 이야기로 넘어간다는 신호로서 자기만의 의식을 치르는 것도 좋은 방법이다. 나와 우리 며느리는 매년 1월에 한 해의 이야기에서 다음 해의 이야기로 옮겨가는 순간을 기념하기 위해 함께 수련원에 방문한다. 우리는 조용히 독서를 하며 마음을 가라앉히거나, 작년에 일어났던 일과 내년에 일어났으면 하는 일에 대해 얘기를 나누며 시간을 보낸다. 이러한 대화는 치유의 이야기를 만들어내는 데 도움을 준다.

어떤 이는 세탁기를 돌린 경험만으로도 흥미진진한 이야기를 만들지만, 어떤 이는 남극 탐험기로도 지루한 이야기밖에 만들지 못한다. 두 사람의 차이는 동기와 감정이다. '왕이 죽었다. 왕비도 죽었다.' 이 문장은 사실의 나열에 불과하다. 그러나 '왕이 죽었다. 왕비는 슬픔에 빠져 죽었다'라는 문장은 이야기다. 이야기란 언제나 사실에 대한 해석을 담고 있다.

나이를 먹으면서 우리는 긍정적인 이야기를 만드는 데 점점 능숙해진다. 예를 들어, 친구가 유달리 퉁명스럽게 굴 때면 우리는 자연스레 이런 생각을 떠올린다. '오늘 무슨 안 좋은 일이 있었나 봐.' 어릴 때라면 분명 이렇게 생각했을 것이다. '쟨 더 이상 나를 좋아하지 않나 봐.' 우리 대부분은 세월을 통해 상황을 개인적으로 받아들이지 않는 법을 배웠다. 우주에서 일어나는 일 가운데 우리 자신과 직접적으로 연관된 일은 거의 없다.

나는 심리치료사로서 내담자들이 더 좋은 이야기를 만들어낼 수 있도록 최선을 다해 도왔다. 때로는 이런 질문을 던지기도 했다. "살면서 스스로 생각했던 것보다 더 강하고 용기 있는 모습을 보였던 적은 언제였나요?" "당신이 지금 행복하고 만족스럽다면, 삶이 어떤 식으로 보일까요?"

트라우마를 겪는 환자를 상담할 때는 이렇게 물었다. "그 끔찍한 상황을 되돌아볼 때, 스스로 자랑스럽게 여길 만한 부분에는 어떤 것들이 있나요?" 이런 질문은 종종 다음과 같은 대답을 이끌어냈다. "저는 강간을 당하면서 있는 힘껏 저항했어요. 그리고 즉시 경찰에 신고했죠." "미국으로 향하는 동안 엄청난 상실감을 느꼈지만, 그래도 마주치는 사람들을 친절하게 대하려고 노력했어요."

오랜 세월 상담을 하는 동안, 나는 삶의 이야기를 거의 갖지 못한 사람들을 만나봤다. 그들은 어린 시절을 기억하지 못했고, 성인이 된 후의 삶에서도 추억이라고 할 만한 경험을 거의 떠올리지 못했다. 나는 그들에게 누가 됐든 그들의 어린 시절이나 갓 성인이 됐을 때의 이야기를 기억할 만한 사람을 만나 대화를 나누면서 정보를 얻으라고 조언했다. 어릴 때 살던 동네나 다녔던 학교를 찾아가보라고 제안하기도 했다. 감각을 통해 기억을 되살리려는 노력은 이야기를 재구성하는 데 큰 도움이 된다.

긍정적인 감각 기억Sensory Memories에 초점을 맞췄을 때, 내담자들은 종종 해변에서 보낸 여름휴가나 할머니의 주방에서 풍겨오던 음식 냄새나 도시의 거리에서 들려오던 음악 소리를 떠올렸다. 이러한 기억은 과거의 고통을 보다 전체적인 시각에서 바라볼 수 있게 해준다. 그들은 자신이 한때 행복하고 사랑받는 사람이었다는 사실을 기억해냈다.

감각은 기억과 연결돼 있다. 어떤 감각은 고통과 슬픔을 가져오지만, 또 어떤 감각은 즐거움을 불러일으킨다. 음식은 종종 잊었던 기억을 일깨운다. 예전에 이모가 만들어주곤 했던 음식을 먹을 때면 추억의 맛이 느껴진다. 때로는 직접 먹지 않고도 기억을 되살릴 수 있다. 나는 아이들이 어렸을 때 종종 아침밥으로 내놓곤 했던 다진 소고기를 올린 토스트를 지난 30년간 만들지 않았지만, 지금 이 글을 쓰면서 머릿속으로 그 맛을 음미하고 있다. 예전 집에 있던 작은 주방의 빨간 리놀륨 바닥에 금이 간 모습도 보이고, 접시에 남은 그레이비 소스를 열심히 핥아 먹는 아이들의 얼굴도 보인다. 이러한 기억은 나를 웃게 만든다.

얼마 전 아들이 나온 고등학교를 방문했을 때, 나는 수영장 옆을 지나면서 그 아이가 네브래스카주 수영대회에서 우승했던 순간을 떠올렸다. 파란 수영복과 물안경을 착용하고 준비 자세로 출발 신호를 기다리던 아들의 모습이 마치 눈앞에 있는 것처럼 생생히 그려졌다. 나는 30년 전 공기 중에 떠돌던 염소 냄새와 흥분된 응원석의 분위기를 그대로 느낄 수 있었다. 지크가 가장 먼저 들어왔을 때 그의 팀 동료들과 학부모들이 내지르던 환호성이 귓가에 울려 퍼졌다.

기억과 가장 가깝게 연결된 감각은 아마도 청각일 것이다. 특히 음악은 기억과 떼려야 뗄 수 없는 관계다. 우리는 음악을 통해 삶의 기쁜 시기와 슬픈 시기를 모두 떠올릴 수 있으며, 그중에서도 행복한 시절과 연관된 음악은 언제 들어도 미소가 절로 나오는 추억을 불러일으킨다. 심리학자 엘렌 랭어Ellen Langer의 연구는 사람들이 어린 시절 들었던 음악을 통해 음악에 대한 기억뿐 아니라 다른 많은 기억을 함께 떠올릴 수 있다는 사실을 증명했다. 더불어 그는 같은 연구에서 우리가 행복할 때 들었던 음악을 다시 들으면 몸과 마음의 건강을 증진시킬 수 있다는 사실을 보여줬다.

삶의 이야기는 종종 '유통기한'을 훨씬 넘겨서까지 지속된다. 어린 시절에 트라우마를 겪은 사람은 인생의 고통에 건강하지 못한 방법으로 대처할 가능성이 높다. 그들은 내면의 괴로움을 부정하거나 묻어버리거나 다른 이들에게 부적절한 방식으로 표출한다. 때로는 스스로를 다치게 하거나 다른 사람을 믿지 않기로 결심한다. 평생 동안 걱정이나 우울, 분노, 후회에 고통받는 경우도 생긴다. 겉으로는 멋진 삶을 누리더라도, 그들은 자신을 희생자라고밖에 생각하지 못한다.

남편과 함께 로키마운틴 포크스 페스티벌Rocky Mountain Folks Festival에 참가했을 때, 나는 과거의 이야기를 다시 한번 생각해볼 기회를 얻었다. 우리는 그해 여름 내내 손주들을 돌보는 동시에 아픈 여동생이 입원할 병원을 세 번이나 바꾸고, 요양시설과 집에서의 간병 절차를 알아보러 다녔다. 우리 부부가 콜로라도에 도착했을 당시, 아이들은 어린이집에서 안전하게 보살핌을 받고 있었으며 동생은 일시적으로나마 병세가 호전된 상태였다. 나는 몇 달 만에 편안한 기분을 느꼈다.

우리 부부는 즐거운 시간을 보냈다. 펄스트리트Pearl Street의 이탈리안 레스토랑에서 식사를 즐겼고, 플랫아이언산Flatiron Mountains 근처의 오두막형 숙소에서 묵었다. 우리는 발코니에 마련된 침대에서 별을 바라보다가 스르륵 잠에 빠져들었다. 금요일에는 수많은 인파와 함께 축제를 즐겼다. 토요일이 됐을 때, 나는 하루 종일 즉석에서 내키는 일을 하며 보내기로 마음먹었다.

짐은 그날 아침 느지막이 차를 몰아 나를 펄스트리트에 데려다주고, 홀로 축제 장소로 향했다. 나는 우선 무척 좋아하는 장소 중 하나인 볼더 서점에 가서 마음껏 독서를 즐겼다. 다음으로는 서점 옆 카페의 야외 테이블에 자리를 잡고 와인 한 잔과 스시를 주문했다. 나는 지나가는 사람들을 구경하며 생선을 맛보고 와인을 홀짝였다. 한 시간쯤 후, 나는 산 중턱에 있는 숙소를 향해 천천히 걷기 시작했다. 날씨가 꽤 더워서 물 한 병을 챙겨오길 잘했다는 생각이 들었다. 가는 길에 지난 몇 년 동안 짐과 함께 자동차로 스쳐 지나갔던 컬럼비아 묘지에 들르기도 했다. 지금까지는 단 한 번도 멈춰서 살펴볼 여유를 내지 못했지만, 그날의 나는 충분한 시간을 갖고 있었다.

나는 1840년대까지 거슬러 올라가는 오래된 주민들의 무덤을 보면서 돌아다녔다. 여자와 아이들의 비석을 찾아보고, 오래된 묘비명을 소리 내 읽기도 했다. 많은 여성의 비석에는 잉태의 순간에 대한 고뇌의 글이 쓰여 있었다. 1881년 5월 6일에 열 살 나이로 사망한 로자 피터맨의 무덤에는 한 소녀의 모습과 '우리의 로자'라는 글귀가 새겨진 희고 작은 조약돌이 놓여 있었다. 묘지 한쪽에는

1880년 1월에 엿새 차이로 사망한 두 형제 래리와 로이의 무덤이 나란히 자리를 잡고 있었다. 이 세상에서 각각 4년 3개월 20일, 6개월 20일간 머물다가 짧은 생을 마감한 형제의 부서져가는 비석은 함께 날아가는 두 마리의 비둘기 모양을 하고 있었다.

공동묘지에 올 때면 늘 같은 생각이 든다. "그들은 이 세상에 왔다 갔다. 우리 모두는 왔다가 다시 떠난다." 이러한 깨달음은 마음에 평화를 가져다준다.

나는 무덤 사이의 풀밭에 누워 하늘을 바라봤다. 문득 친구가 가르쳐준 일본어 단어가 떠올랐다. '고모레비こもれび'는 나뭇잎 사이로 비치는 햇빛을 뜻한다. 내가 갖고 있는 최초의 기억은 아주 어린 시절 잔디밭에 누워 햇살이 나무 꼭대기에서 나뭇잎과 함께 춤추는 모습을 바라보던 장면이다. 나는 평생 동안 반짝이는 햇빛과 그림자가 만들어내는 무늬에 매혹됐다. 그날 오후 오래된 묘지의 햇살은 느릅나무와 단풍나무 가지에 부딪혀 흩어지고 있었다. 그 너머에서는 로키산맥의 푸른 하늘 위로 늦은 오후에 천둥번개를 몰고 올 검은 구름이 모여들고 있었다.

나는 저녁 시간 전에 오두막에 도착해서 잠들기 전까지 책을 읽었다. 가끔씩은 신선한 무화과와 복숭아를 먹기 위해 독서를 잠시 멈추기도 했고, 하늘을 가로질러 이동하는 태양을 따라 앞 발코니에서 뒷 발코니로 자리를 옮기기도 했다. 내 인생에서 그보다 더 행복한 순간은 떠올릴 수 없었다.

다음 날, 나는 지난 하루가 단순한 휴가와 휴식 이상의 큰 의미를 지닌다는 사실을 깨달았다. 머릿속을 아무리 뒤져도 어제와 같은 날을 보낸 기억은 떠오르지 않았다. 어쩌면 대학생 시절, 혹은 이제 만 44세가 된 우리 아들 지크를 갖기 전의 젊은 시절에는 그런 날이 있었을지도 모르겠다. 나는 하루 종일 내가 원하는 일은 뭐든 하며 보냈고, 모든 순간을 제대로 음미할 수 있을 정도로 천천히 그리고 조용히 움직였다. 나는 이 고독으로부터 새로운 이야기를 만들어내기 시작했다.

내 삶에서 가장 흔한 이야기는 누군가 나를 필요로 하고 나는 그를 구해주는 줄거리로 돼 있었다. 이러한 이야기를 가진 나는 언제나 앞뒤 생각 없이 도움의 손길을 내밀었다. 당연한 얘기지만, 그중에는 굳이 내 도움이 필요하지 않은 경우도 있었다. 내게 도울 능력이나 의지가 없었던 때도 많았다.

더욱 깊은 생각 끝에 나는 때때로 내가 스스로의 가장 큰 적이 되곤 한다는 사실을 깨달았다. 나는 언제나 집에서 쉬거나 책을 읽거나 고양이를 쓰다듬고 싶다는 내면의 소리를 무시한 채 의무감을 우선시했다. 때로는 친구를 만나고 싶은 마음이 간절하면서도 남이 요청한 도움이나 내가 상상한 도움을 제공하느라 너무 바빠서 시간을 내지 못했다.

이러한 구조자의 이야기는 아주 오래전, 내가 누군가에게 도움이 된다는 사실을 확신하고 나서야 비로소 안정을 찾던 애정결핍 소녀일 때 시작됐다. 그 어린 소녀를 비판할 마음은 없다. 나는 여전히 그의 결정이 상당히 현실적이었다고 믿고 있다. 어쨌든 남을 돕는 사람이라는 정체성은 결코 최악의 선택이 아니며, 무엇보다 그 이야기는 나를 만족스러운 평생의 직업으로 이끌었다. 하지만 지금의 내게는 그 '어린 메리' 이야기를 계속할지 말지 선택할 권리가 있다.

나는 삶의 중대한 변화를 마주했다는 생각에 약간 압도됐다. 내가 내릴 수 있는 최선의 선택은 아마도 있는 그대로의 자기 자신을 받아들이는 것이리라. 내 마음 한구석에는 평생 동안 남에게 도움이 되려고 애쓰던 내가 여전히 존재했다. 만약 내가 매일같이 영웅적으로 행동하려는 노력을 멈춘다면 어떻게 될까? 늘 바빴던 부모님 밑에서 장녀로 지내며 얻은, 끊임없이 남들의 상황을 살피던 버릇을 고친다면 내 삶이 어떻게 바뀔까? 내가 늘 쓸모 있는 사람이 돼야 한다는 강박관념을 버리고 현재에 충실한 사람이 될 수 있을까? 하루에 몇 분씩이라도 아무 목적 없이 시간을 보낼 수 있을까?

이러한 질문들은 휴가나 명상, 글쓰기 워크숍, 그리고 아침에 일어난 후에야 그날 할 일을 결정하는 휴일로 채워진 새로운 이야기로 이어졌다. 나는 머릿속에 떠오른 생각을 짚어보며 미소 지었다. 콜로라도에서 보낸 하루는 내게 자신을 보살피는 일이 얼마나 즐거운지 정확히 보여줬다.

마음만 먹는다면 나는 아마도 이보다 더 자신의 행복을 우선시하는 이야기를 만들어갈 수 있을 것이다. 물론 때로는 세상을 구해야 한다는 강박관념이 불쑥 고개를 내밀 테고, 그러면 일이 뜻대로 풀리지 않을 것이다. 심지어 책을 쓰는 작업조차 깊이 들여다보면 도움이 되고 싶다는 마음에서 나온 것이니까. 하지만 나는 글쓰기 자체를 사랑하고, 정도가 지나치지만 않는다면 사람들이 안전하고 편안하며 사랑받는다고 느끼도록 만들어주는 일에서 보람을 느낀다. 그러나 노력한다면 같은 일이라도 지금보다 자신을 보호하는 방향으로 해나갈 수 있을 것이다. 어쩌면 나는 스스로에게 약간의 자유를 허용하는 법을 배웠는지도 모른다.

미국의 시인 메리 올리버Mary Oliver는 말했다. "나는 누가 봐도 끔찍한 유년기를 보냈다. 그 가정에서 힘들었던 것은 나만이 아니었다고 생각한다. 나는 몇 년의 고난 끝에 그곳에서 가까스로 탈출했다." 성적으로, 육체적으로, 정서적으로 학대당한 여성의 내면에는 끝없이 피가 흐르고 있다. 우리 중 일부는 알코올중독자나 정신질환자, 혹은 신체적으로든 정신적으로든 자녀를 돌볼 능력이 없는 부모 밑에서 자랐다. 현재의 삶이 아무리 만족스러워도, 우리는 여전히 그 기억에서 벗어나지 못한다.

슬픔의 반응이 고통으로 나타나는 것은 자연스러운 현상이다. 첫 번째 화살은 사건 그 자체고, 그 사건에 대한 지속반응은 두 번째 화살이 된다. 우리에겐 회복할 시간이 필요하지만, 우리는 종종 자신을 추궁하고 죄책감이나 수치심을 느끼면서 스스로를 더욱 힘들게 만든다. 자신을 괴롭히는 대신, 두 번째 화살이 만들어낸 감정을 다스리고 바꿔나가자. 우리는 고통을 받아들일 용기와 뛰어넘을 기술을 모두 손에 넣을 수 있다. 우리는 자기 자신과 주변의 모든 사람을 용서할 수 있다.

어쩌면 우리에게 가장 필요한 일은 자신에게 관대해지는 법을 배우는 것일지도 모른다. 자신을 용서하고, 고통과 실수와 약점을 받아들이고, 어떻게든 자신의 모습과 삶을 사랑하는 방법을 익혀야 한다. 우리 대부분은 이 도전에서 성과를 거두고 있지만, 발전의 여지는 여전히 남아 있다. 남에게 자비를 베풀고 싶다면 우선 자기 자신에게 관대해져야 한다.

어느 날, 내 친구 중 한 명이 허리케인 샌디의 영향으로 부서진 집과 가게에서 떨어져 나온 나뭇조각을 주워 모으며 해변을 돌아다니는 한 예술가에 대해 들려줬다. 그 조각들은 대부분 작고 들쭉날쭉했다. 그는 이렇게 모은 파편으로 조각보 스타일의 아름다운 작품을 만들어 갤러리와 집에 전시했다. 이 이야기는 우리가 부서진 잔해로 무엇을 할 수 있는지를 보여주는 완벽한 비유다.

우리는 삶에 찾아오는 비극적인 사건과 그로 인한 슬픔을 막을 수 없다. 세상을 떠난 가족과 친구들에 대한 기억은 끊임없이 우리의 마음을 괴롭힌다. 생일과 휴일, 기념일은 어둡고 외로운 날이 될 수 있다. 과거의 트라우마를 지니고 있는 사람은 언제까지나 그 사건의 메아리를 경험한다. 하지만 의지와 기술만 있다면, 인생의 가장 큰 슬픔조차도 시간의 흐름과 함께 조금씩 지워낼 수 있다.

심지어 어떤 종류의 비극은 웃음의 소재가 되기도 한다. 우리는 종종 모임에서 과거의 힘들었던 순간을 재미있게 이야기하며 다 함께 웃음을 터뜨린다. 어떤 이들은 쳐진 분위기를 띄우는 데 100퍼센트 효과를 발휘하는 재미난 실수담을 갖고 있기도 하다. 고통은 언제나 우리를 쫓아다니겠지만, 우리는 과거의 실패와 실수를 웃음으로 승화시킴으로써 비극을 희극으로 바꿀 수 있다.

좋은 이야기는 좋은 삶을 만든다. 우리는 외로움이 밀려올 때마다 사랑하는 이들의 얼굴과 아름다운 석양을 떠올릴 수 있다. 초대된 가족과 친구들이 어째서 나를 좋아하는지 일일이 말해줬던 60번째 생일 파티를 기억할 수도 있다. 명확성과 관대함, 회복력에 초점을 맞춰서 이야기를 재구성할 때, 우리는 비로소 자신감과 기쁨 속에서 한 단계 성장한다. 신중하게 고른 우리의 이야기는 과거의 고통에서 벗어나 현재의 삶을 활기차게 살게 해준다.

지혜란 좋은 이야기를 선별해내는 능력이다. 우리는 이러한 과정을 통해 의미 가득한 삶을 손에 넣을 수 있다. 현재의 모든 순간은 지난 수십 년간 쌓인 사건들과 서로 상호작용한다. 우리는 지금 이 순간으로 자신을 이끌어준 모든 일에 감사하는 마음을 가질 수 있다. 이것이야말로 삶을 신성하게 만드는 방법이다. 이야기는 삶을 깨끗하게 정화한다.

13장

감사의 닻 내리기

고등학생 시절, 나는 보리스 파스테르나크의 유명한 소설《닥터 지바고》를 붙들고 씨름했다. 작품에 등장하는 수많은 인물과 그들의 길고 긴 러시아식 이름을 전부 파악하기란 도저히 불가능해 보였다. 하지만 나는 그들의 이름과 애칭을 일일이 노트에 적어가며 책을 읽었고, 결국 이 작품에서 놀라운 매력을 찾아냈다. 거의 모든 페이지에서 밑줄 그을 만한 문장이 나왔고, 꼭 외우고 싶은 마음에 따로 적어놓은 인용구도 셀 수 없이 많았다.

　　나는 지난 몇 년 동안 가장 좋아하는 고전문학을 다시 찾아 읽었다. 그중 대부분은 수십 년 전에 읽었던 작품이다. 작년에 파스테르나크의 책을 다시 읽은 나는 이 소설이 내 삶의 방식에 엄청난 영향을 끼쳤다는 사실을 깨달았다.

　　지바고는 끔찍한 시대적·공간적 배경 속에 살던 좋은 사람이었다. 그는 모든 사람을 친절하게 대하려 노력했고, 상황에 상관없이 다른 이들에게 희망을 줬다. 세상을 향해 끝없는 애정과 열정을 품었으며 특히 가족과 책, 자연을 사랑했다. 더불어 작은 배려와 은혜에도 큰 고마움을 느꼈다. 하지만 그 모든 부분 중에서도 내게 가장 큰 영향을 미친 점은 언제 어디서나 아름다움을 찾아내는 그의 능력이었다.

제1차 세계대전 전선에서 돌아오는 길, 그는 추위와 배고픔에 지친 상태로 얼음장 같은 기차 칸에 몸을 구기고 있으면서도 보리수 꽃의 향긋한 내음에 더 집중한다. 결말 부분에서는 의사를 만나기 위해 모스크바를 천천히 가로질러 가다가 심장마비를 일으키지만, 여전히 그는 인도를 걸어가는 한 여인의 희미하게 반짝이는 보랏빛 드레스에서 관심을 거두지 않는다.

나는 파스테르나크의 작품을 통해 우리가 언제나 아름다움에 물드는 순간을 창조할 수 있으며, 상황이 절망적일수록 이런 종류의 순간을 찾는 것이 더욱 중요하다는 사실을 배웠다. 이러한 생각은 몇 번이고 나를 어둠에서 구해냈으며 어느새 내 정체성을 이루는 중요한 부분이 됐다. 어쩌면 이러한 태도는 내가 가진 최고의 대처 수단일지도 모른다.

감사하는 능력은 보통 나이 들수록 커진다. 우리는 각종 시행착오를 통해 긍정적인 부분에 집중하면 스스로가 행운아로 느껴진다는 사실을 알게 된다. 반면, 과거의 고통과 후회, 실망, 불만에 초점을 맞추는 순간 우리의 삶은 더없이 불행하고 비참해진다. 우리 대부분은 슬픈 사건 앞에서 감사하는 마음을 통해 영혼이 무너지지 않도록 지켜낸 경험을 갖고 있을 것이다.

'감사'는 연습을 통해 향상시킬 수 있는 삶의 기술이다. 심지어 인생에서 가장 큰 시련을 겪는 순간에도 우리는 즐길 것과 감사할 거리를 찾을 수 있다. 주어지는 모든 일에 감사해야 한다는 뜻이 아니다. 그건 자신을 몰아붙이는 비현실적인 요구니까. 고마움을 느끼는 마음은 도덕적인 의무가 아니라 연습을 통해 조금 더 자주 사용할 수 있게 되는 건전한 습관이다.

모든 일에 항상 긍정적으로 대처할 수만은 없다. 어느 날 아침, 엠마는 심한 독감과 눈병에 한꺼번에 걸린 상태로 깨어났다. 창밖에는 짙은 안개가 정원과 그 너머의 가로수들을 뒤덮고 있었다. 그는 생각했다. '지금 내 현실은 안개에 뒤덮인 저 바깥 풍경과 똑같아.'

크리스가 다가와 괜찮냐고 물었지만, 엠마는 울먹이며 이렇게 대답했다. "아니, 전혀 괜찮지 않아."

크리스가 엠마의 등을 문지르며 따뜻한 차를 만들어주겠다고 했지만 엠마는 고개를 저었다. 오늘 하루 직장을 쉬고 곁에서 돌봐주겠다는 제안도 거절했다. "날 그냥 내버려둬. 지금은 누구랑 얘기하는 것 자체가 힘들다고." 그는 출근하면서 가볍게 키스하려는 남편을 손사래 치며 밀어냈다.

엠마는 이성적인 생각을 하기 어려울 만큼 아팠다. 통증이 너무 심하다 보니 차라리 죽어버렸으면 좋겠다는 바보 같은 생각마저 들었다. 그날 아침, 엠마의 세상은 온통 시멘트빛 회색이었다.

그는 현명하게도 하루 동안 긍정적으로 생각하거나 감사하려는 노력 따위를 내던지고 종일 자리에 누워 투덜댔다. 다음 날 아침 몸 상태가 좀 나아졌을 때, 그는 비로소 인생을 아름답게 만드는 데 필요한 노력을 하기로 했다. 크리스가 차를 가져다줬을 때는 곧바로 고마움을 표시했고, 컵에 담긴 액체의 따뜻한 온기와 민트 향기를 즐겼다. 그는 남편에게 키스하고 귀를 가볍게 깨물었다. 크리스가 웃음을 터뜨리자 엠마도 따라 웃었다.

캘리포니아대학교 데이비스캠퍼스의 로버트 에몬스Robert Emmons 박사는 장기이식이 필요한 환자들을 대상으로 실험을 진행했다. 그는 환자들을 두 그룹으로 나눈 다음 그들 모두에게 자신의 삶과 관련된 감정을 기록해달라고 요청했다. 그리고 한 그룹에게는 21일 동안 매일 감사할 만한 일이나 사람의 이름을 다섯 개씩 적어서 제출해달라는 추가 사항을 요청했다. 정해진 기간이 끝난 뒤, 감사 목록을 적은 그룹은 긍정적인 감정이나 삶의 질 부분에 매겼던 점수를 처음보다 높게 조정했다. 반면 매일 감사할 일을 생각하지 않았던 다른 그룹은 이 두 가지 항목에 대해 특별한 변화를 느끼지 못했다.

삶에 감사하는 마음가짐은 주어진 상황과는 관련이 없다. 내 경험상, 오히려 최악의 상황에 처한 여성들이 가장 뛰어난 감사 기술을 가지고 있는 경우도 많았다. 뮤리엘의 어머니는 그 대표적인 예다.

뮤리엘은 중환자실에서 임종을 기다리는 어머니와 마지막 시간을 보내기 위해 미국의 끝에서 끝까지 날아갔다. 어머니는 거의 대부분 잠에 빠져 있었지만, 적어도 통증은 느끼지 않는 상태였다. 어머니는 호흡조차 어려워했고, 더 이상 혼자 힘으로는 먹지도 마시지도 못했다. 뮤리엘은 매일같이 어머니의 손을 꼭 잡고 그의 길고 힘든 인생에 대해 생각하며 곁을 지켰다.

어머니는 어린 나이에 부모님을 잃었고, 10대 초반부터 남의 집에 얹혀살며 가사 도우미로 일했다. 한 남자를 만나 결혼했지만 그는 가정 폭력을 휘둘렀고 셋째 아이가 태어난 이후 가족을 버렸다. 어머니는 중졸 학력으로 호텔 방을 청소하고 싸구려 식당에서 주방 일을 하며 겨우 생활비를 벌었다.

뮤리엘은 좀 더 저축을 하고 시간을 내서 어머니에게 해변 휴가라도 선물해드릴걸 하고 후회했다. 어머니가 인생에서 누렸던 사치를 단 하나라도 기억해내려고 노력했지만 떠오르지 않았다. 기억나는 거라곤 50년 전에 자신의 댄스 공연을 관람하길 좋아했던 어머니의 모습 정도였다. 바로 그 순간 어머니가 잠에서 깨어났다. 그는 양손을 딸의 얼굴에 대고 눈을 마주볼 수 있도록 가까이 끌어당겼다. "나는 멋진 인생을 살았단다. 그걸 꼭 기억해주렴." 어머니가 말했다.

어머니는 다시 베개에 파묻혀 잠에 빠져들었고, 다음 날 아침 세상을 떠났다. 뮤리엘은 어머니가 자신의 모든 인생을 그 한 문장으로 요약했다는 사실을 깨달았다. 뮤리엘은 그 말을 마음속 깊이 간직하고, 삶에 감사할 줄 아는 사람이 되기 위해 노력하겠다고 결심했다.

내가 아는 많은 여성은 삶에서 감사할 일들을 적극적으로 찾아낸다. 마지는 종종 자신이 그날 하루 기쁘고 고맙게 여겼던 일을 적어서 친구들에게 이메일로 보낸다. 그레첸은 감사 일기를 쓰며 자신을 즐겁게 해준 것들을 기록한다. 어떤 여성들은 친구들끼리 하루를 마무리하며 누가 더 긴 감사 목록을 만들 수 있는지 대결을 벌이기도 한다.

우리는 매일 아침 자신이 충분한 삶의 기술을 갖추고 있으며, 따라서 사랑스럽고 아름답고 감동적인 것에 초점을 맞출 수 있다는 사실을 상기할 수 있다. 식사를 들기 전에는 우리에게 빵과 과일을 내려준 우주를 향해 순수한 고마움을 표현할 수 있다.

내 전 편집자인 제인은 미술관에 들어갈 때마다 삶에 대한 고마움을 느낀다. 그 일은 그에게 신성한 의식이다. 제인은 미술관이라는 장소를 통해 인간이 서로에게 줄 수 있는 최고의 선물이 무엇인지 떠올린다. 내게 있어 새소리는 사원의 종소리다. 새들의 지저귐을 들을 때마다 나는 숨을 깊이 들이쉬고 지금 내 주변에 있는 모든 것에 감사하는 마음을 가지려고 노력한다.

가장 작은 선물에도 감사할 수 있는 여성이야말로 현명한 여성이다. 베네딕트수녀회의 위대한 수녀원장인 힐데가르드 폰 빙겐 Hildegard von Bingen은 정어리 한 마리를 선물받았을 때 너무 감동해서 눈물을 흘렸다고 한다.

아이러니하게도, 비극적인 사건은 종종 삶에 대한 감사로 연결되는 반면 지속적인 행운은 감사하는 마음을 흐리게 만들 수 있다.

특권층 사람들은 쉽고 편안한 인생에 너무 익숙해진 나머지 사소한 문제에도 큰 불만을 느끼곤 한다. 예컨대 "세상에, 파리행 비행기가 연착됐다고? 시카고에 네 시간이나 더 머물러야 한단 말야?" 혹은 "정원사가 다음 주까지 올 수 없다니, 이번 파티는 완전히 망했어" 같은 식이다.

하지만 사랑하는 사람을 잃었을 때, 우리는 고인과의 관계에서 얻었던 기쁘고 감사한 추억을 통해 구원받는다. 우리는 괴로움에도 불구하고 감사하는 것이 아니라, 괴로움 덕분에 감사한다. 예를 들어 내 친구 앤은 멀리 떨어져 사는 손주들에 대한 그리움을 털어놓다가 말을 잇지 못하고 한숨을 푹 내쉬었다. 하지만 다음 순간 그는 괴로움으로 가득한 문장을 끊고 이렇게 말했다. "인생은 너무 복잡하지만, 또 죽여주게 좋잖아?"

루터 교회에서 열린 음악회에 참석했을 때, 나는 전동 휠체어에 의지해 움직이는 한 나이 든 여성을 봤다. 그는 온몸에 보호대를 감고서는 보랏빛 셔츠와 꽃무늬 스커트, 흰색 양말로 멋을 내고 있었다. 누가 봐도 거동이 불편한 상황이었지만 그는 다른 관객들과 함께 〈유 아 마이 선샤인You Are My Sunshine〉을 열창하며 휠체어에 앉아 웃음을 터뜨리고 신나게 몸을 흔들었다.

최근 남편을 잃은 내 친구는 반려동물 가게를 찾으면서 적극적으로 삶의 기쁨과 즐거움을 찾으려고 노력한다. 그는 새끼 흰담비들이 장난치는 모습을 지켜보고, 다채로운 색깔의 열대어들이 노니는 어항을 감상한다. 때로는 입양을 기다리는 아기 고양이를 꼭 안아주기도 한다. 가게를 나설 때 그의 마음은 자신이 이 달콤한 세상에 살아 있다는 행복감으로 가득 찬다.

자신의 만족감을 인식하는 것은 매우 중요하면서도 과소평가되는 기술이다. 우리는 강렬한 열정과 흥분은 즉시 눈치 채면서도, 만족감의 부드러운 속삭임은 모른 채 넘어가곤 한다. 사실 만족감은 행복한 삶의 기본적인 구성 요소다. 만족스러운 기분이 느껴질 때면 이렇게 한번 말해보자. "이 기분을 알아채다니. 이건 칭찬받을 만한 일이야."

작가 비키 로빈Vicki Robin은 이렇게 말했다. "사람들은 지혜의 속도에 맞춰 삶의 속도를 늦출 필요가 있다." 내 동생 제이크 또한 언제나 "좀 더 천천히 해"라고 잔소리하는 사람 중 한 명이다. "느리게 여행할수록 더 많은 것을 볼 수 있어. 속도를 포기하면 시간을 마음껏 활용할 수 있게 되지"라는 것이 그의 주장이다.

나는 얼마 전에 한 수도원에서 진행하는 묵언 수행에 참여했다. 수련자들은 음식을 삼키기 전에 최소 30번씩 씹어야 한다는 지침을 받았다. 그건 생각보다 어렵고 시간을 많이 잡아먹는 일이었고, 나는 주말 내내 배를 채우지도 못한 채 식탁을 떠야 했다. 하지만 어느 순간 나는 수도원의 심심한 음식이 맛있게 느껴진다는 사실을 깨달았다. 천천히 씹은 덕분에 모든 음식의 좋은 맛을 충분히 음미할 시간을 얻은 것이다. 나는 평생 오트밀을 싫어했지만, 그 수련을 하는 동안 저도 모르게 아침에 나올 오트밀 한 그릇을 기다리며 이런 생각을 했다. '오트밀에서 이렇게 고소하고 풍부한 맛이 난다는 걸 누가 알았겠어?'

이 수련을 통해 나는 천천히 움직이며 매사에 주의를 기울이면 모든 일이 훨씬 즐거워진다는 것을 배웠다. 시간은 팽창하고, 감각은 깨어나고, 모든 것이 더 여유 있고 자유롭게 느껴졌다. 그 경험 이후 나는 초콜릿 한 조각을 먹거나 좋은 커피 한 모금을 마실 때도 내가 그 순간을 얼마나 즐기는지 의식하려고 노력한다.

우리는 주변에 주의를 기울이지 않은 채 그저 떠다니기만 하는 '비행기 모드' 상태로 살아간다. 하지만 감각을 깨우고 인생을 음미하는 기술을 배운다면, 현재는 그 자체로 커다란 기쁨이 될 수 있다.

나는 어제 오랜 친구의 추도식에 참석했다. 집에 돌아온 뒤에는 장미가 활짝 핀 정원으로 나가 꽃나무를 손질했다. 꽃밭에서는 붉은 카펫처럼 가득 피어난 개양귀비가 나를 반겼다. 나는 골프공 크기로 자라난 토마토를 살펴보고 바질을 수확해서 페스토 소스를 만들었다. 해가 질 무렵, 높다란 정원수 꼭대기에서 종달새가 노래를 불렀다. 마지막 남은 태양빛 한 조각이 새의 노란 가슴 깃털을 비추고 있었다. 그 빛은 마치 이렇게 말하는 것 같았다. "살아 있음에 감사하라."

샐리는 대부분의 사람보다 훨씬 힘든 삶을 경험했다. 그는 가난과 결핍, 질병뿐 아니라 그 이상의 복잡한 문제를 안고 있는 가정에서 태어나고 자랐다. 지금도 매일같이 심각한 지병과 만성적인 통증에 시달리지만 그는 여전히 삶에 감사하는 마음을 갖고 있다.

내가 살면서 만난 무척 쾌활한 이들은 보통 누구보다 큰 어려움을 겪고 있었다. 내가 인터뷰를 하러 갔을 때, 샐리는 휠체어를 타고 자동문을 열며 나를 맞았다. 검은 곱슬머리에 주근깨와 따뜻한 미소를 지닌 그는 나를 꼭 껴안은 뒤 주방에서 차를 마시자고 권했다. 그가 양팔을 제대로 쓸 수 없었기 때문에 나는 두 사람 분의 차를 따르고 찻잔과 주전자를 테이블로 옮겼다. 그는 이번 인터뷰가 너무 기대된다고 말했다. "늙는다는 것은 정말 끔찍한 특권이에요!"

샐리는 나무가 줄지어 늘어선 거리에 있는 작고 오래된 집에서 살았다. 그 집은 책과 그림, 음악으로 가득 채워져 있었다. 라디오에서는 소울 음악이 흘러나오고, 부엌 식탁에는 제임스 비어드James Beard의 요리책과 〈콜로라도 리뷰Colorado Review〉가 올려져 있었다. 우리는 골동품에 가까운 은제 크림 단지와 티스푼을 옆에 두고 오래된 도자기 잔으로 차를 마셨다. 샐리는 갓 구운 빵에 아일랜드산 버터를 곁들여 냈다. "아일랜드산 버터를 살 여유 정도는 있답니다." 그가 윙크하며 말했다.

그의 아들 션은 현재 콜로라도에서 한 진보 성향의 상원의원 후보를 보좌하고 있다. 그는 교도관과 지역사회조직가Community Organizer로 일한 경력이 있는 건장하고 수다스러운 남성이다. 나는 샐리의 집에서 종종 그를 마주쳤는데, 그때마다 그의 높은 지성과 걸쭉한 욕설, 까칠한 태도와 친절한 성격의 신기한 조합에 놀라곤 했다.

샐리는 퇴직연금과 장애인 보조금으로 살아간다. 그는 자신이 최소 여덟 번 이상 죽음의 문턱을 경험했다고 말했다. 가장 최근의 고비는 불과 몇 달 전에 찾아왔다. 헤모글로빈 수치가 급격히 떨어지는 바람에 중환자실에 입원한 것이다. 우리가 만났을 때, 그는 당시에 심각하게 훼손된 건강을 이제 막 회복하는 중이었다. 하지만 그의 인생에는 이미 전신에 패혈증을 일으킨 연쇄상구균 감염을 포함해서 수많은 응급 상황이 있었다. 이 감염으로 샐리의 하반신은 영원히 마비됐다.

길고 긴 입원 생활을 마친 뒤, 샐리는 링컨 근처의 작은 마을에 있는 요양원에서 몇 달 동안 지냈다. 그 시설은 환자를 방치할 뿐 아니라 적절한 치료도 제공하지 않았다. 그는 '거미줄로 짠' 숄의 무게조차 감당할 수 없을 정도로 극심한 통증에 시달렸고, 그곳에서 그대로 죽음을 맞이하리라고 생각했다. 하지만 더 나은 치료를 위해 그를 다른 병원으로 옮겨야 한다고 주장한 한 간호사 덕분에 겨우 목숨을 건졌다.

결국 샐리는 집으로 돌아올 수 있었다. 친구들은 그가 스스로 할 수 없는 일을 처리하도록 도와줬고, 당시 대학교에 다니던 션은 어머니를 돌보기 위해 집으로 돌아왔다. 그는 1년 이상 어머니 곁을 지키며 회복을 도왔다.

건강을 잃기 전 샐리는 충실한 삶을 살았다. 그는 해외여행을 즐겼고, 세 번의 결혼생활을 했으며, 레스토랑을 운영하고, 학생들을 가르치고, 글을 썼다. 문학상을 수상한 작가이자 오랜 경력을 지닌 사회운동가이기도 했다. 최근에는 네브래스카주 농민연합Farmers Union of Nebraska의 역사에 대한 글을 썼다. 지금 그는 한 번에 한 걸음씩 인생을 재조립하는 중이다. 그는 농업과 농촌 개발, 세계 기후변화를 포함한 자신의 전문 분야에 대해 정부기관 관계자들에게 자문을 제공하고 있다.

샐리는 긍정적인 시각으로 세상을 바라보는 놀라운 재능을 가지고 있다. 심지어 신체의 장애조차도 훌륭한 이야기로 만들어낸다. "저는 새로운 길을 찾아내는 도전을 즐겨요. 창의적인 방법으로 주어진 문제를 해결하는 거죠. 저는 지금의 생활에 만족해요. 부자가되진 못했지만, 하루에 2달러로 연명하는 전 세계 수많은 사람과 비교하면 제 삶은 백만장자나 다름없어요."

내가 만 64세인 그에게 자신이 나이 들었다고 생각하는지 물었을 때, 그는 이렇게 대답했다. "그럼요. 거울을 볼 때마다 웬 할머니가 보이는걸요. 하지만 그런 건 상관없어요. 저는 나이에 관계없이 거울 속 그를 무척 사랑하거든요."

샐리는 자신이 생존에 필요한 기술을 많이 갖췄다고 말한다. 상대방의 감정에 공감할 줄 알면서도 때로는 자신을 지키기 위해 분명한 선을 그을 줄 아는 것이 바로 그것이다. "저는 '나'와 '너' 사이의 차이점을 분명히 알고 있어요."

더불어 그는 자기 자신에게 솔직하다. 그는 스스로에 대해 이렇게 설명했다. "젊었을 때는 서로 부딪치는 필요와 욕구를 어떻게 처리해야 할지 몰랐지만, 지금은 복잡한 삶의 요소를 적당히 조절하면서 살 수 있게 됐죠."

"저는 회복력이 강한 사람이라서, 일이 잘못돼도 크게 당황하지 않아요." 그는 이런 성격에 어느 정도 선천적인 부분이 있다고 인정하면서도 '알코올중독자의 성인 자녀들을 위한 12단계 회복 프로그램'에 참여한 경험이 큰 도움이 됐다고 말한다. 그의 어머니는 알코올중독자였다. 성인이 된 샐리는 어릴 적 겪은 일들의 영향을 털어놓는 경험을 통해 더욱 강인한 사람으로 거듭날 수 있었다.

그는 죽음을 두려워하지 않는다. 죽음의 문턱에 수차례 다가갔던 사람으로서 죽음을 앞둔 대부분의 사람이 겪는 육체적 고통과 비참한 심정을 정확히 알고 있다. 인간이 가장 두려워하는 것은 '영혼의 분해Psychic Dismemberment', 다시 말해서 자신의 생각과 정체성, 자아감각이 사라지는 느낌이라고 그는 생각한다.

샐리는 아홉 살 때 꿨던 꿈을 떠올렸다. 그는 꿈속에서 뇌졸중으로 세상을 떠난 고모와 대화를 나눴다. 고모는 사람들이 죽음보다 더 무서워하는 것이 바로 잊히는 것이라고 말했다. "하지만" 고모가 덧붙였다. "사람은 결코 잊히지 않는단다." 인간의 삶이란 서서히 바래가는 꽃무늬 천과 같아서 한 사람의 삶의 무늬는 그가 영향을 미친 모든 이들의 마음속에 남는다.

샐리는 아버지의 임종을 지켰고, 그가 가능한 한 고통을 덜 느끼도록 최대한 배려했다. 아버지가 돌아가시기 몇 분 전, 샐리와 그의 의붓 자매는 그 곁에 앉아 가족과 오랜 친구들에 대해 얘기하고 있었다. 당시 아버지는 혼수상태에 빠져 있었고, 따라서 두 사람은 그가 자신들의 이야기를 들을 수 있으리라고 생각지 않았다. 하지만 그들이 어떤 친구의 이름을 기억해내려고 용을 쓰고 있을 때, 문득 아버지의 입에서 그의 이름이 튀어나왔다. 아버지는 그 직후 평온하게 숨을 거뒀다. 그 사건 이후 샐리는 혼수상태에 빠진 사람들이 자신의 말을 들을 수 있다고 믿게 됐고, 그들의 곁에서 항상 밝고 긍정적인 태도를 보이려고 노력한다.

샐리는 내게 죽음에 가장 가까이 갔던 경험 중 하나를 들려줬다. 나는 그가 그 이야기를 마치 〈리더스 다이제스트Reader's Digest〉에서 읽은 남의 사연처럼 얘기하는 데 놀랐다. 죽음에 거의 다가간 순간, 그는 빛줄기와 함께 먼저 세상을 떠난 이들의 그림자가 다가오는 것을 봤다. 가까스로 소생했을 때 그는 짜증이 났다. "왜냐하면 죽음의 문턱에 다가간 그때가 제 인생에서 가장 흥미로운 순간이었거든요."

물론 샐리 또한 죽음 뒤에 어떤 일이 펼쳐질지는 알지 못한다. 그는 우리가 거대한 바다에서 왔고, 다시 그곳으로 돌아가게 되리라 믿는다. 우리는 모든 것과 영원히 연결돼 있다. 물질과 에너지는 결코 사라지지 않는다. "우리가 죽은 뒤에 파동이 될지 입자가 될지는 잘 모르겠지만, 어떤 형태로든 계속 존재할 거예요." 그가 웃으며 말했다.

샐리가 원하는 매장 방식은 별스러운 그의 평소 성격과도 잘 들어맞는다. 그는 이 지역 원주민들의 관습에 따라, 인근 숲에 사는 터키콘도르들이 포식할 수 있도록 자신의 집 지붕에 시신을 올려놓고 조장鳥葬을 지내고 싶어 했다. 하지만 그도 그의 아들도 이 방식이 이웃에 피해를 끼칠 수 있다는 사실을 인정했다. 그의 두 번째 선택은 뒷마당의 나무 옆에 묻히는 것이었다. 하지만 이 방법은 엄연히 불법이다. 따라서 샐리는 아마도 화장될 것이다.

우리가 이야기를 나누던 날, 하늘은 파랗고 라일락은 활짝 피었으며 정원의 잔디는 최근에 내린 비에 씻겨 에메랄드빛으로 반짝이고 있었다. 샐리는 쾌청한 날씨 속에서 활기가 넘쳤다. "전 외출할 때마다 살아 있다는 사실에 감사한답니다." 샐리는 그날 아침에 벌레 한 마리가 나무에서 기어 내려와 꿈지럭거리며 잔디 속으로 들어가는 모습을 봤다고 말했다. "그 벌레는 꼭 저처럼 회복력을 타고난 존재였어요." 그가 웃으며 말했다.

샐리는 거의 비현실적일 만큼 긍정적인 여성이고 우리 대부분은 그와 같은 감사의 경지에 도달하지 못할 것이다. 하지만 나는 샐리를 만나서 다행이라고 느낀다. 그는 여전히 충실한 인생을 살고 있으며, 내게 인생의 문제를 균형 있게 바라보는 방법을 알려줬다. 샐리가 그 무거운 짐을 지고도 명랑할 수 있다면, 나 또한 얼마든지 삶에 감사하는 긍정적인 태도를 가질 수 있으리라.

3부

배 위의 사람들

함께 노를 저을 사람이 있다면

14장
날이 갈수록 빛나는 우정

당신과 얘기할 때면 보호받는 느낌이야.

에밀리 디킨슨

친구는 우리 안의 세계를,
그들 없이는 아마도 존재하지 않았을 세계를 보여준다.
오직 친구와의 만남만이 새로운 세상을 만든다.

아나이스 닌 Anaïs nin

*

　　지난 30여 년 동안, 엠마는 매년 낮이 가장 긴 하지夏至마다 콜로라도대학교 동창들과 함께 주립공원에서 캠핑을 즐겼다. 그들은 각자 와인과 치즈, 빵을 가져왔고, 날이 어두워지면 큰 모닥불을 지피고 그 주위에서 노래를 불렀다. 밤에는 별빛과 백양나무 가지 아래 작은 텐트를 치고 잤다.

　　그들은 캠핑을 하며 한 해 동안 도전한 일과 그로써 얻은 성취를 공유했다. 서로의 내적 투쟁과 정신적 신념, 깊은 성찰에 대해서도 이야기했다. 이러한 대화는 일종의 공동 치료였다. 그들은 서로에게 배움과 영감과 치유의 시간을 선사했다.

　　작년 모임에서 솔레다드는 자신이 루프스 진단을 받았고 남편은 신장암 말기 투병 중이라고 고백했다. 그는 병이 진행되면서 자신과 남편에게 나타날 수 있는 증상에 대해 자세히 설명했고, 다른 여성들은 그 이야기를 조용히 경청했다. 솔레다드는 속상한 마음에 부들부들 떨고 있었다. 말하는 중간중간 목소리가 갈라졌다. 엠마는 그의 곁으로 다가가 가만히 어깨를 감쌌다.

그가 눈물을 그쳤을 때, 엠마는 다 함께 치유 의식을 치르자고 제안했다. 솔레다드를 제외한 모든 멤버가 친구를 치유해줄 물건을 찾기 위해 호숫가로 흩어졌다. 몇 분 후, 캠핑 장소로 돌아온 여성들은 솔레다드와 함께 원을 그리며 앉았다. 그들은 자신이 가져온 선물을 하나씩 설명했다.

"이 매발톱꽃은 어떤 상황에서도 너를 지탱해줄 아름다움을 상징해." 엠마가 말했다.

"이 석영은 앞으로 힘든 나날을 견뎌야 할 네게 강인함을 줄 거야." 리넷이 말했다.

선물 전달식이 끝난 뒤, 그들은 솔레다드의 눈을 바라보고 그의 어깨에 양손을 얹고 치유의 에너지를 불어넣었다. 엠마는 그 모든 어려움을 극복해나갈 솔레다드에게 새로운 이름이 필요하다고 말한 뒤, '용기'라는 별칭을 붙여줬다.

이 의식은 멤버 모두에게 도움이 됐다. 솔레다드는 치유의 선물과 함께 앞으로 계속해서 힘이 될 새로운 이름을 얻었다. 다른 여성들 또한 장차 자신이 심각한 문제와 마주친다면 이 모임이 자신을 응원하고 지지해주리라는 사실을 깨달았다. 엠마는 이렇게 생각했다. '오직 우리 또래의 여성만이 서로에게 이런 의식을 선사할 지혜를 갖고 있어. 20년 전이었다면 이런 일은 꿈도 꾸지 못했을 거야.'

여성들은 언제나 함께 일해왔다. 적어도 20만 년 동안 우리는 아이들을 기르고, 음식을 찾아다니고, 부족의 다른 여성들과 함께 물을 길러 다녔다. 아기를 재울 때는 함께 자장가를 불렀고, 친척이 세상을 떠났을 땐 함께 애도했다. 캠프파이어 끝자락에는 대화를 나눴고 새벽을 깨우는 새소리를 들었다. 나이 든 후에는 손주들을 키우며 부족의 어린 구성원들이 자라나는 모습을 지켜봤다.

우리는 여전히 친구와 함께 있는 시간을 사랑하지만, 21세기에 이런 우정을 유지하려면 좀 더 면밀한 계획과 노력이 필요하다. 우리는 종종 멀리 떨어져 살고, 서로 연락할 시간을 내지 못한다. 우리 사회의 문화는 친구 관계가 인생에서 높은 우선순위를 차지한다거나 나이 들어감에 따라 삶을 지탱해주는 가장 중요한 요소가 된다는 사실을 알려주지 않는다.

하지만 우리는 여성들의 우정 안에 어떤 보물이 숨어 있는지 하나씩 발견해나간다. 친한 친구들과 있을 때면 많은 말이 필요 없다. 우리는 복잡하고 다면적인 감정을 표정과 눈빛, 미소만으로 전달할 수 있다. 내 친구는 사람들이 나누는 대부분의 대화가 '말하고 다시 말할 기회를 노리며 기다리는 과정'으로 이뤄져 있다는 농담을 던지곤 한다. 하지만 친한 여성 친구들과의 대화에는 이런 룰이 적용되지 않는다.

중학생과 고등학생 시절에도 친한 친구들은 있었지만, 내가 첫 소울메이트를 만난 것은 대학생 때였다. 재니스와 나는 1965년 여름, 캔자스대학교 기숙사의 룸메이트로 처음 만났다. 재니스는 검은 머리에 짙은 눈동자를 지닌 아담한 여성으로 언제나 호기심과 활기가 넘쳤다. 캔자스시티에서 블루칼라 노동자로 일하던 재니스의 아버지는 딸이 대학에 가는 것을 원치 않았다. 그는 집안에서 톨스토이와 파스테르나크, 도스토옙스키를 읽은 첫 번째 소녀였고, 윌리엄 블레이크와 월트 휘트먼의 시까지 암송할 수 있었다.

우리 둘 모두 낯선 사람 앞에서는 수줍음을 탔지만, 둘만 있을 땐 세상에서 제일가는 수다쟁이가 됐다. 기숙사 방에서 만난 첫날 우리는 밤을 새워 인생에 대한 생각을 나눴다. 여덟 시간에 걸친 대화 끝에 나는 앞으로의 내 삶이 지금까지와는 다를 것이라는 사실을 깨달았다. 이 세상에 나와 똑같은 생각을 하는 사람이 존재한다는 사실을 알았기 때문이다.

내 성인기 삶의 상당 부분은 수십 년간 가깝게 지낸 여성 친구들에 의해 만들어졌다. 우리는 함께 산책을 하고, 오래도록 전화 통화를 하고, 매일같이 서로의 안부를 확인했다. 그런 일상 없이 내가 무엇을 할 수 있었을지, 나는 상상조차 할 수 없다.

많은 여성이 초등학생 시절부터 가까운 친구를 만난다. 우리에게는 중고등학교와 대학 동창들이 있고, 여가 시간을 함께 즐기는 친구들이 있다. 내성적인 성격 탓에, 혹은 자주 이사를 다니는 환경 탓에 친한 친구가 한두 명밖에 없을 수도 있다. 하지만 친구의 숫자에 관계없이, 우리가 그들을 가장 소중히 여기는 것은 60~70대에 들어섰을 때다. 이 나이가 되면 아이들은 다 자라고 직업적인 경력은 시들해진다. 하지만 운이 좋다면 우리는 여전히 가까이 사는 좋은 친구들과 시간을 보낼 수 있다. 친구는 우리가 세상을 균형 있게 바라볼 수 있도록 해주고, 힘든 시기를 겪고 있을 때 농담으로 분위기를 풀어준다. 그들은 우리에게 필요한 우정과 이해, 위안을 넘치도록 제공한다.

우리는 언제나 가족을 돌보고 떠받치는 역할을 하지만, 친구는 오히려 우리를 돌봐준다. 이러한 관계가 주는 기쁨과 풍요로움은 말로 설명할 수 없을 정도다. 우리 나이가 되면 가까운 친구와 많은 시간을 보낼 수 있는 여성이야말로 진정한 부자라고 할 수 있다.

나이에 관계없이, 우리는 함께 있을 때 즐겁고 서로의 성장에 도움이 되는 여성을 친구로 선택할 수 있다. 우리가 존경하는 가치를 지닌 여성들과 시간을 보낼 수도 있다.

나는 언제나 '마음을 나누는 친구'와 '삶의 길목에서 마주친 친구(살면서 겪는 여러 가지 상황 때문에 우연히 연결된 관계)'를 구분하려고 노력해왔다. 삶의 길목에서 마주친 친구에는 직장 동료, 자녀의 친구 엄마들 모임에서 만난 여성, 봉사활동 모임의 구성원 등이 포함된다. 물론 때로는 삶의 길목에서 만난 친구가 마음을 나누는 친구로 바뀌기도 한다. 하지만 진정한 소울메이트라면 단 하루의 인연만으로도 깊은 우정을 나눌 수 있다. 나는 묵언 수행에서 친구가 된 두 여성을 알고 있다. 그들은 수련이 끝난 후 누가 먼저랄 것도 없이 서로에게 다가가 연락처를 교환하고 밖에서 만날 약속을 잡았다. 지금은 세상 누구보다 가까운 친구로 지내고 있다.

우정은 명사가 아니라 동사다. 모든 인간관계에는 관심과 시간, 에너지가 필요하다. 양분을 제대로 공급하지 않으면 어떤 관계든 가치를 잃고 만다. 친구들과 함께 있을 때 우리는 언제나 '우정 나눔'을 한다. 다시 말해서, 우리는 서로의 말을 듣고 경험을 공유하고 웃고 서로를 편안하게 해주고 현재의 순간을 즐긴다. 상대방에 대한 애정과 고마움을 전하기도 한다. 이 글을 쓰면서 나는 친구가 조직검사를 받거나 수술을 받을 때마다 갓 구운 페이스트리를 들고 문병을 가는 루이즈나 모든 이메일 끝자락에 '날 사랑해줘서 고마워'라는 인사말을 덧붙이는 그레첸을 떠올렸다.

여성은 심각한 대화를 잘 이끌어나가는 능력을 갖고 있다. 우리는 상대방의 말을 경청하고 공감할 줄 안다. 서로의 정신건강에 위기가 닥쳤을 때는 누구보다 먼저 손을 내민다. 친구 앞에서는 우리의 고통과 결점, 미숙한 행동을 감출 필요가 없다. 우리는 인생이 꼬일지도 모른다는 걱정 없이 마음 편히 실수를 저지를 수 있다.

여성 친구들은 우리가 스스로를 정의할 수 있도록 돕는다. 우리는 그들과 음악, 책, 취미, 음식에 대한 취향을 공유한다. 서로에게 다양한 기술을 가르치며, 각자 큰 꿈을 갖도록 동기를 부여하기도 한다. 우리는 작은 선물과 칭찬, 유머를 통해 용기를 갖고 계속 앞으로 나아갈 수 있도록 서로를 격려한다.

친구의 존재는 산책이나 커피 한잔의 여유조차 없는 인생보다 더 끔찍한 것은 없다는 사실을 새삼 상기시켜준다. 이 글을 쓰는 지금 이 순간, 나는 우리 어머니가 집에서 세 시간 거리의 병원에서 천천히 죽어가고 있을 때 이웃 여성과 함께했던 산책을 떠올리고 있다. 당시 나는 커다란 슬픔과 스트레스에 짓눌려 있었다. 나는 일을 마치고 집에 돌아온 뒤, 다른 가족들이 각자 저녁 시간을 보내는 것을 확인하고 나서 베티와 함께 별빛 아래 산책을 나가곤 했다. 베티는 내 우울한 이야기를 공감하면서 듣고 때로는 내 아픔을 소재로 농담을 던지기도 했다. 처음에는 깜짝 놀랐지만 얼마 안 가나는 그의 농담을 들으며 웃음을 터뜨리는 순간을 간절히 기다리게 됐다. 그와 산책을 다녀온 날에는 편안히 잠들 수 있었다.

캐리는 친구들의 도움을 받아 어려움을 이겨낸 대표적인 사례다. 남편이 가르치던 학생과 눈이 맞아 집을 나갔을 때 캐리는 만 64세였다. 말도 많고 탈도 많았던 결혼생활 동안, 캐리는 내내 남편 브루스가 바람을 피운다고 의심해왔다. 하지만 이렇게까지 심각한 관계로 발전한 것은 이번이 처음이었다. 남편의 바람기에도 불구하고 캐리는 자신의 결혼생활이 그렇게 나쁘지만은 않았다고 생각했다. 어쨌든 그들은 세 명의 아이를 훌륭히 키워냈고, 일곱 명의 손주를 봤으며, 서로의 친구들과도 대부분 알고 지냈고, 성생활도 활발했다.

캐리는 검은 머리를 길게 늘어뜨린 아름다운 여성으로, 언제나 세련된 옷을 입고 몸매 관리에도 철저했다. 하지만 눈 내리는 날 아침 남편과 나눈 한 번의 짧은 대화는 그를 완전히 무너뜨렸다. 그는 자신감과 자부심을 한 번에 잃었다. 체중은 순식간에 10킬로그램 가까이 불어났고 하루에 와인을 몇 병씩 마셨다. 너무 많이 운 나머지 눈 주위에 영원히 사라지지 않을 붉은 자국이 생겼다.

다행히도, 캐리의 많은 여자 친구들이 캐리가 슬픔의 폭포에 휩쓸려가지 않도록 양팔을 걷어붙이고 나섰다. 그들은 돌아가면서 캐리와 저녁 식사를 함께했고 토요일 아침이면 다 같이 커피타임을 가졌다. 캐리는 그들에게 말했다. "6개월 정도는 나 자신에게 마음껏 화내고 외로워하고 두려워할 시간을 주려고 해. 그다음에는 인생의 새로운 단계를 맞이할 거야."

6개월 동안 캐리는 스스로 이런 질문을 던지며 괴로워했다. '내가 뭘 잘못했지? 어째서 이런 사태를 미리 예상하지 못했지? 어쩌자고 그런 쥐새끼 같은 놈이랑 결혼했던 거지? 내가 앞으로 남자라는 생물을 믿을 수 있을까?'

캐리는 울고 분노하고 복수심에 사로잡혔다. 때로는 자신의 달라진 외모와 줄어드는 은행 잔고, 불안정한 정신건강을 걱정했다. 하지만 그는 매일 친구들과 이야기를 나눴고, 처음에 선언했듯이 6개월이 지날 무렵에는 앞으로 나아갈 준비를 마쳤다.

어느 날의 저녁 식사 무렵, 그는 20년 지기 친구 엘리스와 함께 자기 집 뒷마당에 텃밭을 일구기로 결정했다. 두 여성은 이 재미난 프로젝트에 푹 빠져 여름 내내 함께 일했다. 캐리는 거의 매일 저녁 식사를 마친 뒤 옆집과 맞닿은 발코니에 앉아 이웃 부부와 대화를 나눴다. 레드와인 대신 홍차를 마셨고, 자전거를 타며 스스로 '트라우마 체중'이라고 불렀던 살을 빼기 시작했다.

그는 햇빛과 따뜻함, 녹색이 슬픔을 치유해준다는 사실을 발견했다. 야외에서 자전거를 타거나, 발코니에 앉아 있거나, 정원에서 일할 때면 기분이 좋아졌다. 하지만 그 즈음 추위가 찾아왔다. 토마토 덩굴은 시들해지고, 자전거 자국은 얼어붙고, 이웃들은 더 이상 집 밖으로 나오지 않았다.

캐리는 양동이에 든 돌멩이 하나처럼 침실 세 개짜리 휑뎅그렁

한 집에서 홀로 지냈다. 그는 펜실베이니아의 겨울을 무사히 나려면 무엇이 필요할지 곰곰이 생각했고, 그 정답이 여자 친구들이라는 결론을 내렸다. 그는 당장 자기 집에서 독서 모임과 태극권 모임을 열었다. 공부방을 명상실로 개조했고, 독서나 글쓰기를 원하는 여성들에게 서재를 개방했다. 캐리의 집은 여성들을 위한 문화 센터로 탈바꿈했다.

캐리는 원하는 방식으로 삶을 이끌어나갈 수 있는 힘을 마음껏 누렸다. 살면서 처음 느껴보는 자유였다. 그는 채식주의자가 됐고, 지금 이 순간 자신이 먹고 싶은 음식을 정성껏 요리했다. 밤에는 영화관과 콘서트장, 레스토랑을 찾았다. 그는 자신에게 이런 활동을 감당할 수 있는 능력이 있다는 사실에 감사했다. 그는 한 달에 한 번씩 친구들을 불러 늦게까지 제인 오스틴 영화를 보는 밤샘 파티를 열었다.

하지만 캐리는 여전히 이른 아침 누군가와 함께 즐기는 모닝커피나 밤늦은 시간 난롯불 앞에서 나누는 대화가 그리웠다. 신중한 고민과 수차례에 걸친 깊은 대화 끝에 그는 자신과 마찬가지로 이혼한 엘리스를 집으로 초대해서 함께 살기로 결정했다. 캐리는 내게 말했다. "우리는 자신의 잘못이 아닌 이유로 발생한 문제를 극복한 경험이 있고, 따라서 앞으로 튀어나올 다양한 삶의 문제도 함께 이겨낼 수 있을 거예요." 그는 부드러운 목소리로 덧붙였다. "전 엘리스를 믿어요."

1년 뒤, 캐리는 결혼생활을 유지할 때보다 훨씬 행복한 삶을 누리게 됐다. 그는 불행을 딛고 일어서는 자신의 회복력과 새로운 삶을 설계하는 창의력을 자랑스럽게 여긴다.

물론 캐리와 엘리스는 가끔씩 의견 충돌을 일으킨다. 하지만 여성들의 우정이 아름다운 이유는 함께 살기 위해 반드시 완벽할 필요가 없기 때문이다. 사실 오랜 우정을 유지하려면 상대방을 있는 그대로 받아들이는 태도가 필요하다. 기대치가 너무 높으면 누구를 만나도 실망할 수밖에 없다.

함께 변화하고 성장하는 방법을 찾아내지 못하면 오랜 우정도 어느새 습관적이고 지루한 관계로 전락하고 만다. 우리는 새로운 구성원을 초대함으로써 모임의 분위기를 극적으로 변화시키거나 더 흥미로운 대화를 나눌 수 있다. 골동품 가게에 방문하거나 여행을 가는 등 예전에 함께 해본 적 없는 새로운 일을 시도하는 것도 우정을 새롭게 다지는 좋은 방법이다. 다음과 같이 새로운 대화 주제를 꺼내드는 것도 좋다. "만약 네가 역사를 다시 쓴다면, 세상 사람들에게 어떤 이야기를 들려주고 싶어?" "진지하게 계발했더라면 좋았을 거라고 생각하는 재능이 있니?"

나는 친구 마지와 한 달에 한 번씩 만나서 점심을 먹고 함께 미술관을 방문한다. 우리는 함께 예술 작품을 보고 서로의 감상을 공유한다. 이러한 경험은 우리에게 놀랍도록 신선한 주제와 다양한 관점을 선사한다. 우리는 30년간 알고 지냈지만 언제나 새로운 대화거리가 끊이지 않는 즐거운 관계를 맺고 있다.

여성들은 종종 서로 다른 성별이 섞인 이웃들의 연결고리가 된다. 나는 여자 친구들을 통해서 가장 친한 남자 친구들을 만났다. 베티는 우리 동네 주민들의 연결을 담당하는 중심축이었다. 그는 자주 파티를 열고 우리 동네가 사람들이 서로 가깝게 지내는 활기 찬 곳이라는 사실을 확인시켜줬다.

얼마 전 베티와 그의 남편 칼은 그들의 100년 된 벽돌집에서 마지막 송년 파티를 열었다. 두 사람은 오는 3월에 시내의 아파트로 이사를 갈 예정이다. 그들은 그곳에서 계속 파티를 열겠지만 그 분위기는 지금과 사뭇 다를 것이다. 그들이 사라진 우리 동네 또한 지금까지와는 다를 것이다.

우리 가족이 막 이 동네로 이사 왔던 1980년에 베티는 우리 집에 들러 나를 초대했다. 그때까지만 해도 우리 둘의 어머니는 모두 살아 계셨고, 우리 머리칼은 갈색이었고, 자정을 훌쩍 넘긴 시간까지 수다를 떨 체력도 있었다. 우리 아들은 만 아홉 살, 딸은 만 세 살이었다. 베티 또한 어린아이들을 키우고 있었다. 우리는 수십 년에 걸쳐 아이들이 자라고 결혼하고 새 가정을 꾸리는 모습을 함께 지켜봤다.

우리가 처음 만났을 때, 베티는 선거관리위원회에서 일하고 있었다. 나중에는 우리 지역사회의 활동 프로그램을 감독했고, 지금은 비영리단체를 운영한다. 당시의 나는 아직 책 집필 경험이나 강연 경험이 전혀 없는 개인 심리치료사였다.

베티와 나는 함께 담배를 피웠고 금연 또한 함께했다. 우리는 인권운동에 참여했고, 서로의 정원에 심을 식물을 골랐다. 나는 그가 주방 리모델링을 할 때 곁을 지켰고, 그는 내가 첫 번째 책 홍보 투어를 다닐 때 곁을 지켰다. 우리는 각자의 가정에 위기가 닥칠 때마다 서로를 위로했다. 나는 그의 70번째 생일 파티에 참석했고, 모

든 참석자들이 거짓말처럼 그가 가장 좋아하는 에피타이저인 아티
초크 절임을 들고 나타난 장면을 목격했다.

베티의 집에서 열린 마지막 송년 파티에 참석하러 가는 길은 어
둡고 추웠다. 매서운 북풍에 거리의 소나무가 노인의 구부정한 허
리처럼 사정없이 휘었다. 하지만 벽돌집은 불 켜진 유람선처럼 환
했고, 창문 너머로는 화사한 꽃이 가득 꽂힌 화병들이 보였다.

베티는 반짝이는 빨간 재킷을 입고 문가에서 나를 맞았다. 그는
내가 아는 모든 이들 중에 집안일과 가장 거리가 먼 사람이었고,
내가 치즈 포장을 풀거나 과카몰리를 만들 수 있다는 사실만으로
나를 영웅 대접했다. 나는 그를 위해 가져온 음식을 접시에 예쁘게
담았다. 그는 내가 플레이팅한 접시를 마룻바닥 깔린 식당 테이블
로 날랐다.

칼이 오븐에서 구워지고 있는 로스트 치킨을 확인하기 위해 부
엌으로 들어왔다. 우리는 그날 하루의 소식을 공유했다. 그는 아침
에 갑상선암 조직검사를 받았고, 나는 혈압 문제 때문에 병원을 찾
은 참이었다. 그런 다음, 우리 셋은 다 함께 추억에 잠겼다. 베티는
미국 인디언운동과 함께 운디드 니에서 저항운동을 했던 1973년,
시위를 마친 말론 브란도Marlon Brando가 이 집에 방문해서 함께 식
사를 했던 기억을 떠올렸다. 베티는 직접 볼로냐 샌드위치를 만들
며 파인리지 인디언 보호구역에서 진행될 시위의 전략을 세웠다.

우리가 한창 이야기에 빠져 있을 때 오랜 이웃인 밥이 다 함께
먹을 치즈케이크를 들고 왔다. 그는 한때 사교적인 성격의 심리학
자였지만 지금은 양쪽 귀가 거의 들리지 않는다. 내가 안부를 묻자

그는 "아주 좋아요!"라고 대답했다. 하지만 잠시 서글픈 침묵이 흐른 후, 그는 이렇게 덧붙였다. "음, 사실 그렇게 좋진 않지만, 결국엔 다 잘되겠죠."

8시가 되자 앞문과 뒷문에서 초인종이 울려대기 시작했다. 동네 친구들은 음식과 와인을 나르느라 추운 겨울밤에 분주하게 움직였다. 우리 대부분은 30대에서 40대 사이에 만났다. 당시 우리는 똑똑하고 활기차고 직업적으로도 상승세를 타고 있었다. 하지만 지금 우리의 에너지는 줄어들고 있으며, 직업적인 상승세 또한 멈췄다. 우리의 주된 대화 주제는 건강과 휴가, 은퇴, 손주들에 대한 것이다.

어떤 이웃은 커다란 상실을 경험했다. 수는 1년 전 남편을 잃었다. 다른 손님들 또한 암에 걸리거나 장애를 앓거나 파킨슨 혹은 알츠하이머로 고통받고 있다. 그들 중 일부는 의심할 여지없이 자신의 삶이나 세상에 부정적인 시각을 갖게 됐다. 하지만 이 파티에서는 아무도 그런 얘기를 꺼내지 않았다.

우리는 그저 즐겁게 웃고 떠들며 와인을 마셨다. 때로는 과거의 추억을 공유하고, 서로의 실수담을 놀려댔다. 우리는 서로를 따뜻하게 안아줬고, 심지어 다 함께 〈석별의 정Auld Lang Syne〉 노래를 부르기까지 했다.

나는 그 무렵 파티장을 나섰다. 집으로 돌아가는 길에 나는 그 빛나는 배를 돌아봤다. 서리 내린 창문 너머로 베티가 꽂아놓은 난초와 장미, 포인세티아가 보였다. 은빛 머리에 밝은색 스웨터를 입은 친구들도 보였다.

공기에서 눈 냄새가 났다. 나는 밤중에 폭풍이 오리라는 것을 알고 있었다. 네브래스카에는 곧 한겨울이 닥치겠지만 적어도 그 순간 나는 운이 좋다고 느꼈다. 방금 열린 파티에서 우리는 사회학자 에밀 뒤르켐Émile Durkheim이 '집합적 열광Collective Effervescence'이라고 부른 현상을 공유했다.

대부분의 사람들과 마찬가지로, 나는 다 함께 추억을 공유하는 순간이나 내 얼굴을 보고 반가움에 눈을 빛내는 소중한 이들의 모습에서 행복을 느낀다. 그들은 친구일 수도 있고, 가족일 수도 있다. 우리가 원하고 필요로 할 때마다 우리의 바람막이가 돼주는 애정 어린 관계는 그 무엇보다 중요하다.

15장

그 모든 시간을 함께 헤쳐 온 반려자

장기적인 결혼생활은
이성 관계를 벗어나 우정과 공존,
동지애를 기반으로 한 관계로 옮겨가야 한다.
그렇다고 열정이 사라지는 것이 아니라
다른 방식의 사랑을 나누는 것이다.

매들렌 렝글 Madeleine L'Engle

고고학자와 결혼한다는 것은 멋진 일이다.
당신이 늙어갈수록
그는 당신에게 더 큰 흥미를 느낄 것이다.

애거사 크리스티 Agatha Christie

＊

크리스가 귀가한 것은 엠마가 프라이팬에 볶을 채소를 썰고 있을 때였다. 크리스는 피로와 스트레스에 짓눌린 모습이었다. 엠마가 오늘 하루에 대해 물어도 그저 신음을 흘릴 뿐이었다.

그는 식탁에 놓인 우편물을 살펴보다가 엠마가 딸과 손주들을 데리고 외식하는 데 100달러 넘게 썼다는 내역이 찍힌 카드 고지서를 발견했다. "우리는 이렇게 돈을 쓸 정도로 형편이 좋지 못하다고." 크리스가 투덜거렸다.

엠마는 한마디 쏘아붙이고 싶은 마음을 꾹 참았다. 엠마는 오랫동안 결혼생활을 했고, 크리스가 돈이 아니라 힘든 하루 때문에 짜증을 낸다는 사실을 알고 있었다. 엠마는 칼질을 멈추고 남편에게 다가갔다. 그러고는 그의 손을 다정하게 잡으며 말했다. "오, 여보. 종일 일하느라 많이 힘들었지?"

크리스 또한 엠마의 다정한 행동에 마음이 누그러졌다. 그는 엠마의 등을 조용히 쓰다듬었고 희미한 미소를 지으며 말했다. "저녁

이 맛있어 보이네."

그날 저녁 크리스가 의자에 앉아 졸고 있을 때, 엠마는 그의 얼굴을 바라봤다. 두 사람이 처음 만났을 때 엠마는 열아홉 살이었고 크리스는 새까만 머리에 근육질의 대학생이었다. 크리스는 엠마가 마치 눈송이라도 되는 양 가볍게 안아 올리곤 했다. 크리스는 엔지니어를 꿈꿨지만 엠마가 임신했을 때 학교를 그만두고 작은 조경 회사에 취직했다. 엠마가 대학을 마칠 수 있도록 학비를 대고, 첫 아들이 생후 1년이 될 때까지 가족의 생계를 온전히 책임졌다. 엠마가 거우 졸업하고 교사 일자리를 얻었을 때 그는 또다시 임신을 하게 됐다.

엠마는 여전히 크리스에게서 어린 아기를 돌보는 젊은 아버지의 환희에 찬 모습과 반항적인 10대 자녀를 키우는 중년 아버지의 엄격한 모습을 찾을 수 있다. 엠마는 장남이 콜로라도주립대학교를 졸업하던 날을 기억한다. 크리스는 매우 자랑스러워하면서도 자신에게 그와 같은 경험이 없다는 사실에 안타까워했다. 엠마는 현재의 남편 모습도 볼 수 있다. 크리스는 회색 머리칼과 자잘한 눈가 주름을 지닌, 무릎과 허리 통증을 달고 살면서도 불평 한마디 하지 않는 남자였다.

젊은 시절 두 사람은 거의 모든 부분에서 부딪쳤다. 엠마는 당시에 주고받았던 고성과 욕설을 떠올리며 얼굴을 붉혔다. 하지만 이제 두 사람은 서로를 잘 안다. 그들은 사소한 문제를 금방 잊어버리는 데 익숙해졌다. 불편한 대화를 나누기 전에는 먼저 마음을 가라앉혀야 한다는 사실을 깨달았고, 대화 도중에 상대방의 말을 끊거나 비난해선 안 된다는 사실도 배웠다. 그들은 심지어 말다툼을 벌일 때조차 서로를 인정하고 지지하는 방법을 찾아냈다.

심리치료사와 함께 마음챙김 수련을 하며 보낸 시간은 엠마가 침착함을 유지하는 데 큰 도움을 줬고, 몇 년 전 함께 받은 부부 상담은 두 사람 사이의 의사소통을 한층 부드럽게 만들어줬다. 무엇보다 그들은 수십 년에 걸쳐 부부 관계를 원만하게 유지하는 다양한 기술을 스스로 터득했다. 예를 들어, 두 사람은 종종 서로에게 "요즘 어때?"라고 묻는 법을 배웠다. 대답을 기다리는 동안 그들은 상대방이 아무리 긴 얘기를 해도 귀 기울여 들을 마음의 준비를 했다.

엠마는 방 건너편에서 무릎에 고양이를 앉힌 채 나직하게 코를 골며 조는 늙은 남자를 바라봤다. 엠마의 마음속에 이루 말할 수 없는 따스함이 솟아났다. 크리스는 엠마만의 늙은 남자였다.

긴 결혼생활을 성공적으로 유지하기 위해서는 친숙하면서도 시시각각 변화하는 반려자와의 관계를 능숙하게 조정해야 한다. 평균수명이 늘어나면서 많은 부부가 40년에서 50년 이상까지도 함께할 수 있게 됐다. 한 연구에 따르면, 완벽한 짝을 만난 이들이 아니라 결혼이라는 결정을 책임지고 그 관계에 헌신하겠다는 마음가짐을 지닌 이들이 오랜 결혼생활을 지속한다고 한다. 이러한 마음가짐에 약간의 기술이 더해진다면, 대부분의 결혼생활은 만족스럽게 유지될 것이다.

반려자와 긍정적인 의사소통을 나누는 관계야말로 가장 성공적인 결혼생활이다. 관계 전문가 존 가트맨John Gottman과 줄리 가트맨Julie Gottman은 부부간 의사소통의 중요성을 지속적으로 연구해왔다. 그들은 부정적인 의사소통에서 빠르게 벗어나는 방법을 아는 부부야말로 가장 원만한 관계를 유지한다는 사실을 확인했다. 일단 부정적인 분위기에 갇히면 시간이 갈수록 점점 더 부정적인 상황이 연출된다. 마찬가지로, 서로를 칭찬하고 인정하는 분위기 또한 한번 자리 잡으면 지속적인 선순환 구조로 연결될 수 있다.

나무든 사람이든, 상대와 너무 붙어 있으면 제대로 자라날 수 없다. 부부 관계가 성장하려면 서로의 감정적·사회적 여유 공간을 인정해야 한다. 모든 결정이 상호의존적으로 내려질 필요는 없다. 예컨대 본인 가족에 대한 책임을 본인이 져야 한다는 것은 부부 관계의 기본적인 규칙이다. 다시 말해서, 자신의 가족이나 친척을 언제 방문할지, 어떤 선물을 살지, 그들의 중요한 문제에 어떻게 관여할 것인지에 대한 결정은 배우자가 아니라 당사자가 스스로 내려야 한다. 더불어, 우리는 자신의 몸에 대한 권리와 친구를 자유롭게 선택할 권리를 갖고 있다.

부부의 친구들은 결혼생활을 한층 행복하고 안정감 있게 만들어주는 존재다. 가족이나 외부 친구의 도움이 없다면, 부부는 모든 감정과 삶의 무게를 서로에게 지울 수밖에 없다. 이런 상황이라면 배가 침몰하는 것도 무리가 아니다. 함께 살아가는 관계를 유지하기 위해서는 함께하지 않을 때가 언제인지도 알아야 한다. 부부에게 허락된 개인 시간은 서로 다른 관심사를 충족시킬 수 있는 시간일 뿐 아니라, 친구들과의 관계를 돈독히 할 수 있는 기회이기도 하다.

리타 러드너Rita Rudner는 이렇게 말했다. "나는 결혼생활이 좋다. 평생 괴롭히고 싶은 특별한 한 사람을 발견하는 것은 너무나 멋진 일이다." 반려자가 자기 의견을 묻어두고 겉으로만 맞춰주는 척하지 않는 한, 모든 부부는 갈등을 겪을 수밖에 없다. 갈등을 통해 대화하는 방법을 이해한다면 결혼생활은 한층 더 즐거워질 것이다. 갈등을 해소할 도구가 없는 부부들은 종종 일상적인 불만을 쌓아가다가 이혼에 이른다.

결혼은 부부가 생각과 감정을 솔직하게 공유하고, 상대방을 가르치려 하는 대신 경청하고 공감하는 태도를 보일 때 원만하게 유지된다. 심리치료사로 일하는 동안 나는 두 사람이 서로 "당신이 방금 한 말 이해해"라고 말하기만 했어도 충분히 지속될 수 있었던 부부 관계를 여러 번 목격했다.

또한 자신의 필요와 욕구를 반려자에게 현명하게 요구할 줄 알 때 결혼생활이 성공적으로 유지될 가능성이 높다. "내가 말하지 않아도 그가 내 마음을 알아줬으면 좋겠어요." 이런 말을 들을 때마다 나는 그 결혼생활에 문제가 있으리라고 추측했다. 우리는 자신이 무엇을 원하고 필요로 하는지 상대방에게 정확히 말해야 한다. 세상에 마음을 읽을 수 있는 사람은 없다.

하지만 의사소통을 잘하는 것과 마음속의 생각을 있는 대로 드러내는 것은 엄연히 다른 문제다. 사실 행복한 결혼생활의 비결 중 하나는 생각을 있는 그대로 표현하지 않는 것이다. 퉁명스럽거나 지나치게 비판적인 말은 차라리 안 하느니만 못하다. 마찬가지로, 상대방의 말을 긍정적으로 받아들이려고 노력하는 태도 또한 필요하다. 연방 대법관인 루스 베이더 긴즈버그Ruth Bader Ginsburg는 이렇게 말했다. "모든 결혼생활에는 때때로 귀를 닫아야 하는 순간이 있다."

　장기적이고 안정적인 동반자 관계가 주는 큰 축복 중 하나는 두 파트너가 서로 균형을 맞춰갈 수 있다는 점이다. 부부간에 갈등을 일으키는 요소들은 동시에 안정감의 밑바탕이 되기도 한다. 많은 부부 관계에서 한 사람은 말하기를 더 좋아하고, 한 사람은 듣기를 더 좋아한다. 한 명이 감정표현에 적극적이라면, 나머지 한 명은 소극적인 경우가 많다. 이런 역할 분담에 너무 갇히지만 않는다면 상반되는 성격은 서로에게 도움을 준다. 말하기를 좋아하는 사람은 반려자를 통해 듣는 법을 배울 수 있다. 소극적인 사람은 좀 더 자신의 감정에 충실해질 수 있다. 서로를 통해 배우지 않는다면 우리는 본래 성격의 단점을 고치지 못한 채 화석처럼 굳어질 것이다.

　사람은 변한다. 우리는 성장하고, 배우고, 새로운 관심사와 의견을 얻고, 관계에 대한 기대치를 수정한다. 70대에 접어든 우리의 반려자는 더 이상 우리가 대학에서 만났던 활기차고 근심 없는 청년이 아니다. 육아에 치여 데이트할 시간을 낼 수 없던 젊은 부모도 아니다. 우리 또한 마찬가지다. 우리 중 많은 이들은 같은 사람과 여러 번의 결혼생활을 해왔다는 느낌을 받을 것이다.

　한 사람은 성장하고 다른 사람은 그러지 못할 때, 결혼생활에는 위기가 찾아올 수 있다. 이럴 때는 두 사람이 잠시 떨어져 각자의 성장을 추구하는 것도 하나의 방법이다. 최고의 부부 관계란 각 반려자가 오랜 세월에 걸쳐 함께 성장하고 공존하는 관계다. 하지만 때로는 트라우마가 끼어들어 얼마 동안 성장의 과정을 방해할 수도 있다.

실비아와 루이스는 오스틴 지역의 한 교회에서 만났고, 젊은 나이에 결혼해서 함께 성장해왔다. 하지만 딸 레노어가 마약에 중독된 후, 두 사람은 같이 있는 시간을 견디기 어려울 정도로 큰 아픔을 겪었다. 자신의 고통이 있는 그대로 투영되는 상대방의 얼굴을 바라보기 힘들었던 것이다. 이 모든 슬픔의 무게는 결혼생활을 거의 침몰시킬 뻔했다. 실비아는 이혼을 진지하게 고려했고, 루이스는 거의 말을 잃었다.

실비아가 결혼생활을 유지하기로 결정한 것은 오직 딸이 남긴 손주들 때문이었다. 아이들에게는 보살핌이 필요했고, 세상에 그들을 돌볼 수 있는 사람은 그와 루이스뿐이었다. 실비아는 손자와 손녀를 위탁 가정에 맡길 수 없었다. 육아는 부부에게 다시 한번 공동의 목표를 가져다줬다. 두 사람은 강한 기독교적 가치관을 지니고 있었고, 손주들을 사랑했으며, 그 아이들을 올바르게 키우고 싶었다.

실비아는 불만을 다스리기 위해 노력했다. 남편에게 화가 날 때면 그의 어릴 적 사진을 꺼내봤다. 보조개 팬 얼굴로 활짝 웃으며 카메라를 쳐다보는 세 살짜리 아이를 보면 그의 선한 본성이 다시

금 생각났다.

　루이스는 아이들의 학교 공부를 도왔고, 수영 대회를 응원하러 갔다. 저녁 식사 전에는 맥스와 어린이용 농구대에서 농구를 했다. 이런 시간은 루이스에게 활력을 줬고, 맥스가 새로운 환경에 적응하는 데도 큰 도움이 됐다. 그레이시는 종종 야구 경기나 동물 관련 프로그램을 보다가 할아버지의 무릎으로 기어 올라가 잠이 들곤 했다.

　어느 날 저녁, 맥스와 그레이시를 재운 실비아는 루이스의 방으로 찾아가서 그의 옆에 앉았다. 실비아는 남편에게 TV를 끄고 손을 잡아달라고 말했다. "여보. 우리에겐 감사할 일이 너무 많아. 당신은 건강하고, 나는 점점 건강을 되찾아가고 있어. 비록 경제적으로 충분치는 않지만 이렇게 살 수 있는 집이 있고 의료보험도 있잖아. 아이들에게 수영복이나 테니스 신발을 사줄 수도 있고." 실비아가 말했다.

　실비아의 말을 가만히 듣던 루이스가 눈물을 흘리기 시작했다. "그동안 당신 걱정이 정말 많았어." 루이스가 말했다.

　실비아는 그에게 티슈를 건네줬다. 실비아의 볼에도 눈물이 흘러내렸다. "루이스. 우리는 최선을 다해서 레노어를 키웠고, 그 아이가 곤경에 처했을 때도 도우려고 노력했잖아. 그 애가 살아 있는 한 언젠가 돌아올 거라는 희망이 있어."

　실비아는 어색하게 남편의 무릎 위로 올라가 그를 꼭 안았다. 두 사람은 서로 껴안고 울었다. 마침내 울음을 그친 그들은 키스를 하며 서로의 몸을 쓰다듬었다. 실비아가 무릎으로 루이스의 배를 쿡

찌르는 실수를 저질렀을 때 루이스가 웃으며 말했다. "지금 우리 모습이 꼭 통나무에 앉으려고 하는 한 쌍의 늙은 코끼리 같지 않아?" 부부는 동시에 웃음을 터뜨렸다.

실비아는 얼마 후 찾아온 결혼 45주년 기념일에 이런 일기를 썼다. "우리가 왜 그랬을까? 루이스와 나는 너무 달랐다. 우리의 모든 결정은 싸움으로 이어졌고, 시시때때로 상대방을 비참하게 만들었다. 하지만 나쁜 일만 있었던 건 아니다. 우리는 즐겁고 황홀한 섹스를 나눴고, 서로를 괴롭히면서도 여전히 사랑한다.

우리가 지금도 함께하고 있다는 것은 서로를 향한 애정의 증거다. 그 모든 문제에도 불구하고, 우리는 단지 습관 때문이 아니라 함께 있길 원했기 때문에 가정을 지켰다. 떨어져 있을 때면 서로를 그리워하기 때문에.

우리는 위기를 극복했다. 꼭 손주들 때문만은 아니다. 내 마음 한구석에는 내가 루이스를 떠난다면 그가 살 수 없을지도 모른다는 걱정이 들어 있었다. 그가 나를 떠난다면 나 또한 끔찍한 괴로움을 겪을 것이다. 우리는 서로의 곁에서 성장하는 두 그루의 나무와 같다.

우리는 거의 평생을 함께 지냈고, 가장 괴로운 순간을 함께 견뎌냈다. 루이스는 내 인생을 이해하는 유일한 사람이고, 나 또한 그의 삶을 이해한다. 인간이 늙었을 때, 자신의 역사와 기쁨과 슬픔을 함께 나누고 마지막 순간까지 함께해줄 사람이 없다면, 그에게 무엇이 남아 있다고 할 수 있을까?"

21세기를 사는 우리의 결혼은 부모님 세대와는 다르다. 세상이 변하면서 성 역할과 성 정체성에 대한 기대 또한 바뀌었다. 동성 결혼은 합법이 됐으며 이혼은 더 이상 오명이 아니다. 여성이 스스로 생계를 꾸려갈 수 있는 이 시대에 결혼은 의무가 아니라 선택이다.

지난 수십 년 사이에 부부 관계를 다루는 심리학자들의 견해에는 큰 변화가 있었다. 1980년대의 심리치료사들은 만족스럽지 못한 관계를 유지하는 부부에게 이혼을 고려해보라고 권장했다. 더불어 그들은 아무리 사소한 감정이라도 서로 공유해야 하며, 상대방 앞에서 모든 분노와 상처를 '있는 그대로' 드러내라고 조언했다. 하지만 요즘에는 이런 기조가 크게 누그러졌다. 오늘날의 치료사들은 합리적인 기대의 중요성을 강조하면서 사소한 문제를 무시하고 긍정적인 부분에 집중하라고 말한다.

역사학자 스테파니 쿤츠Stephanie Coontz는 '죽음이 우리를 갈라놓을 때까지'라는 맹세가 현대에 들어 더 큰 도전이 됐다고 말한다. 한창 아이를 키울 시기의 젊은 부모가 갈라서는 비중은 줄어들고 있지만, 50대 부부의 이혼율은 두 배, 60대 이상 부부의 이혼율은 세 배까지 증가했다. 요즘은 많은 사람이 자녀를 독립시킨 후에도 30년 이상 건강한 삶을 누리며, 그중 일부는 그 시간을 현재의 반려자와 함께 보내고 싶어 하지 않는다.

이혼을 요구하는 쪽은 대개 여성이며 그들의 가장 큰 불만은 반려자의 책임감 혹은 관심 부족이다. 또한 그들은 자신의 삶을 지나치게 통제하려고 드는 상대방의 태도를 힘들어한다.

쿤츠는 한때 결혼이 자동으로 가져다줬던 이점이 줄어들고 있으며, 비참한 결혼생활이 건강상의 위험까지 초래할 수 있다고 결론 내렸다. 하지만 행복한 결혼생활이 가져다주는 이점 또한 늘어나고 있다. 원만한 부부 관계는 여성의 건강과 경제적 능력에 좋은 영향을 미친다.

바버라와 주디는 30년간 좋은 파트너 관계를 유지했지만, 연방 정부가 동성 결혼을 합법화한 이후에야 혼인신고를 할 수 있었다. 두 사람은 오랜 기간 링컨에 거주하며 동성 결혼을 지지하는 사회운동 단체에 몸담아왔다.

바버라는 보수적인 네브래스카주에서 상당히 이른 시기에 커밍아웃을 했다. 30대 후반에 대학의 종신교수로 임명된 그에게는 상대적으로 자유롭게 말할 힘이 있었다. 당시 많은 남성 동성애자들이 에이즈로 죽어가고 있었고, 바버라는 네브래스카 사람들에게 게이와 레즈비언에 대한 올바른 지식을 전하는 일이 매우 중요하다고 느꼈다.

주디는 한 남성과 결혼해서 어린 딸을 키우고 있었다. 하지만 여성 단체에서 토론을 하면서 자신의 진정한 성 정체성에 눈을 떴고, 몇 달 후에는 커밍아웃을 할 용기를 냈다. 주디는 커밍아웃을 하고 얼마 후 남편과 이혼했다.

바버라와 주디는 1986년 송년 파티에서 만났고 1988년에는 친구들의 축복 속에 결혼식을 올렸다. 동성 결혼이 합법화됐을 때 두 사람은 굳이 결혼 증명서를 받을 필요를 느끼지 않았다. 하지만 세금 혜택을 받고 응급 의료 상황에서 보호자 역할을 할 권리를 얻기 위해 혼인신고를 했다. 그들은 우리 주에서 합법적으로 결혼한 첫 동성 부부였다.

다시 1980년대로 돌아가서, 주디의 가족은 즉시 바버라와의 관계를 받아들인 반면 바버라의 어머니는 딸의 고백을 듣자마자 기절했다. 겨우 정신을 차린 어머니는 동성애가 바버라를 죽음으로 몰아갈 거라고 경고했다. 물론 그런 일은 일어나지 않았지만 그의 부모님은 절대 주디를 집으로 들이려 하지 않았다. 결국 바버라는 어머니의 임종 직전이 돼서야 어머니에게 주디에 대한 얘기를 들려줄 수 있었다. "저는 엄마 옆에 앉아서 주디가 얼마나 멋진 사람인지 전해드렸어요." 바버라가 내게 말했다.

바버라는 직접 겪은 경험을 통해 가족과 사회의 편견에 시달리는 레즈비언들을 돕고 싶다는 동기를 얻었다. 마침내 바버라와 주디는 좋은 목적을 위해 함께 일하는 여성 단체를 결성했다.

주디는 열다섯 살 때 겪은 소아마비의 후유증이 심해지면서 휠체어에 의지하게 됐다. 이제 혼자서는 집 아래층으로 내려갈 수 없고, 집안일 또한 거의 도울 수 없다. 두 사람은 더 이상 여행을 많이 다니지 못한다. 하지만 그들은 새 관찰이라는 공통된 취미를 갖고 있고, 봄과 가을에는 집 근처의 주립공원에서 철새 이동을 함께 바라본다. 한동네에 사는 주디의 딸과도 자주 만나고, 어느새 가족처럼 지내게 된 여성 단체의 멤버들을 초대해서 디너 파티를 열기도 한다.

두 사람은 주디의 이혼과 그에 대한 바버라 가족의 편견, 건강

악화, 사회적 차별을 함께 겪어왔다. 이러한 시련은 서로에 대한 믿음을 더욱 굳건하게 해줬다. 그들은 서로를 존중하는 마음과 공통의 관심사, 결혼생활에 대한 헌신적인 태도 덕분에 오랜 세월 사랑을 지킬 수 있었다.

나와 남편 또한 오랜 부부 관계를 유지하고 있다. 우리는 결혼 40주년을 맞아 태평양 연안 북서부로 여행을 떠났다. 우리의 여행 방식은 대부분의 친구들과는 조금 다르다. 우리는 도시와 관광지를 피하고 최대한 야생적이고 고립된 지역을 찾는다. 목적지에 도착한 뒤에는 침묵 속에서 아름다운 풍경을 감상하고 하이킹을 하며 하루를 보낸다.

이번 여행에서 우리는 물가에 있는 숙소를 예약하고 근처에 있는 오래된 숲과 열대우림을 전부 방문했다. 우리는 올림픽 국립공원Olympic National Park의 오두막형 숙소 몇 군데에 머물다가 밴쿠버 섬으로 건너간다는 계획을 세웠다.

여행지에서 보낸 첫 이틀 밤, 우리는 올림픽 국립공원의 칼라록 캠프장에 위치한 오두막집에 묵는 호사를 누렸다. 절벽 위 높은 곳에 자리 잡은 숙소에서는 유목流木과 조개껍데기가 흩어진 안개 낀 해변이 내려다보였다. 나는 도착하자마자 혼자 해변으로 걸어 내려갔다. 사람의 그림자는 보이지 않았고, 움직이는 존재라곤 나와 갈매기 몇 마리뿐이었다. 하지만 얼마쯤 걸었을까, 나는 먼저 온 사람이 모래사장에 커다란 글씨로 써놓은 '지금NOW'이라는 단어를 발견했다. 천국에서 내려온 하나님의 말씀이라도 이보다 더 시기 적절할 수는 없을 것이다. '지금'은 내가 11일의 여행 기간 동안 머무르고 싶은 바로 그 장소였다. 나는 과거나 미래에 대한 걱정을 접어두고 현재 느껴지는 감각에 충실하며 지금을 즐기고 싶었다.

나와 남편은 일주일 동안 밀물과 썰물이 만들어낸 웅덩이를 탐험했고, 불가사리와 말미잘, 소라게를 관찰했다. 저녁에는 태평양 너머로 지는 석양을 바라보고, 벽난로에 불을 지피고, 활짝 열린 오두막 문 너머로 생생히 들려오는 바닷소리를 들었다.

아침이면 샌드위치를 만들고 물병을 채운 뒤 오래된 숲과 열대 우림을 향해 출발했다. 우리는 평화로운 침묵과 수백 가지 녹색으로 둘러싸인 길을 따라 몇 킬로미터씩 걸었다. 숲의 신선한 공기는 기분을 한껏 들뜨게 했다. 시간이 지나자 차츰 솔송나무와 가문비나무, 미송나무가 선명히 구별되기 시작했다. 원주민들이 신성한 나무라고 여기는 적삼목도 눈에 띄었다.

저녁 식사는 주로 작은 카페에서 먹었다. 때로는 야외 테이블에 앉았으며 가끔은 물가에 자리를 잡기도 했다. 토피노에 있는 '울프인더포그Wolf in the Fog' 카페에서 식사를 했던 어느 날 저녁, 나는 남편에게 말했다. "우리, 다시는 여기 오지 못하겠지?"

당시에는 별생각 없이 내뱉은 말이었다. 실제로 우리가 9월의 토요일 밤 저녁에 토피노의 이 카페에 다시 방문할 가능성은 거의 없었으니까. 하지만 시간이 흐른 뒤 나는 그 문장에 더 깊은 의미가 담겨 있었다는 사실을 깨달았다.

우리는 건강한 60대 중반 부부였고, 함께하는 삶에 만족하고 있었다. 가까운 친구와 가족 또한 모두 건강했다. 아이들은 적지 않은 수입을 올리며 원만한 결혼생활을 하고 있었다. 손주들은 사랑스러웠고 가끔 말썽 부릴 때를 제외하면 대부분 예의 바르게 행동했다. 토피노에서 보낸 그날 저녁, 더 크게 보면 그 9월의 나날은 온통 금빛으로 물들어 있었다.

하지만 우리는 이윽고 가까운 가족과 친척, 친구들과 함께 나이를 먹었다. 또래 모임의 주된 화제는 혈압과 콜레스테롤, 건강검진이었다. 사랑하는 사람들은 곧 높은 확률로 건강상의 위기를 겪게 될 터였다.

그러나 토피노에서 보낸 그날 밤 우리가 느낀 노화의 부담은 가벼운 수준이었다. 우리는 삶이 주는 축복을 한껏 누리고 있었다. 우리에겐 사랑하는 사람들과 함께하고, 원하는 책을 읽으며, 가장 하고 싶은 일을 할 수 있는 시간적 여유가 있었다. 이런 종류의 여유를 누릴 수 있는 것은 아주 어린 아이들, 그리고 속도를 줄이는 법을 아는 사람들뿐이다. 바로 그 순간 짐과 나는 삶이 풍요롭다고 느꼈다.

우리 부부는 수십 년간 힘든 나날을 보냈다. 결혼생활은 결코 쉽지 않았다. 솔직히 우리가 천생연분이라고 주장하긴 어렵다. 하지만 그 9월 밤, 우리는 시간 속에서 축복받은 순간을 경험했다. 그곳은 쉬어가기에 꼭 알맞은 장소였고, 앞으로 춥고 어두운 날이 닥치리라는 사실을 아는 우리 눈에는 더욱더 멋져 보였다.

이 글을 쓰면서 나는 우리 지역 근처의 숲에 사는 여우 무리를 떠올렸다. 그들은 함께 사냥하고 음식을 나눠 먹는다. 매년 봄이면 다 같이 새끼를 기른다. 무엇보다 중요한 것은 그 짐승들이 눈보라 치는 겨울밤에 서로를 감싸며 체온을 유지한다는 것이다. 오래 함께한 부부는 서로를 따뜻하고 안전하게 지켜주는 굴속의 여우와 같다.

일생 동안 서로의 말을 들어주고, 힘들 때 보호해주고, 위급한 상황에 함께해줄 사람을 갖는다는 것이 어떤 느낌인지는 말로 채 설명되지 않는다. 이런 관계가 주는 안정감은 마치 달빛처럼 신성하고 신비롭다. 명상수행자 샤론 샐즈버그Sharon Salzberg는 이렇게 썼다. "진정한 사랑이란 상대방과 깊이 연결될 수 있는 내면의 능력이다."

16장
가족이라는 구명보트

부족이라 불러도 좋고, 집단이라 불러도 좋고,
무리라 불러도 좋고, 가족이라 불러도 좋다.
당신이 누구든, 그것을 어떤 이름으로 부르든 간에,
당신에겐 그것이 필요하다.

제인 하워드 Jane Howard

가족생활이란!
가족 사이의 갈등과 불화를 해결하기 위해 필요한 이해와 용서를 생각하면,
국제연합이 하는 일은 애들 장난에 불과하다.

메이 사튼

✳

　여름이 끝날 무렵, 케스트럴의 어머니는 딸에게 캘리포니아에 사는 케스트럴의 오빠와 남동생을 불러달라고 부탁했다. 어머니는 마지막으로 자신의 모든 아이들과 함께 시간을 보내고 싶어 했다. 케스트럴은 지난 몇 년간 형제들과 연락하지 않았고 딱히 만나고 싶다는 마음도 들지 않았지만, 어머니를 위해 곧바로 전화를 돌렸다. 그들은 빠르게 약속 날짜를 잡았다. 케스트럴은 자신이 가족들의 태도에 얼마나 큰 감사와 안도를 느끼는지 깨닫고 깜짝 놀랐다.

　케스트럴이 그날 밤 전화 통화에서 가족 모임에 대해 얘기했을 때, 베카는 시애틀에서 차를 몰고 달려와 도와주겠다고 제안했다. 케스트럴은 저도 모르게 거절할 뻔했다. 베카가 며칠 동안 자기 가족과 함께 지낸다는 생각만으로도 숨이 막혀왔다. 하지만 베카는 반박할 시간도 주지 않고 재빨리 꽃과 신선한 연어, 사워도우 빵 중에서 어떤 선물을 가져가면 좋을지 재잘대기 시작했다. 케스트럴은 연인의 다정함에 목이 멨다. "우리 어머니는 시애틀 제과점의

사워도우 빵을 좋아하셔." 케스트럴이 말했다.

가족들이 도착하기 전날 어머니는 미용실에서 머리를 자르고 손질을 받았다. 케스트럴은 함께 쇼핑하면서 어머니에게 가장 예쁘고 편안한 옷을 골라줬다. 얼마 후 베카가 도착해서 가족 모임 준비를 도왔다. 케스트럴은 베카의 단단한 몸을 껴안았고, 태어나서 처음으로 남에게 기댄다는 것이 얼마나 기분 좋은 일인지 깨달았다.

8월의 어느 날, 오빠와 남동생은 커다란 렌터카 두 대에 가족들을 가득 태우고 나타나 어머니의 품에 안겼다. 케스트럴은 모든 이를 꼭 안아줬고, 베카 또한 가족의 일원처럼 행동했다. 사실 케스트럴은 지난 5년 동안 조카들과 만나지 못했다. 팀 오빠의 첫째 딸은 벌써 쌍둥이 딸을 낳았고, 남동생 대런의 막내아들은 고등학교 1학년이었다.

케스트럴은 피로와 허기에 지친 가족들을 향해 저녁이 준비됐다고 말했다. 그들은 연어 요리와 라자냐를 먹었다. 베카는 어머니의 도움을 받아 초콜릿 파이를 구웠다. 이 파이는 케스트럴의 가족이 60년 동안 사랑해온 디저트였다.

어머니의 유일한 관심사는 가족들을 즐겁게 해주는 일이었다. 어머니는 커다란 안락의자에 앉아 쌍둥이를 무릎에 앉히고 놀았으며, 아들과 얘기할 때는 양손을 꼭 잡았다. 다 큰 손자들과는 도미노 게임을 즐겼다. 베카는 산더미 같은 설거지를 해치웠고, 그러는 동안 케스트럴은 올케나 조카들과 대화를 나누며 그들에게 조금씩 흥미를 느끼기 시작했다.

가끔씩 한두 명이 마음을 가다듬거나 눈물을 훔치며 방을 나서

기도 했지만 다 함께 있을 때만큼은 농담과 웃음이 끊이지 않았다. 어느 날 밤, 미트로프로 저녁 식사를 마친 후 베카는 다 함께 흉내 내기 게임을 하자고 제안했다. 케스트럴은 초조해졌다. 자기 가족은 '그런 종류의 가족'이 아니라고 생각했기 때문이다. 베카가 의견을 밀어붙였을 때는 화까지 났다. 하지만 놀랍게도, 오빠와 남동생은 케스트럴이 미처 입을 열기도 전에 흔쾌히 그 제안을 승낙했다. 케스트럴도 어느새 열심히 게임에 참여하고 있었다. 어머니가 누군가의 외설적인 농담에 깔깔대며 웃었을 때는 깜짝 놀라기도 했다. 사실은 누구 하나 웃지 않는 사람이 없었다. 게임이 끝났을 때, 그는 자신의 가족이 예전에 생각했던 것과 많이 다르다고 느꼈다. 이번 모임이 있기 전까지, 그는 가족이 얼마나 필요한 존재인지, 좋은 가족관계가 얼마나 큰 안정감을 선사하는지 상상도 하지 못했다.

가족 모임으로부터 3주 후, 어머니는 통증 완화를 위해 모르핀을 투여한 후 깊은 잠에 빠졌다. 케스트럴은 어머니의 곁에 누워 가만히 손을 잡았다. 몇 시간 후, 어머니는 세상을 떠났다.

어머니의 장례식은 성당에서 조촐하게 치러졌다. 베카는 케스트럴 곁을 지켰다. 다른 가족들은 장례식에 참여하지 못했다. 하지만 그들은 어머니가 살아 있을 때 함께했고, 즐거운 시간을 보냈다. 장례식에 오지 못한 대신 그들은 행복한 시간을 담은 사진첩을 만들어 케스트럴에게 보냈다.

이렇게 늦게야 가족의 고마움을 느끼는 것은 케스트럴만이 아니다. 사람들은 보통 나이를 먹을수록 가족의 존재를 더 높이 평가하고 가족의 역사에 더 많은 호기심을 보인다. 우리는 자신이 길고 긴 사슬의 한 부분이라고 느끼며, 그 사슬 전체를 이해하는 것이 자신을 이해하는 데 도움을 준다고 느낀다.

가족은 우리 정체성의 원천이다. 우리는 가족 구성원에게 속해 있고, 그들 또한 우리에게 속해 있다. 이 집단의 일원이 되기 위해 해야 하는 일이라곤 아무것도 없다. '충분히 좋은' 가족은 우리에게 쉼터를 제공하며, 차갑고 거센 바람으로부터 우리를 지켜주는 커다란 나무가 돼준다. 시간이 흐르면서 어떤 나무는 세상을 떠나고 어떤 나무는 가늘고 쇠약해진다. 얼마 후에는 우리 자신이 늙은 나무가 된다. 그러는 동안에도 우리가 결코 만날 수 없을 미래의 아이들을 보호하기 위한 새로운 나무들이 싹트고 자라난다.

이 책에서 말하는 가족이란 우리와 함께 자랐거나, 친척 관계에 있거나, 입양 관계에 있는 사람들이다. 가족의 존재는 우리에게 가장 큰 행복과 가장 깊은 고통을 동시에 안겨준다. 세상에 가족과의 논쟁이나 갈등만큼 우리를 괴롭히는 것은 없다. 그들의 행복에 대한 걱정은 우리를 많은 날 잠 못 들게 한다. 하지만 구성원들끼리 화목하고 즐겁게 지낼 수만 있다면, 가족은 우리가 인생에서 얻을 수 있는 최고의 경험을 선사한다.

가족은 우리가 어려울 때 집세를 대신 내주고, 수술을 받으면 돌봐줄 사람들이다. 그들은 우리가 그린 그림이나 어릴 때 받은 트로 피를 장식장에 전시한다. 우리가 퀼트 이불을 완성하거나 파이 만들기 대회에서 우승하면 누구보다 자랑스러워한다. 우리가 병원 침대에 누워 있을 때, 혹은 영혼의 어두운 시기를 보내고 있을 때 도움을 청하면 그들은 망설임 없이 달려올 것이다.

모든 가족 구성원을 좋아할 필요는 없다. 세상에 그런 사람이 있기는 할까? 특히 나이 들어가면서 우리는 가족으로 대하고 싶은 사람을 고를 수 있게 된다. 어떤 형제와는 단단히 연결돼 있지만, 다른 형제들과는 사이가 멀 수도 있다. 한 가족과는 정기적으로 모임을 가지면서도 다른 가족과는 거의 만나지 않기도 한다. 중요한 것은 공동의 역사를 공유하고 힘들 때 의지할 수 있는 사람이 우리에게 있다는 사실이다. 그들이 어떤 모습을 하고 있든, 잘 지내기가 얼마나 어려운 집단이든, 우리는 그중에서 사랑할 가치가 있는 사람을 최소한 한 명 이상 찾아낼 수 있다.

가까운 형제나 친척이 없다 해도 우리는 시간을 들여 새로운 가족을 찾을 수 있다. 직장이나 이웃, 교회, 혹은 활동하는 모임에서 알게 된 사람들 중에서 형제나 자매, 조카를 '입양'할 수 있다. 내가 아는 한 여성은 가족이 없었지만, 그가 입원했을 때 독서 모임 회원들이 줄지어 그를 찾았다. 그들은 교대로 그를 병원에 데려다주고, 그가 호스피스 시설에 들어갔을 때도 정기적으로 문병을 갔다. 그가 세상을 떠났을 때 몸을 씻기고 매장을 준비한 것도 그들이었다.

우리 중 많은 이들은 성인이 된 자녀를 두고 있다. 아이들과 잘 지내기란 종종 쉽지 않은 도전이기도 하지만, 그들의 존재는 우리에게 커다란 기쁨을 선사한다. 게다가 우리의 관계는 나이를 먹어 갈수록 달콤해진다. 중년이 된 아들은 마침내 고등학생이나 20대 때는 하지 못했던 직접적인 애정표현을 할 수 있게 된다. 딸들은 누구보다 우리를 잘 알고 우리에게 필요한 것을 정확히 짚어내는 존재다. 우리는 아이들이 자신만의 삶과 개성을 지닌 어른으로 성장하는 과정을 즐거운 마음으로 지켜본다.

가족 구성원들과의 관계를 유지하기 위해 정치적 성향을 맞출 필요는 없다. 내가 가장 좋아하는 가족들은 그런 측면에서 나와 정반대에 있다. 우리는 함께 있을 때 정치 얘기를 꺼내지 않거나, 꺼내더라도 상대방을 회유하려 들지 않고 기분 상할 만한 이야기는 하지 않는다는 암묵적 합의를 했다. 군이 공통된 정치적 관심사나 이데올로기에 대해 얘기하지 않아도 우리는 함께 있을 때 더없는 기쁨과 편안함을 느낀다. 우리 할머니는 종종 이렇게 말했다. "우리 모두는 비스킷과 프라이드치킨을 추종하는 정당에 속해 있지."

우리 사촌들이 모이면 대부분의 시간이 할머니와 각자의 부모님에 대한 수다로 채워진다. 우리는 어렸을 때 함께 겪은 일에 대해 길고 긴 대화를 나눈다. 어렸을 때 그린 그림을 함께 보고 가족의 레시피를 공유한다. 한번은 내 사촌 스티브가 그 옛날 할머니가 만들어주셨던 것과 똑같은 푸짐한 아침 식사를 차려주기도 했다.

나는 기운이 없을 때마다 어머니의 소고기 채소 수프를 만든다. 어머니는 내가 어렸을 때 겨울 내내 그 수프를 만들었다. 구할 수 있는 모든 재료를 냄비에 넣고 끓였을 뿐인데 그 수프에서는 신기하게도 언제나 '어머니의 맛'이 났다. 세상 누구도 그 맛을 똑같이 재현할 수 없었다. 이제 나이를 먹은 나는 겨울마다 구할 수 있는 재료를 몽땅 넣고 소고기 채소 수프를 끓인다. 신선한 버섯과 케일은 물론이고 1950년대에는 구경하기도 힘들었던 여러 가지 새로운 채소를 넣는다. 하지만 내 수프에서는 어머니의 맛이 난다. 가족에게 그 수프를 대접할 때마다 나는 어머니가 함께 있음을 느낀다.

우리는 우리를 사랑했던 이들을 기억하며 마음의 평화를 얻거나, 적어도 깨달음을 얻을 수 있다. 때로는 우리를 도와준 사람들에게 감사를 느끼고, 때로는 우리에게 해를 끼친 사람들을 이해하려고 노력한다. 더 늦기 전에 부서진 관계를 회복하려고 시도할 수도 있다. 삶의 이 단계에서 우리는 인생의 모든 이야기를 받아들이고 그것이 가능한 한 깊고 풍부해지기를 바란다.

가족 구성원에 얽힌 비참한 이야기는 많은 것을 설명해준다. 예컨대 내 친구는 앨범 속에서 누렇게 바랜 신문 조각을 찾아내기 전까지 부모님이 왜 그토록 술을 증오하는지 이해하지 못했다. 신문 속 기사에는 내 친구의 외할아버지가 술에 취해서 술집에서 싸움을 벌이다가 사람을 죽였다는 내용이 실려 있었다. 그는 살인죄로 법원 앞 광장에서 교수형을 당했다. 친구의 어머니는 언제나 외할아버지가 스페인 독감으로 돌아가셨다고 말했었다.

우리는 호기심을 바탕으로 과거를 탐험하는 다양한 방법을 시도할 수 있다. 가계도를 조사할 수도 있고, 우리보다 많은 것을 기억하는 사람들에게 질문을 던지거나 자신을 과거와 연결해주는 경험을 찾을 수도 있다.

대부분의 가정에는 최소 한 명 이상의 가족 전담 역사학자가 있다. 우리 집에서는 나와 며느리 제이미, 손녀 케이트가 그 역할을 담당하고 있다. 우리는 오래된 사진과 편지를 찾아서 보관하고, 그 과정에서 알아낸 이야기를 다른 구성원들에게 공유한다. 가족 전담 역사학자가 되는 것은 쉬운 일이다. 지금이라도 당장 마음먹고 시작하면 된다.

사람들은 세상에 왔다가 세상을 떠난다. 운이 좋다면 가족 중 누군가가 먼 조상부터 시작해서 각 구성원들의 출생과 사망 시기를 성경책 혹은 다른 책의 페이지에 기록해뒀을 수도 있다. 나는 어머니의 사망을 기점으로 우리 가족만의 가계도를 직접 만들기 시작했다. 우리 가족에 대한 모든 정보는 내가 가진 《웹스터사전Webster's Third New International Dictionary》의 페이지 위에 차곡차곡 기록되고 있다.

편지는 가족 역사의 훌륭한 참고문헌이다. 제대로 찾아보기만 하면 어딘가에서 가족들이 주고받은 편지를 찾아낼 확률이 높다. 우리 어머니는 내가 열일곱 살 이후로 보냈던 편지를 전부 통에 담아 보관하고 있었다. 어머니가 세상을 떠난 뒤, 나는 커다란 여행 가방 구석에서 그 통을 발견했고 덕분에 수십 년 동안의 내 모습을 찾을 수 있었다. 고모들은 제2차 세계대전 시절 아버지가 전장에서 보낸 편지들을 보관해뒀고, 나 또한 아버지가 어머니에게 보냈던 편지 몇 통을 갖고 있다. 이 편지들은 내가 태어나기 훨씬 전에 아버지가 어떤 사람이었는지 알려주고, 당시의 역사적 상황을 알려주는 결정적 단서가 되기도 한다.

오래된 사진 또한 과거로 통하는 문이 될 수 있다. 근엄한 표정의 조상들이 담긴 흑백사진들을 들여다보자면 수많은 의문이 떠오른다. 때로는 미스터리가 풀리고 비밀이 밝혀지는 순간이 오기도한다. 예를 들어, 나는 한 사촌이 보관하고 있던 사진들을 통해 우리 아버지가 어머니와 재혼했다는 사실을 알게 됐다. 내가 거의 흑발에 가까운 갈색 머리를 지닌 그 여성에 대해 직접 묻기 전까지누구도 내게 그런 얘기를 해주지 않았다.

우리 부모님은 다른 형제들보다 먼저 돌아가셨다. 50대 초반이됐을 때 나는 이모와 고모, 삼촌 들에게 부모님의 젊은 시절에 관해 물었다. "두 분의 결혼생활은 어땠나요?" "저는 아기 때 어떤 모습이었나요?" "혹시 우리 가족과 함께했던 시간 중에서 기억에 남는 에피소드가 있나요?"

나이를 먹어가면서 많은 이들이 핏줄로 연결된 집단을 더 강하고 활기차게 유지해야 한다고 느낀다. 나는 매년 오자크에 사는 친척 모임을 주최한다. 모임 참석자들은 모두 나보다 나이가 많다. 그들은 한때 내 기저귀를 갈아줬고, 내 어린 시절에 대해 많은 것을기억한다. 나는 이 기회를 통해 우리 가족과 친척들에 대한 기억을채우고, 60년 전까지 거슬러 올라가는 가족의 역사를 확인한다.

세상에는 우리를 가족의 역사와 이어주는 장소들이 있다. 나는나고 자란 작은 마을을 찾아가 가족의 오래된 친구들과 연락의 끈을 이었다. 어머니의 친구들에게 편지를 써서 과거의 기억을 알려달라고 청하기도 했다. 태어날 때부터 지금까지 쭉 같은 주에 살아온 덕분에, 나는 여전히 부모님을 기억하는 사람들을 만나곤 한다. 종종 어머니의 환자였던 사람들을 만나면 어머니가 의사로서 어떤분이었는지 묻는다. 우리 아버지에 대해서는 대개 철학적이고 유머러스하며 조언을 아끼지 않는 사람이라는 평을 들었다. 사람들은 아버지의 자상함과 불같은 성격을 동시에 기억하고 있었다.

마지막으로, 우리는 가족 역사의 의미를 보다 깊게 새기는 경험을 만들 수 있다. 가령, 나는 부모님이 제복을 입고 결혼식을 올렸던 뮤어우즈Muir Woods를 찾아갔다. 아버지가 군인으로 복무했던 진주만과 도쿄, 오키나와에서 강연을 하기도 했다. 나는 가족들이 묻힌 묘지와 그들이 살았던 오래된 집, 그리고 지금은 거의 버려졌지만 한때 우리 친척들이 운영했던 작은 상점들을 찾았다. 가족과 관련된 새로운 장소를 발견하면 나는 그곳을 직접 찾아가 탐험한다. 운이 좋다면 당신 또한 살아 있는 동안 조상들의 고향을 방문할 수 있을 것이다.

가넷과 도널드는 어릴 때부터 조부모님과 가까이 지냈고, 지금도 같은 지역에 사는 친척들과 친밀한 관계를 유지하고 있다. 두 사람은 결혼으로 일군 가정을 서로 믿고 의지할 수 있는 터전으로 만들기 위해 수십 년에 걸쳐 많은 노력을 기울였다. 그리고 지금, 가넷은 그 열매를 거두고 있다고 느낀다.

내가 그들을 만난 것은 가넷과 도널드가 각각 교사와 의료기기 판매직에서 은퇴한 직후의 여름이었다. 가넷은 미소 지으며 내게 말했다. "아침에 눈을 뜨면 잠시 누워서 라디오를 들어요. 그 후에는 모닝커피를 마시면서 '오늘 하루를 어떻게 즐길까?' 생각하죠."

그들의 밝은 태도와 명랑한 말투에서는 과거의 트라우마를 거의 읽을 수 없다. 두 사람의 아들인 제이크는 여자친구와 함께 시카고의 한 거리를 걷다가 불량배 무리에게 집단 폭행을 당했다. 딸 에

이미는 동부 해안지역에서 진행된 비폭력 행진 시위에 참여했다가 경찰에게 맞아서 심각한 뇌 손상을 입었다. 에이미가 다시 걸을 수 있게 되기까지는 수개월이 걸렸다. 에이미가 입원해 있는 동안, 부부 중 한 사람은 늘 그 곁을 지켰다. 두 사람은 가족의 침몰을 막기 위해 한 팀이 되어 노력했다.

도널드는 7년째 파킨슨병을 앓고 있다. 몸이 약간 떨리고 종종 움직임이 둔해지지만, 대부분의 기능은 아직 정상적으로 작동한다. 그는 파킨슨병을 앓는 배우 마이클 J. 폭스Michael J. Fox가 자신의 롤 모델이라고 말하며, 이제 막 같은 병을 선고받은 친구를 돕고 있다. 그는 친구에게 이렇게 말했다. "네가 그 병을 통제할 수는 없겠지만, 적어도 병이 너를 통제하도록 내버려두지는 마."

가넷은 가족의 기둥이었고, 늘 강한 모습을 보였다. 위기의 순간이 찾아오면 세상의 섭리를 믿으며 지금껏 익힌 삶의 기술을 꺼내 들었다. 아이들이 다쳤을 때 가넷은 도널드와 함께 울었지만 곧 정신을 차리고 말했다. "우리는 제대로 된 대처법을 찾고 이 시련을 잘 극복할 수 있을 거야." 도널드가 파킨슨병 진단을 받았을 때도 가넷은 이렇게 말했다. "괜찮아. 우린 이겨낼 수 있어."

만약 이 가족에게 닥친 사건만을 알고 있었다면 나는 그들이 슬픔에 빠져 있으리라고 믿어 의심치 않았을 것이다. 하지만 이러한 생각은 실제와 거리가 멀었다. 세상 모든 사건은 희극의 소재가 될 수 있다. 크리스마스 날 이 가족은 누가 더 심하게 다쳤는지 뽐내며 경쟁하는 두 아이를 보며 웃음을 터뜨렸다. 제이크는 진단서를 펄럭이며 자신이 더 심각한 환자라고 우겼다. 에이미는 오빠처럼 늘 진단서를 지니고 다니지는 않았다. 이 얼마나 유쾌한 파티인가!

가넷은 훌륭한 어른으로 성장한 아이들을 감사한 마음으로 지켜봤고 이제 은퇴해서 가족, 친구들과 더 많은 시간을 보낼 수 있게 됐다. "저는 나이 듦을 기꺼이 받아들입니다." 가넷이 말했다. "지금 이 단계 또한 결국에는 순환하는 삶의 일부죠. 인생의 모든 단계에는 저마다의 장점이 있어요."

"어떻게 하면 그렇게 엄청난 적응 기술을 얻을 수 있나요?" 나는 부부를 향해 물었다.

두 사람은 함께 웃으며 대답했다. "그렇게 대단한 걸 우리가 어떻게 알겠어요?"

그러면서 그들은 각자의 어린 시절과 지금도 가까이 살면서 도움을 아끼지 않는 가족들에 대한 얘기를 들려줬다. 둘에게는 확실한 롤 모델이 존재했다. 도널드는 평생 진보적인 사회운동가로 활동한 어머니 밑에서 자랐다. 가넷은 명랑하고 사랑 넘치는 가족과 함께 작은 마을에서 어린 시절을 보냈다. 가넷에게는 뇌성마비를 앓는 남동생이 있었다. 가넷은 어릴 때부터 그를 돌봤고 그가 나이를 먹고 링컨의 요양시설에 입원한 뒤부터는 보호자 역할을 해왔다. 동생은 누나와 함께 음악을 듣고 친구들을 만나면서 병을 극복했다. 그는 시련을 딛고 성장하는 인간의 본보기 그 자체였다. 아픈 동생에 대한 사랑은 가족을 향한 가넷의 애착을 더욱 강화했다.

이 부부는 가족과 친구들을 위해 다소 특이한 장기 계획을 세우고 있었다. 그들은 네브래스카주에 있는 작은 마을을 사고 싶어 했다. 우리 주에 작고 텅 빈 마을이 널려 있다는 사실을 감안하면, 생각만큼 허황된 계획은 아니다. 두 사람은 한마을에서 다 같이 서로를 돌보고 챙기는 삶을 꿈꿨다. 도널드는 미소 지으며 말했다. "마을 관리나 주민들에게 꼭 필요한 사업은 돌아가면서 담당할 수 있을 거예요. 이번 주에 요리사였던 사람이 다음 주에는 은행가가 되고, 그다음 주에는 이장이 되는 거죠."

물론 그들에게도 두려움은 있었다. 가넷은 알츠하이머병과 싸우는 어머니를 곁에서 지켜봤고, 세상과 의미 있는 소통을 할 수 없는 상황이 찾아올지도 모른다는 생각에 겁을 먹었다. 도널드는 파킨슨병의 진행을 늦추기 위해 물리치료를 받는 중이다. "우리 모두는 주어진 과제를 극복해야 하죠. 저는 힘든 상황에 적응하고 행복해진 사람을 여럿 알고 있어요. 저는 걱정하지 않아요. 태도는 상황을 이기니까요." 도널드가 말했다.

우리는 실망에 대해서 대화를 나눴다. 가넷은 실망이라는 감정을 인정하지 않는다고 했다. "우리는 살면서 많은 일을 겪죠. 하지만 그중에 실망해야 할 일은 없어요." 가넷은 댈러스에 살던 시절 남편이 하루아침에 직장을 잃은 적이 있었다고 말했다. 그가 다니던 회사가 갑자기 파산해버린 것이다. 부부는 집을 잃고 생활고에 시달렸지만, 가넷은 웃으며 그때를 회상했다. "그런 기회가 없었다면 우리가 어떻게 댈러스를 탈출해서 이 좋은 도시로 왔겠어요?"

가넷과 도널드는 몇 블록 거리에 사는 아들과 함께 보내는 시간을 즐긴다. 나와 만났을 무렵, 그들은 아들 집의 페인트칠을 도와주고 있다고 했다. 음악가인 제이크는 종종 가족 모임에 친구들을 데려와 연주를 들려준다. 그들은 한 달에 몇 번이고 모여서 음악을 감상하고 음식을 나누고 생일이나 은퇴일 같은 기념일을 축하한다. "우리는 외로움을 느낄 겨를이 없어요." 가넷이 남편의 손을 꼭 잡으며 말했다. "이 세상에 가족과 친구보다 중요한 건 없답니다."

가넷은 인생의 시련조차 가족과 친구들의 사랑을 확인하는 계기로 삼을 수 있다고 주장한다. 딸 에이미가 동부 해안지역의 병원에 누워 있을 때 가넷은 이 사실을 그 어느 때보다 깊이 체감했다. 주변 사람들은 슬픔에 빠진 그들을 돕기 위해 기꺼이 나섰다. 어떤 이는 꽃을 보내왔고, 어떤 이는 문병을 위해 비행기를 타고 날아왔다. 마침내 에이미가 집으로 돌아오던 날, 기차역에는 그를 환영하는 수백 명의 인파가 모였다.

가넷과 도널드는 매년 뒤뜰에서 라이브 음악이 연주되는 바비큐 파티를 연다. 가장 많게는 초대장을 300장이나 보냈다. 그들은 최근 아들 친구가 여는 파티에 초대받았고, 그곳에서 가장 나이 많은 커플이라는 사실에 자부심을 느꼈다. 도널드는 어떤 세대와도 우정을 나눌 수 있다고 말했다. 다양한 연령대의 친구를 사귀면 또래 친구들이 이사를 가거나 세상을 떠나도 결코 혼자가 될 일이 없다.

"가족과 친척의 아이들을 볼 때, 우리는 그 안에 쌓인 세월을 느껴요." 가넷은 말한다. "새로 태어난 아이에게서 가족의 모습이 보이거든요. 우리 사촌의 세 살짜리 아들을 보면 그맘때의 남동생이 떠올라요. 또 다른 조카의 얼굴에는 우리 아버지와 꼭 닮은 푸른색 눈이 빛나고 있죠."

우리 대화는 행복한 분위기 속에 끝을 맺었다. 가넷은 에이미의 임신 소식을 전했고, 우리는 레모네이드로 축배를 들었다. 도널드가 말했다. "우리는 곧 인생이 줄 수 있는 최고의 선물을 받을 거예요. 가까운 곳에 사는 손주가 생기는 거라고요!"

가족의 역사를 돌아보면, 자식을 훌륭히 키워낸 수 세대 위쪽의 조상들을 확인할 수 있다. 우리는 그들이 농사를 짓거나, 모닥불 주변에서 북을 치거나, 먼 바다에서 고기를 잡거나, 북쪽 땅의 혹독한 날씨 속에 썰매로 이동하는 모습을 상상할 수 있다. 대초원 지대의 인디언 야영지나 노예 혹은 이민자를 가득 실은 배, 동부에서 서부로 걸어가는 이주민 무리의 모습 또한 떠올릴 수 있다.

우리는 생명을 내려준 어머니와 할머니, 그리고 그들 전에 살았던 모든 어머니들에게 감사 기도를 올릴 수 있다. 힘이 필요할 때면 그들에게 의지하며 영감과 용기를 얻을 수 있다. 우리는 강인한 혈통의 후손이다. 우리 조상들이 강하지 못했다면 오늘날 우리는 태어날 수조차 없었으리라.

우리는 작은 배를 타고 시간의 강물 위를 떠다니고 있다. 이 길고 긴 강물은 동굴에 살고, 강에서 수영하며, 식량을 찾아 나섰던 수많은 여성으로부터 이어져 내려온다. 우리는 시간의 딸이자 우리를 먹이고 입히고 재우고 지켜준 어머니들의 자식이다.

주어진 시간의 끝을 향해 다가가는 동안 우리는 하늘나라에서 우리를 기다리는 조상들의 존재를 느끼며 마음의 안정을 찾는다. 우리 중 몇몇은 이미 새로 생겨난 가족의 조상이 되고 있다.

17장
넘치게 사랑할 존재

우리 가문에 가보는 없다. 하지만 이야기는 있다.

로즈 처닌 Rose Chernin

우리는 누군가의 인생을 대신 살 수 없다.
자기 아이의 인생이라도 마찬가지다.
우리가 미치는 영향력의 범위는 자신의 삶,
그리고 그 과정의 끝에 도달한 현재의 자신까지다.

엘리너 루스벨트

오스틴의 실비아는 수영과 일기 쓰기를 꾸준히 하고 일요일 아침마다 여성 모임에 참여했다. 그는 육체적 고통이 상당히 가라앉은 후에도 몇 달에 한 번씩 통증클리닉의 물리치료사 메건을 찾았다. 어쨌든 그에게는 수영장을 이용하기 위한 처방전이 필요했고, 메건과의 대화가 즐겁기도 했다. 실비아는 매일 밤 루이스에게 오늘 느낀 통증의 정도를 짧게 설명했다. 루이스는 아내의 말을 주의 깊게 듣고 다정하게 맞장구를 쳐줬다.

　　몸과 마음의 건강이 나아지면서 그는 직접 돌보는 손주들에게 더욱 고마움을 느끼게 됐다. 얼마 전까지만 해도 그는 그 아이들의 존재가 인생 최고의 선물이라는 사실을 깨닫지 못한 채 양육을 부담스럽게만 여겼다.

　　그레이시는 그림과 동물을 좋아하고 어떤 사람과도 쉽게 친구가 된다. 맥스는 키가 크고 깡마른 사내아이로, 귀가 크고 걸음걸이가 조금 어색하다. 실비아는 손자의 모습에서 순하디순하지만 긴 다리로 어정쩡하게 걸으면서 종종 의도치 않게 사고를 치는 아기 기린을 떠올렸다. 맨 처음 할머니 할아버지와 살게 됐을 때, 맥스는 하루에 열 번도 넘게 다리를 가누지 못하고 넘어졌다. 지금은 그 횟수가 며칠에 한 번 꼴로 줄었다. 그 아이는 소심하고 감정 기복이 심하긴 했지만 기본적으로 밝고 심성이 착했다. 실비아는 맥스가 자신들과 살면서 얼마나 나아졌는지 떠올릴 때마다 큰 자부심을 느낀다.

실비아가 집안일을 하는 동안, 그레이시는 〈애니Annie〉와 〈메리 포핀스Mary Poppins〉에 나오는 노래를 불렀다. 이 생기 넘치는 여자아이는 실비아가 원할 때마다 빛을 비춰주는 태양과도 같다. 맥스는 식사를 준비하는 할머니 곁에서 오래된 농담을 엮은 책을 읽어주곤 했다. 어느 날 저녁, 실비아는 맥스가 자기 방에서 레고를 조립하며 혼자 흥얼거리는 소리를 들었다. 그 순간 실비아는 자신이 행운아라고 생각했다.

물론 손자와 손녀가 있다고 해서 누구나 행운아인 것은 아니다. 내 친구 한 명은 딸과 사이가 틀어지는 바람이 더 이상 손주들을 볼 수 없게 됐다. 그는 고양이 세 마리를 입양해서 각각 손주들의 이름을 붙일 정도로 깊은 그리움과 외로움에 휩싸여 있다. 또 다른 친구는 사랑하는 손자가 홍콩에 사는 바람에 태어난 지 5년이 되도록 단 두 번밖에 보지 못했다. 개중에는 못된 행동으로 할머니를 상처 주는 아이들도 있다. 성인 자녀가 알코올중독이나 범죄 성향, 정신적인 문제 등으로 어린 손주들을 제대로 돌보지 못할 때 할머니가 느끼는 절망감은 말로 표현할 수도 없다. 하지만 이는 예외적인 상황이다. 우리 대부분은 손주를 통해 기쁨을 얻는다. 그들은 우리에게 살면서 상상도 못 했던 행복을 가져다준다.

나는 엄청난 루비와 다이아몬드 컬렉션을 소장했다던 마리 앙투아네트 왕비에 대한 이야기를 기억한다. 어느 날 한 손님이 보물을 보여달라고 청했을 때, 왕비는 아이들을 데리고 나와서 이렇게 말했다. "이 아이들이 제 보물이랍니다." 이 일화는 내가 손주들을 볼 때마다 느끼는 감정을 정확히 설명해준다.

운이 좋다면, 우리는 손주들의 사랑을 듬뿍 받을 수 있다. 적어도 그 아이들이 어릴 때만큼은 다른 누구보다 할머니를 사랑할 것이다. 부모와 달리 조부모는 아이의 일상을 통제할 필요가 없다. 손주와 조부모는 순수하게 사랑을 주고받는 관계다. 어떤 의미에서 보면 이 세상에서 가장 아름답고 애틋한 관계라고도 할 수 있다. 우리는 서로를 특별한 애칭으로 부르고, 우리끼리만 아는 의식을 만들어낸다.

손주와 할머니의 관계가 신성한 이유 중 하나는 우리야말로 그 아이들의 진정한 모습을 이끌어낼 수 있는 사람이기 때문이다. 자녀를 키울 때까지만 해도 우리는 자식에게 자기 자신의 모습을 투영하며 원하는 방식대로 통제하려고 했다. 하지만 손주를 볼 때쯤, 우리는 그 아이들의 독특한 개성을 온전히 받아들일 수 있게 된다. 이러한 포용성은 손주들에게 자신감과 더불어 스스로 사랑받을 가치가 있는 존재라는 생각을 심어준다. 이로써 그들은 세상을 좀 더 밝은 시선으로 바라보게 된다. 할머니의 존재는 그들에게 잠자리에 들기 전에 먹는 달콤한 쿠키와 따뜻한 우유, 재미난 옛날이야기와 다정한 키스를 상징한다. 이런 경험을 통해 단단히 자리 잡은 자신감과 자긍심은 어른이 돼도 사라지지 않는다.

우리 중 운 좋은 이들은 특별한 관계로 연결된 할머니와의 기억을 간직하고 있다. 할머니가 된 지금, 나는 우리 할머니가 나를 얼마나 사랑했는지 새삼 깨달았다. 할머니와 함께 있을 때 일어났던 갖가지 좋은 일은 결코 우연이 아니었다. 할머니는 내가 방문하는 날에 맞춰 일부러 구스베리 파이를 구웠던 것이다. 우리는 정원의 물푸레나무 아래 앉아 구스베리 꼭지를 땄고, 그런 뒤에는 맛 좋은 파이를 구워서 함께 나눠 먹었다.

오자크강변으로 떠났던 소풍이나 여행 뒤에도 할머니의 계획과 노력이 있었다. 지금의 나는 할머니가 정원을 손질하다가, 혹은 다림질을 하다가 문득 던진 질문에도 정확한 의도가 담겨 있었다는 사실을 안다. 직접 할머니가 되고 나서야 나는 아이들에게 '우연히' 즐거운 추억을 만들어주려면 얼마나 많은 공을 들여야 하는지 깨달았다.

할머니는 내게 구체적인 장소와 활동, 대화에 대한 추억을 남겨줬다. 이 기억은 내 보물이다. 나는 할머니에게 배운 노래와 이야기, 카드게임 방법을 손주들에게 물려줬다. 내가 아이에서 소녀로 자라나던 무렵, 외가와 친가의 할머니는 내게 자아를 찾는 데 필요한 여러 가지 질문을 던졌다. "친구는 어떻게 사귀니?" "좋아하는 분야는 뭐니?" "어떤 책을 읽니?" "무슨 일에 재능이 있다고 생각하니?" 나는 이런 질문에 대한 답을 찾으며 어른이 됐다. 그리고 우리 손주들에게 비슷한 수준의 질문을 던지려고 노력한다.

할머니들은 어떻게 하면 손주들에게 가장 좋은 가르침과 가장 큰 기쁨을 줄 수 있을지, 어떻게 하면 그들을 이 복잡한 세상에 잘 적응하는 사람으로 만들 수 있을지 곰곰이 생각한다. 이렇게 커다란 질문을 마음에 품고 있기 때문에 우리는 매일같이 그 아이들에게 가장 중요하다고 생각하는 경험을 제공할 수 있다.

우리는 손주들에게 학교와 부모가 제공하기 어려운 여유를 선물할 수 있다. 한결같은 관심을 베풀면서도 지나치게 간섭하지 않는 할머니 밑에서 아이들은 현재를 만끽할 수 있다. 그들은 정해진 일정이 없는 시간을 즐기고, 어른 도움 없이 스스로의 힘으로 목표를 달성하는 기쁨을 누린다.

더불어 우리는 자녀들에게 균형 잡힌 부모의 시각을 전해줄 수 있다. 그들 또한 한때는 저녁 식사 테이블에 얌전히 앉아 있지 못하거나 밤마다 칭얼대는 아기였지 않은가. 게다가 우리는 부모로서 많은 실수를 저질렀음에도 아이들이 훌륭하게 자라나는 경험을 했고, 이 경험을 그대로 전하며 그들을 안심시킬 수 있다.

할머니들은 종종 손주와 함께 즐길 놀이를 발명해낸다. 우리 손주들이 놀러 오는 날이면 나는 물병과 조류도감, 새로 찾아낸 보물을 담을 종이가방을 들고 자연 속으로 산책을 나간다. 우리는 알록달록한 돌멩이와 도토리, 잎사귀를 줍는다. 그 아이들은 부모와 여행을 갔다 돌아올 때마다 나를 위해 이런 선물을 가져온다. 여름이 오면 우리는 붉은색과 분홍색으로 물든 히비스커스 꽃밭으로 가서 시든 꽃송이를 따거나 땅에 떨어진 부드러운 꽃잎을 주워서 꽃싸움 놀이를 한다. 가을이 되어 은행잎이 노랗게 물들면 나는 예쁜 낙엽을 주워서 손주들에게 편지를 부친다.

나는 언제나 손주들이 제일 좋아하는 음식을 준비해둔다. 우리 아들의 아이들은 베이글과 요거트, 오렌지를 좋아한다. 딸의 아이들은 납작한 빵과 물고기 모양의 짭짤한 과자, 사과잼을 찾는다. 나는 이 음식들이 마치 종교의식에 필요한 성물이라도 되는 양 바닥나지 않도록 늘 주의를 기울인다.

글렌다와 더그 부부는 손주들과 다섯 블록 떨어진 곳에서 지낸다. 베이비붐 세대의 조부모가 대개 그렇듯, 그들은 손주들과 깊고 친밀한 관계를 맺고 있다. 지난여름, 아이들이 어린이집에 맡길 수 있는 나이를 넘어섰을 때 두 사람은 나서서 육아를 맡겠다고 제안했다. 그들은 다양한 탐험 계획을 세웠다. 아이들에게 새로운 장소와 활동을 경험시켜주고 자신들이 사는 도시를 제대로 알려주고 싶은 게 할머니와 할아버지의 마음이었다.

두 사람은 오전 9시쯤 하루치 계획을 들고 아이들을 데리러 갔다. 그런 뒤에는 박물관과 서점, 공원에서 열리는 무료 콘서트에 차례로 방문했다. 차를 몰고 암벽등반 체험장과 집라인 코스, 가라테 도장을 찾기도 했다. 글렌다는 무술을 별로 좋아하지 않았지만, 아이들은 크게 기뻐했다.

아이들을 데리고 드라이브를 하면서, 글렌다와 더그는 아이들이 놓칠 수 있는 다양한 것들을 꼼꼼히 짚어줬다. 어떤 날에는 전차의 선로를 지나치면서 어째서 전차가 위대한 발명품인지 설명했고, 어떤 날에는 농산물 시장으로 가서 평소 같으면 아이들이 좋아하지 않을 만한 채소를 직접 골라보라고 권했다. 글렌다는 그 채소를 요리해서 점심으로 내놓으며 실제로 맛이 어떤지 느껴볼 수 있도록 했다. 아이들은 하루가 끝날 무렵 그날의 탐험을 노트에 적었다.

탐험일지는 글렌다와 더그가 보관했다. 어느 날엔가는 손녀가 이런 말을 했다. "대학에 가면 할머니 할아버지와 함께 살고 싶어요. 그때는 제가 돌봐드릴게요." 또 다른 날에는 손자가 글렌다의 얼굴을 빤히 바라보더니 말했다. "할머니는 주름이 많은 것 같아요." 글렌다가 대답했다. "맞아. 나는 늙어가고 있단다." 그러자 손자는 이렇게 말했다. "저는 그 주름을 '사랑의 주름'이라고 불러요."

우리는 손주들에게 올바른 인성을 심어줄 수 있고, 세상의 모든 살아 있는 것들과 연결돼 있다는 느낌을 전해줄 수 있고, 그들이 책과 사람, 자연, 창조적인 작품을 보며 편안함을 찾도록 도울 수 있다. 가장 좋은 방법은 그저 삶에 대한 질문을 하며 대화를 나누는 것이다.

하루는 우리 손자 콜트레인이 내게 물었다. "할머니는 신이 세상을 만들었다고 믿으세요?" 나는 대답했다. "글쎄, 나도 잘 모르겠구나." 아이가 말했다. "저는 아주 작은 알갱이들이 모여서 이 세상이 생겨났다고 생각해요." 나는 또다시 같은 대답을 했다. "흠, 잘 모르겠는걸." 아이는 또다시 질문을 던졌다. "그럼 그 작은 알갱이들은 누가 만들었을까요?" "나도 그게 궁금하구나." 우리는 그 뒤로 15분 동안 믿음의 본질과 영혼의 존재, 창조론에 대한 의구심 등을 주제로 이야기를 나눴다.

플라톤은 말했다. "교육이란 아이들에게 옳은 것에서 즐거움을 찾는 방법을 가르치는 것이다." 할머니는 아이들에게 윤리적 삶이 무엇인지 알려주는 선생님이 될 수 있다. 우리는 모든 살아 있는 존재를 존중하는 모습을 직접 보여줌으로써 아이들에게서 윤리적인 행동을 이끌어낼 수 있다. 스토리텔링을 이용하는 것도 좋은 방법이다. 나는 손주들에게 들려주기 위해 '러블리 가족Lovelies'과 '맥개리글 가족McGarigles'이 등장하는 길고 교훈적인 이야기를 만들어냈다. 러블리 가족은 친절하고 배려심이 깊으며 공중도덕을 지킬 줄 아는 사람들이지만, 맥개리글 가족은 무례하고 지저분하며 게으르고 심술궂다. 나는 친척의 결혼식이나 생일 파티, 새로 연 박물관에 아이들을 데려가기 전에 두 가족을 예로 들며 예절 교육을 시킨다. 아이들은 음식을 사방에 늘어놓고 부모님께 소리를 지르며 식탁에서 트림을 하거나 욕설을 내뱉는 맥개리글 가족을 무척 재미있어하지만, 다음 순간에는 러블리 가족처럼 착하게 굴겠다고 약속한다. 아이들이 예의를 지키길 바랄 때면 이 한마디로 충분하다. "얘들아, 러블리 가족처럼 행동해야지?"

내가 '시련 이야기'라고 부르는, 어려운 상황에 처한 사람들의 행동을 묘사한 이야기 또한 아이들의 도덕심을 길러주는 데 도움이 된다. 우리 손주들은 부모님을 잃거나 힘든 환경에 처한 아이들이 용감하게 위기를 극복하는 이야기를 아주 좋아한다. 나는 종종 영화 〈타이타닉〉이나 북극 원정대, 혹은 광산에 매몰됐던 칠레 광부들의 실화를 포함하여 현대에 일어났던 재난에서 서로를 도우며 위기를 극복한 어른들 이야기를 들려준다.

우리는 가끔 '만약에What If' 게임을 한다. 나는 다양한 위기 상황을 가정한 질문을 던지고, 아이들은 만약 자신이라면 어떻게 대처할지 설명한다. 예를 들면 이런 식이다. "만약 어떤 어른이 운전하는 차를 탔는데, 그 사람이 술을 마셨다는 사실을 알게 되면 어떻게 행동해야 할까?" "길을 걷다가 1,000달러를 주우면 어떻게 해야 할까?" "한밤중에 일어났는데 집 안에서 연기 냄새가 난다면 어떤 조치를 취해야 할까?"

아이들은 상상 속에서나마 복잡하고 현실적인 문제를 해결할 기회를 얻는다는 데 기뻐한다. 이 게임은 그들에게 미래에 대한 자신감과 더불어 앞으로 일어날지도 모르는 사건에 준비하는 자세를 심어준다.

나는 괴롭힘당하는 친구를 보호하는 법, 품위 있게 패배를 인정하는 법, 상대방을 불쾌하게 하지 않으면서 도움의 손길을 내미는 법 같은 주제로 손주들과 대화 나누길 좋아한다. 우리는 누군가 혐오나 차별이 담긴 말을 했을 때 어떻게 대처해야 할지 머리를 맞대고 의논했다. 어떤 토론에서는 갈등의 해결 수단으로 전쟁이라는 끔찍한 방법을 선택해서는 안 된다는 결론을 내렸다. 시민이 된다는 것이 어떤 의미인지 다 함께 생각해보기도 했다.

아이들은 어른만큼 복잡한 삶을 살고 있으며, 종종 똑같은 실존적 딜레마에 처한다. 다행히도 그들 중 대부분은 옳은 방향의 공감과 성찰, 행동을 보인다. 우리는 자신의 일을 사랑하는 할머니의 모습을 보임으로써 아이들에게 일의 가치를 가르칠 수 있다. 우리 할머니 두 분은 하루 종일 손에서 일을 놓지 않으셨지만, 언제나 만남과 웃음으로 가득 찬 즐거운 인생을 사셨다. 나 또한 우리 손주들에게 그런 삶의 태도를 보여주고 싶다. 나는 글쓰기와 봉사활동에 대한 이야기를 열정적으로 들려주고, 손주가 놀러 올 때면 함께 다양한 일을 해보자고 제안한다. 할머니와 함께라면 아이들은 기꺼이 일하고자 한다.

할머니는 시간과 장소, 사람을 엮어서 아이들의 타고난 정체성을 지켜줄 거대한 안전망을 만들어줄 수 있다. 우리의 가장 중요한 역할 중 하나는 가족과 친척, 조상에 대한 이야기를 가능한 한 많이 들려주는 것이다. 아이의 삶에 많은 이야기가 저장될수록, 자아감Sense of Self이 풍부해질 가능성이 높다.

우리는 손주들에게 대대로 내려오는 가족의 가치 체계를 알려줄 수 있다. 예컨대 모든 가족이 기도를 올리는 예배당이 있는지, 그곳이 말 그대로 기독교 교회나 유대교 회당, 불교 사찰, 이슬람교 사원 같은 곳인지, 혹은 스포츠 경기장이나 음악 연주회장, 낚시터, 혹은 봉사활동 센터인지 가르쳐주는 것이다. 나는 콜로라도에 살던 우리 할머니가 교회와 도서관에서 자원봉사 활동을 하시는 모습을 보며 자랐다. 우리 어머니가 언제나 남에게 상냥한 태도를 보였던 것도 기억한다. 어머니는 아침에 출근하려고 현관을 나서면서 종종 이렇게 말하곤 했다. "남매끼리 사이좋게 지내야 한다."

먼 옛날 우리 가족은 분명한 가치를 지니고 있었다. 우리는 근면과 친절의 힘을 믿었고, 교육과 좋은 음식, 야외 활동을 중요시했으며, 물건보다 경험을 소중히 여겼다. 우리는 새를 사랑했고, 폭풍이 불고 천둥 번개가 치는 날이면 한자리에 모여 자연의 신비를 관찰하고 경의를 표했다. 나는 우리 손주들이 나를 보며 그런 가치들을 배웠으면 하고 바란다.

어느 해 어버이날 저녁, 가족 식사를 하는 도중에 토네이도 경보가 두 번이나 울렸다. 우리는 포크를 내려놓고 지하실로 대피했다. 당시 만 네 살이던 콜트레인은 그때까지 고양이와 손전등, 휴대전화를 챙겨서 지하실로 내려가는 경험을 한 번도 해본 적이 없었다. TV 속의 기상캐스터가 일기도의 빨간 부분을 가리키며 당장 안전한 곳으로 대피하라고 경고하는 모습도 처음 봤다.

나는 그 아이가 처음으로 토네이도를 겪는 순간에 함께 있다는 사실에 감사했다. 덕분에 큰 폭풍을 경외하는 우리 가족의 전통에 대해 가르칠 기회를 얻었기 때문이다. 토네이도가 동쪽으로 물러간 후, 우리 가족은 구름을 바라보며 바깥을 산책했다. 우리는 토네이도가 몰고 온 바람과 한순간에 떨어진 기온에 감탄했다. 나는 말했다. "폭풍은 자연의 힘이 최고로 발휘되는 순간이란다."

아이들은 부모님의 어린 시절 이야기를, 특히 그들이 말썽 부렸던 이야기를 좋아한다. 태어나던 순간이나 갓난아기 때 갖고 있었던 이상한 습관을 포함해서 자기 자신에 대한 이야기도 좋아한다.

모든 할머니는 손주 앞에서 문화사학자가 된다. 우리는 미키마우스 클럽이나 자동차극장, 존 F. 케네디의 대통령 당선, 피그만 침공사건, 베트남전쟁, 1968년 민주당 전당대회, 흑인 운동단체인 흑표당, 그래놀라와 요거트 그리고 케일 주스의 대중화를 기억하는 사람들이다.

우리는 그 아이들이 경험하지 못한, 세상이 지금보다 훨씬 더 느리고 조용했던 시절에 대해 이야기해줄 수 있다. 우리 손주들은 내가 어렸을 때 책 한 권과 탄산음료 한 캔, 땅콩버터 샌드위치 한 개를 들고 강둑으로 하이킹을 가는 것 이상의 여흥을 허락받지 못했다는 이야기를 들을 때마다 못 믿겠다는 반응을 보인다. 나는 그 강가의 나무 아래서 하루 종일 책을 읽었다. 당시에는 많은 집이 문을 잠그지 않았고, 자동차 열쇠도 차 안에 그대로 두고 다녔다는 이야기 또한 그 아이들을 깜짝 놀라게 한다.

나는 손주들에게 40제곱미터 넓이의 프레리도그(북미 초원지역에 사는 다람쥣과 동물―옮긴이) 서식지나 이동식 도서관에 대해 들려줬다. 여자 선생님들은 임신을 하면 곧바로 직장을 그만둬야 했고, 여학생들은 한겨울에도 치마를 입고 등교했으며, 중증 장애가 있는 아이들은 학교에 다닐 수도 없었다는 이야기도 숨기지 않았다. 숨바꼭질과 공기놀이, 사방치기, 원반던지기를 포함해서 내가 어렸을 때 즐겼던 다양한 놀이도 가르쳤다.

우리 손주들은 TV와 전자레인지, 자동차, 휴대전화, 컴퓨터, 에어컨이 없는 세상을 거의 상상도 못 한다. 하지만 나는 그런 세상에서 자랐다. 그들에게 내 역사는 고대 역사와 다를 바 없다.

우리의 이야기는 아이들이 살면서 겪을 다양한 경험을 이해하는 데 꼭 필요한 관점과 시각을 전해주고, 그들이 정체성을 형성하는 데 도움을 준다.

물론 우리가 손주들에게 받는 선물은 주는 것 이상으로 크다. 우리는 손주를 바라보며 아이들을 향한 사랑을 새삼 깨닫고, 우리 자신과 자녀들이 어렸을 때의 모습을 다시 한번 떠올린다. 그들은 또한 우리 삶에 순수한 기쁨을 가져다준다. 아무리 힘든 하루를 보낸 뒤라도, 손주들이 했던 재미난 말이나 행동에 대한 화제가 나오면 나와 남편은 금세 기운을 차린다.

우리는 손주들을 보며 외로움을 물리치고, 다시 젊어진 기분을 느끼며, 인생의 사명을 얻는다. 내 경험상 이런 효과는 갓난아기인 손주를 보는 순간에 극대화된다. 나는 아기의 조그만 머리를 내 어깨에 올려놓고 몸을 부드럽게 흔드는 순간의 즐거움을 사랑한다. 아기의 숨소리는 나를 편안하게 한다. 비록 잠자리가 불편할지언정 웅크린 아기 옆에서 잠드는 순간은 더없이 행복하다. 손녀 케이트를 품에 안고 정원을 산책했을 때 느꼈던 벅찬 감동은 영원히 잊지 못할 것이다.

〈이 얼마나 아름다운 아침인가Oh, What a Beautiful Mornig〉〈그 남자를 당장 지워버리겠어I'm Gonna Wash That Man Right Outa My Hair〉〈76개의 트롬본76 Trombones〉을 포함해서 1950~1960년대 유행가로 구성된 내 노래와 춤 레퍼토리를 좋아해주는 사람은 한 살배기 오티스밖에 없다. 아기는 우리에게 많은 것을 가르쳐준다. 우리는 그 작은 존재를 보며 사랑하는 사람들에게 최선을 다하고, 자신의 필요에 충실하며, 인생을 온전히 즐기기에 가장 적절한 시간이 바로 지금이라는 사실을 깨닫는다.

세상에 세 살배기 아이보다 더 재미있는 존재가 있을까? 콜트레인은 그 나이 때 새벽 5시부터 일어나 나를 깨우곤 했다. 그 시간이면 바깥이 아직 껌껌했기 때문에, 나는 아이를 데리고 앞마당으로 나가서 별을 관찰할 수 있었다. 우리는 잔디밭에 담요를 펼쳐놓고 하늘을 바라봤다. 아이와 나는 동트기 전 하늘에 매달린 은빛 달과 다양한 별자리를 보며 그 선명한 밝기와 크기에 한마음으로 감탄했다. 집으로 돌아온 뒤에는 시나몬 토스트를 만들어 먹으며 일출을 감상했다. 나는 이 기억을 임종의 순간에 떠올리고 싶다.

콜트레인은 다섯 살 때 손가락으로 인용 부호를 표시하는 법을 배웠다. 그날 우리 가족은 서로의 입에서 나온 모든 말이 아이를 통해 인용되는 최고의 하루를 보냈다. 우리는 평범한 문장이라도 아이의 손가락을 통해 인용되는 순간 세상에서 가장 재미있는 표현으로 바뀐다는 놀라운 사실을 배웠다. "나 과자 먹고 싶어요"라는 말조차 '과자'에 따옴표가 붙는 순간 보는 사람의 웃음보를 터뜨리는 익살스러운 문장으로 탈바꿈했다.

열 살짜리 소녀들은 신비롭다. 우리 손녀 클레어는 열 살 때 미술 캠프와 수영 교실에 참여하기 위해 우리 집에 일주일 동안 머문 적이 있다. 어느 화창한 오후, 그 아이는 수영장 물에 뛰어들기 직전 갑자기 나를 꼭 안아주더니 말했다. "저는 지구에서 가장 운 좋은 아이예요." 나는 그 순간 이렇게 순수하고 사랑스러운 손녀와 함께 있는 내가 세상에서 가장 운 좋은 할머니라는 사실을 깨달았다.

우리 손자 에이든은 중학생 때 뇌진탕을 일으켰다. 아이는 2주 동안 TV도 학교도 친구도 격한 움직임도 금지당한 채 조심스러운 회복 기간을 거쳤다. 나는 매일 손자와 통화를 했고, 택배로 달콤한 감초 사탕을 보내주기도 했다. 하지만 결국에는 아이의 상태를 직접 확인하고 싶은 마음을 억누르지 못했다.

나는 약 150킬로미터를 운전해서 에이든 가족이 사는 농장으로 찾아갔다. 내 모습을 발견했을 때, 에이든은 금빛 햇살에 둘러싸여 내게로 걸어왔다. 그 순간 나는 손자를 향한 할머니의 터질 듯한 사랑이 아이의 마음에 가 닿았다는 것을 느낄 수 있었다. 우리는 서로를 볼 수 있음에 감사하며 따뜻한 포옹을 나눴다. 그날 우리에게는 서로의 존재가 필요했다.

에이든은 의사에게 허락받은 몇 안 되는 활동 중 하나인 낚시를 가고 싶다고 했다. 나는 그 아이를 데리고 농장 근처의 작은 연못으로 가서 아이가 낚싯대를 드리우는 모습을 지켜봤다. 지나가는 물고기를 발견하면 아이에게 알려줬고, 생각보다 능숙한 그의 낚시 솜씨에 감탄하기도 했다. 하지만 사실 우리 둘 모두에게 진짜 중요했던 것은 우리가 그 순간 함께 있다는 사실이었다. 나는 그 봄날 오후 연녹색 나뭇잎을 통과해 내려오는 햇살 속에서 고기를 잡던 손자의 모습을 평생 기억할 것이다.

10대가 된 손주들은 여전히 우리에게 큰 기쁨을 주지만, 이제 할머니와 할아버지는 더 이상 그들의 우주가 될 수 없다. 친구와 각종 활동이 우리 자리를 차지하기 때문이다. 한때 하루 종일 안고 다녔던, 나만 보면 사족을 못 쓰던 아이들을 놓아주기란 쉽지 않다. 내 마음의 일부는 여전히 한때 나와 깊은 애착 관계로 연결됐던 사랑스러운 꼬마 아이들을 붙잡고 싶어 한다.

하지만 나는 그들의 변화에 적응하려고 노력한다. 손주들을 만날 때면 언제나 정직하고 진실한 사람이 되라고 말한다. 나는 그 아이들의 진정한 생각과 감정을 알고 싶은 거지, 멋지게 꾸며낸 모습을 보고 싶은 게 아니다. 그들이 자신의 고충에 대해 털어놓을 때, 나는 비로소 그들과 가까워졌다고 느낀다. 마음을 터놓는 것이야말로 사람과 사람이 진정으로 연결되는 유일한 방법이다.

나는 그들과 함께할 새로운 방법을 찾는 중이다. 평생 어린 손자 손녀와의 추억만 꺼내 보며 살고 싶진 않다. 그 아이들의 변화까지도 사랑하며 이해하는 것이 내 목표다. 나는 그들이 참여하는 운동 대회에 찾아가고, 요즘 아이들의 관심사를 공부하면서 공감대를 유지한다. 케이트와 나는 종종 같은 책을 읽고 대화와 토론을 한다. 에이든과는 보드게임을 즐긴다. 가족들이 우리 집을 찾을 때면, 나는 각각의 10대 손주들과 최소 30분 이상의 시간을 보내려고 노력한다. 남편과 나는 고등학교에 올라간 손주를 데리고 여행을 다녀오는 전통을 지키고 있다.

할머니 역할에는 끊임없는 변화와 적응이 필요하다. 아이들은 변하고, 우리 또한 변한다. 손주 중에서 가장 나이가 많은 케이트와 가장 어린 오티스에게 나는 전혀 다른 할머니로 비칠 것이다. 케이트가 태어났을 때 나는 만 54세였다. 하지만 지금은 70대가 됐다.

나는 아이들의 변화를 지켜보면서 너무 높지도, 낮지도 않은 합리적인 기대의 선을 유지하기 위해 노력한다. 예를 들어 나는 만 세 살이 되면 식탁을 차리고 치우는 것을 돕기에 충분한 나이라고 생각하며, 따라서 그 나이가 된 손주들이 집안일을 도와주길 바란다. 동시에 나는 할머니 입장에서 아이들이 좋아하리라고 생각하는 것과 그들이 실제로 좋아하는 것이 완전히 다를 수 있다는 사실을 안다. 예컨대 우리 부부와 함께 하이킹을 떠났던 만 열세 살 손자는 오래된 나무숲을 걷는 내내 노란 민달팽이를 찾아다니느라 정신이 없었다. 하이킹이 끝날 무렵, 그 아이는 무려 75마리의 민달팽이를 찾아서 일일이 기념사진을 찍었다. 내가 그 아이라면 햇빛을 받아 반짝이는 사랑스러운 이끼나 바람에 살랑이는 삼나무 가지에 더 집중했을 거라는 생각이 들었지만, 어쨌든 아이는 민달팽이에 훨씬 더 흥분했다.

최고의 조건이 갖춰져 있는 상황이라 해도 할머니 역할은 쉽지 않다. 여러 세대로 구성된 우리 가족은 내게 더없는 행복을 선사하기도 하고, 세상 누구보다 큰 괴로움을 안겨주기도 한다. 나는 언제나 가족 모임을 고대하며 그날에 대한 달콤한 환상을 품는다. 하지만 때로는 두려움이 밀려오기도 한다. 돌아보면 가족 모임에서 힘든 순간을 겪었던 경험이 적지 않기 때문이다. 기대가 크면 실망도 큰 법이다. 제멋대로 부풀어 오르는 기대를 조절하지 않는다면, 소중한 만남을 눈물로 마무리하게 될 수도 있다.

좋은 할머니가 되려면 훌륭한 외교 수완과 자기통제 능력을 갖춰야 한다. 우리는 때때로 입을 다무는 법을 배워야 한다. 우리 입에서 나올 가장 적절한 대화 주제는 "얘야, 아이를 정말 훌륭하게 키웠구나" 혹은 "너희는 정말 훌륭한 부모란다"라는 말이다.

내 친구 레지나는 손주들에게 '초콜릿 할머니'라는 호칭을 듣겠다는 계획을 세우고 있다. 제인은 친구들에게 자녀 양육법에 대해 최대한 비판을 자제하고, 손주들에게 아이스크림을 사주거나 특별한 배움의 기회를 위해 교육비를 지원해주는 할머니가 되라고 권한다.

시간이 지날수록 권위는 우리 손에서 자녀들의 손으로 넘어간다. 그들이 자신의 아이를 스스로 옳다고 생각하는 방식으로 가르치도록 내버려두고, 그들의 권위에 의문을 제기하지 말자. 그쪽에서 먼저 묻지 않는 한 충고는 자제하는 편이 현명하다. 불교를 믿는 한 친구는 이렇게 말했다. "나는 아이들 가족을 만날 때마다 이런 다짐을 해. '나는 잔소리를 해달라고 초대받은 것이 아니다.'"

우리는 손주들에게 사랑과 관심을 쏟는 동시에 우리가 그들의 양육 책임자가 아니라는 사실을 받아들여야 한다. 우리에게는 통제권이 없다. 분명히 도움이 되리라는 사실을 알아도 그 생각을 내뱉지 않기란 정말로 어렵다. 하지만 이 부분에 대해서는 우리 딸의 말이 백번 옳다. "엄마, 내 친구 중에서 부탁하지도 않은 육아 조언을 듣고 기뻐하는 사람은 단 한 명도 없어요."

가장 좋은 할머니가 되는 최선의 방법은 칭찬하고, 음식을 준비하고, 운전을 도와주고, 아이들에게 체험학습을 시켜주고, 스트레스에 찌든 아이 부모를 도와주는 것이다.

충분한 사랑과 좋은 가정교육을 받고 자란 아이들은 부모의 잦은 실수 속에서도 훌륭한 어른으로 자라난다. 우리가 모든 것을 알지는 못하며 우리 판단이 늘 옳은 것만도 아니라는 사실을 인정하면 마음을 다스리는 데 도움이 된다. 우리는 엄마로서 아이를 키울 때 저질렀던 수많은 실수를 기억한다. 자녀들이 같은 실수를 반복하지 않길 바라는 마음은 자연스러운 것이지만, 그 마음을 있는 그대로 말과 행동으로 옮겨서는 안 된다.

손주들은 너무 빨리 자란다. 그들이 자랄 때마다 우리는 한때 사랑했던 꼬마 아이를 떠나보내야 한다. 우리 무릎에 앉아 도서관에서 빌린 책을 읽던 세 살배기 손녀나 끝없이 마술 묘기를 부리던 여덟 살짜리 손자는 더 이상 존재하지 않는다. 그 아이들은 사라지고, 훌쩍 큰 새로운 아이들이 나타난다. 내 인생에서 아기인 핏줄을 볼 수 있는 시기는 이미 지났다. 아주 오래 살지 않는 한, 내게 갓난아기 손주를 흔들어 재울 기회는 다시 오지 않을 것이다.

남편과 내가 어린 자녀를 키우던 시절, 우리는 종종 양가 부모님들이 우리가 찾아뵙는 날을 얼마나 기다리는지에 대해 대화를 나누곤 했다. 그분들은 항상 방문을 재촉했고, 그날이 오면 한참 전부터 현관에 나와 있거나 창밖을 내다보며 우리 차를 기다렸다. 떠나는 날에는 차까지 쫓아 나와서 안전벨트를 매는 순간까지도 계속 이야기를 하셨다. 그분들의 말을 끊고 자동차를 출발시키기란 정말로 쉽지 않았다. 지금의 나는 그때의 부모님들과 같다. 나는 계속 창밖을 내다보고, 아이들이 떠나면 눈물을 흘린다.

4부

북극광

우린 언제든 좋은 하루를 만들어갈 수 있지

18장
있는 그대로 아름답다

나는 우리가 어떤 식으로든 진정한 자신에 대해 배우고,
그 자신의 결정에 따라 살아간다고 생각한다.

엘리너 루스벨트

나는 나이 들수록 빛나는 사람이다.

메리델 르 수에르 Meridel Le Sueur

＊

어느 날 아침 로키산맥 하이킹을 다녀온 후, 엠마는 딸 앨리스로 부터 운동을 하고 싶으니 헬스클럽 회원권을 끊어달라는 부탁을 받았다. 물론 말도 안 되는 요구는 아니었다. 하지만 엠마는 지금껏 딸에게 동물원과 수족관, 레크리에이션 센터 회원권을 사준 적이 있고, 앨리스는 매번 몇 주를 넘기지 못하고 흥미를 잃곤 했다.

엄마의 찡그린 표정을 눈치 챈 앨리스는 재빨리 말을 덧붙였다. "이번에는 진짜 성실히 나갈게요."

원래 같았으면 못 이기는 척 허락했겠지만, 엠마는 1년간의 심리치료 끝에 좀 더 이성적인 어머니로 거듭났다. 그는 딸에게 미움받을지도 모른다는 두려움이 아니라 합리적인 판단에 따라 결정을 내렸다. "일단 네 돈을 내고 두 달을 다녀봐. 만약 그 기간을 채운다면, 내가 비용의 반을 대줄게."

앨리스는 엄마의 반응에 다소 놀란 듯 보였지만 겉으로 항의를 하진 않았다. "생각해볼게요." 앨리스가 대답했다.

엠마는 가슴속에 솟구치는 자부심을 느꼈다. 그는 내면의 목소리를 듣고 딸에게 적당한 선을 그었다. "등을 똑바로 펴고 당당한 태도를 보이자." 엠마는 자신에게 말했다.

그가 자신과 다른 사람들에게 더 솔직해졌을 때, 크리스는 엠마가 전혀 예측하지 못했던 방식으로 반응했다. 그는 아내가 스스로를 제대로 돌본다는 생각에 기뻐했다. "당신은 스트레스에 짓눌려 있지 않을 때 더 재밌는 사람이 돼. 난 당신이 걱정되지 않아." 크리스가 말했다.

앨리스는 어머니에게 존경심을 보였고, 예전처럼 버릇없이 말하지도 않았다. 마치 그동안은 엠마가 어디까지 참을 수 있는지 시험하고 있었던 것처럼 느껴질 정도였다. 엠마가 딸과의 사이에 경계를 정한 그 순간부터, 앨리스는 어머니를 시험할 필요가 없어졌다. 앨리스는 어머니에게 더 이상 무리한 요구를 하지 않았고, 같은 도움에도 더 큰 고마움을 표시했다.

요가와 마사지, 명상, 일기 쓰기는 엠마가 자신의 내면과 소통하는 데 큰 도움이 됐다. 70대에 접어들어서야 그는 마침내 진정한 자신에 대해 배우기 시작했다.

노년이 주는 가장 큰 선물 중 하나는 진실성Authenticity을 찾을 가능성과 마거릿 풀러가 '빛나는 자기주권Radiant Sovereign Self'이라고 불렀던, 두려움에서 벗어나 온전한 자기 자신으로 나아갈 수 있는 능력이 커진다는 것이다. 우리는 어린 시절 갖게 된 뒤 인생의 긴 여정 내내 쭉 지니고 살아왔던 거짓 자아와 마침내 이별할 수 있는 기회를 얻게 된다. 우리는 내면의 깊은 곳에서 진정한 자아를 찾을 수 있는 잠재력을 발견하며, 드디어 진실을 말할 수 있게 된다.

보다 분명하면서도 통합된 자아를 얻는 과정에서, 우리는 자기 자신과의 관계가 세상 무엇보다 중요하다는 사실을 깨달음과 동시에 젊은 시절 지녔던 나르시시즘과 자기중심적 태도를 버리는 역설적 현상을 겪는다. 우리는 지금까지의 경험을 가공하고 통합하면서 자신과 세상에 대한 더 깊은 감각을 얻는다. 그리고 감정을 조절하고 자신과 타인 사이에 건강한 경계를 만드는 기술을 손에 넣을 수 있다.

발달단계와 연결된 모든 도전이 그렇듯, 성장을 위해서는 실존적 선택과 다양한 기술이 두루 필요하다. 우리는 어떤 상황에서도 자신을 성장시키는 선택을 할 수 있다. 다른 사람들이 어떻게 생각하는지에 대한 걱정을 멈출 때, 우리는 비로소 자신에게 있는 그대로의 삶을 허락하게 된다. 내면에 숨겨져 있던 자신의 부정적 감정과 결점을 받아들이는 동시에 보다 솔직하고, 즐겁고, 자유롭길 바라는 깊은 욕망을 인정하는 것이다.

마지막으로, 우리는 진정으로 좋아하는 일과 아끼는 사람에게만 시간을 허락하기로 결정할 수 있다. 원하는 대로 친구들과 수다를 떨고, 자신에게 꽃을 선물하며, 달빛 아래 춤을 출 수 있다. 평범한 주변 환경에 관심을 기울이면 일상생활에서도 화려한 이벤트를 찾을 수 있다.

진실성에는 정해진 기준이 없다. 마리아에게 진실성이란 원하지 않는 행사에 참여하지 않고, 흰머리를 염색하지 않고, 불편한 옷을 입지 않는 생활을 의미한다. 예타에게 진실성이란 일요일 아침에 늦잠을 자고 아침 식사로 파이를 원하는 만큼 먹을 수 있는 자유를 의미한다. 나오미는 폭력적인 성향의 남편에게 행동을 고치지 않으면 이혼하겠다고 선언한 순간 온전한 자유를 느꼈다. 질은 죄책감에 움츠러들지 않고 다른 사람들에게 자신의 불안을 털어놓을 때 진실성을 느낀다.

늘 차가운 태도를 고수했던 케스트럴에게 진실성이란 남을 신뢰하는 법을 배우는 것을 의미했다. 어머니가 암 선고를 받은 그 여름이 오기 전까지, 그는 자신 외에 누구도 믿지 않았다. 화를 내는 데는 익숙했지만, 남들 앞에서 부드럽거나 약한 모습을 보이는 건 도저히 견딜 수 없었다. 그는 작은 요새 둘레에 레드와인이 넘실대는 못을 파고 그 안에 홀로 살고 있었다.

하지만 어머니의 암 소식은 굳게 잠겨 있던 케스트럴의 마음을 열어젖혔다. 그는 어머니를 돌보면서 자기 자신을 치유했다. 타인에게 기대는 법을 배우고 약한 모습을 보일 수 있게 되면서 그는 비로소 완전해졌다.

맨 처음 케스트럴은 자신의 부드러운 모습을 낯설고 두렵게 느꼈다. 그럴 방법만 알았다면, 그는 다시 한번 마음의 문을 굳게 잠갔을 것이다. 하지만 이번만큼은 그도 자신의 슬픔을 무시할 수 없었다. 어머니를 향한 걱정으로 시작된 변화는 점차 복잡하고 감정적이며 생기 있는 자아의 확장으로 이어졌다.

샐에게 진실성이란 어릴 때 믿었던 신을 다시 만나는 일이었다. 뉴욕에서 나와 처음 만나던 날, 그는 검은색 슬랙스에 주황색 재킷을 입고 있었다. 상냥하고 성실한 인상의 그는 질문에 대답하기 전에 신중히 생각할 시간을 가졌다. 종종 재치 있는 농담을 건네기도 했지만, 대부분의 답변은 진지하고 심각했다. "저는 키가 190센티미터쯤 되는 남자로 태어났어야 했는데 이렇게 작은 여자로 태어나버렸어요." 그가 내게 던진 첫마디였다.

샐은 자신의 겉모습과 진정한 자아 사이의 괴리가 평생 동안 문제를 일으켰다고 생각했다. 자신도 모르게 키 작은 사람을 대하는 문화적 관점을 내재화했던 것이다. 그는 지나치게 작은 신장에서 일종의 결핍감을 느꼈다. '합선Short-circuited'이나 '부족한 거스름돈Short-changed' 같은 관용어만 봐도 알 수 있듯이, '작다Short'는 단어 자체에 '부족하다'는 뜻이 들어 있다는 사실을 그는 알고 있었다.

그는 여성스러워야 한다는 문화적 압박에 저항했다. 소녀 시절부터 치마를 입거나 웨이브 머리를 해야 한다는 주변의 권유를 거부했다. 인형놀이도 하지 않았다. "왜냐하면 그건 제가 아니니까요." 지금의 샐은 여성보다 남성에 가깝게 옷을 입고, 머리 또한 짧게 잘랐다.

어린 시절, 샐은 삼촌에게 수년 동안 성적 학대를 당했다. 어머니에게 세 번이나 도움을 청했지만 어머니는 딸의 호소를 믿지 않았다. 네 번째로 같은 얘기를 꺼냈을 때는 따귀를 때리며 두 번 다시 거짓말을 하지 말라고 으름장을 놓았다.

샐은 고등학교를 졸업한 바로 그다음 주에 뉴욕으로 떠났고, 한 대형 미용실에서 청소부 일자리를 얻을 때까지 거리에서 지냈다. 그 기간 동안 그는 자신을 성적으로 착취하려는 인간들의 손길을 거부하지 않았다. 스스로 누군가의 성욕 해소용 도구가 돼도 어쩔 수 없다고 생각했을 정도로 자신을 낮게 평가했던 것이다. 개인 사이의 건전한 경계에 대해서 전혀 이해하지 못했으며, 누구와도 가까워지려 들지 않았다. 그는 그 누구와도 깊이 연결되지 않았다.

그는 과거의 상당 부분을 차단한 채 살고 있었다. 중학교 시절에 대한 기억은 거의 없다. "과거를 돌아보면 어둠과 고통이 보여요. 저는 언제나 아웃사이더였고, 일상적으로 폭행과 모욕과 괴롭힘을 당했어요. 제가 죽지 않고 이 자리에 있는 게 놀라울 정도예요."

샐의 삶을 지탱해준 것은 가톨릭 신앙이었다. 어린 시절 그는 성직자가 되길 꿈꿨다. 거실에서 혼자 미사를 보며 신부님이 올리는 다양한 기도를 연습하기도 했다. 성당의 의식에 참여하고 기도를 드리는 순간이면 마음에 평화가 찾아왔다.

그는 만 열 살 때 자신이 동성애자임을 깨달았지만 줄곧 아무에게도 말하지 않고 여성을 향한 감정을 숨겼다. 스물네 살 때는 남성과 결혼까지 하면서 이성애자로 살려고 노력했다. 그가 자신의 성 정체성을 인정한 것은 1970년대가 돼서였다. 하지만 샐이 커밍아웃을 하던 당시 뉴욕에 사는 레즈비언이란 곧 술집과 마약, 반문화Counterculture를 상징했다. 그는 그런 환경에 적응하지 못했고, 곧 알코올중독자가 됐다.

1980년대에 샐은 게이 남성을 전담하는 헤어 스타일리스트로 일했다. 그의 고객 리스트에는 브로드웨이와 예술계의 많은 유명 인사들이 들어 있었다. 하지만 에이즈가 대유행했던 10년 사이에 고객의 70퍼센트가 세상을 떠나면서 그는 사업과 친구를 동시에 잃었다. 60대가 된 지금, 그 또래의 사람들은 태어나서 처음으로 사랑하는 이들이 세상을 떠날지도 모른다는 두려움을 느끼고 있다. 하지만 그는 이렇게 말한다. "나는 이미 겪어봤어요."

샐은 33년 전에 알코올중독에서 벗어나기로 결심했고, 알코올중독자 치료 모임인 '익명의 알코올중독자(일명 AA)' 모임에 가입했다. 요즘 그는 12단계로 이뤄진 중독 치료 워크숍을 직접 이끌고 있으며, 성적 학대를 당한 여성들을 돕는 그룹을 결성하기도 했다.

그가 제대로 된 인간관계를 만들기 시작한 것은 AA의 사람들을 만나면서부터였다. 토론토에서 열린 AA 창립 70주년 기념식에 참석했을 때, 그는 사교적인 성격의 노마와 처음 만났다. 두 사람은 열네 살의 나이 차이에도 불구하고 밤새 대화를 나눴고, 다음 날 아침 각자의 집으로 돌아가기 전에 전화번호를 교환했다. 1년 후 노마는 샐과 함께 지내기 위해 뉴욕으로 이사했다. 그는 샐의 첫 번째이자 유일한 장기 파트너다.

두 사람은 지난 10년간 관절염이 심하고 시력을 거의 잃은 샐의 어머니를 보살펴왔다. 그들은 어머니의 목욕을 돕고, 식사를 준비하고, 어머니 곁에 있어준다. 어머니는 연약하고 정이 많은 노인으로 늙었다. 샐은 더 이상 어리고 약한 자신을 보호해주지 못했던 과거의 어머니에게 화가 나지 않는다. 지금은 어머니 쪽이 약자가 됐으니까.

샐은 악성 림프종을 유발하는 엡스타인-바Epstein-Barr 바이러스를 포함해서 심각한 건강 문제를 여럿 안고 있다. "30대 시절에 모든 음식에 알레르기가 있어서 초콜릿 바만 먹고 살았거든요." 그는 장난스럽게 말한다. 한때는 유방암에 걸려서 자신이 곧 죽을지도 모른다는 가능성을 받아들이기도 했다. 하지만 시간을 두고 의학적인 치료와 요가, 매크로바이오틱 식단을 병행한 결과 그의 건강은 차츰 회복됐다.

암을 극복한 후, 그는 자신에게 하나님과의 관계가 반드시 필요하다는 사실을 깨닫고 신학대학교에 입학했다. 성직자 자격을 얻은 후에는 작은 성당을 직접 운영했다. 기도와 종교의식은 다시 한번 그의 일상이 됐다.

그는 일요일마다 신도들에게 복음을 전한다. 결혼식과 추도식을 포함한 집안 행사를 주재하는 것도 그의 몫이다. 그는 대부분의 시간을 신도들의 영적 성장을 돕는 수련 프로그램에 투자한다. 이 프로그램은 우리 모두에게 사랑과 존경을 받을 가치가 있다는 메시지를 전한다.

샐은 자신에게 훨씬 더 관대해졌고, 스스로에게 작은 보상을 내리곤 한다. 예를 들어 그는 일주일에 한 번씩 도자기 수업을 받고 시내로 초밥을 먹으러 나간다. 그 많은 괴로움에도 불구하고, 그는 결국 살아 있는 것이 더 행복하다는 결론에 도달했다. 젊은 날의 자신이 알코올중독 속에서 신을 찾고 있었다는 사실도 깨달았다. "저는 평생 하나님을 찾았고, 이제 그분은 자신의 존재로 제게 축복을 내려주고 계세요." 그가 말했다.

건강한 방향으로 성장을 추구하는 한, 우리 삶은 어떤 상황에서도 아름답고 완전해질 수 있다. 진실한 삶을 추구하는 과정은 몸과 마음, 영혼의 소리를 귀 기울여 듣는 과정에서부터 시작된다. 가장 좋은 방법은 명상이지만, 미술품 감상이나 일기 쓰기, 요가, 성찰적 대화와 같이 자아인식을 이끌어내는 모든 수단은 결과적으로 자신에 대한 이해로 이어진다.

우리는 자아인식을 통해 자신의 필요와 타인의 요구를 구별할 수 있게 된다. 우리는 자신을 향해 끊임없이 이런 질문을 던져야 한다. "나는 이 관계에서 어떤 역할을 담당하고 있는가?" "이 상황에서 나와 전혀 관계없는 부분은 무엇인가?"

이러한 질문은 우리가 모든 일을 개인적으로 받아들이거나 지나친 책임감에 짓눌리는 사태를 예방해준다.

우리는 지속적으로 자신의 상태를 확인하고 자신의 결점과 맹점, 트라우마를 정확히 아는 것이 얼마나 중요한지 배울 수 있다. 부정적인 충동과 파괴적인 생각을 인지할 수 있도록 자신을 훈련시킬 수도 있다. 습관적으로 스스로를 판단하는 본성을 갖고 있다 해도, 노력을 통해 그 판단을 멈출 수 있다. 우리는 자신을 보호하고 소중히 여기라는 내면의 목소리에 귀를 기울일 수 있다.

만 65세 무렵의 여성은 대개 평범한 날을 즐기는 방법을 알고 있으며, 수많은 실수와 불쾌감, 좌절감을 예측하고 예방할 수 있다. 우리는 자신에게 상처와 결점이 있다는 사실을 인정하지만, 한편으로는 우리가 있는 그대로 아름답고 사랑받을 가치가 충분한 사람이라는 것을 알고 있다. 우리는 현실과의 전투를 끝낼 수 있고, 자신에게 엘렌 버스틴Ellen Burstyn이 말하는 '의무가 없는 나날'을 더 많이 허락할 수 있다.

이렇게 자신을 받아들이는 태도는 결국 자기용서Self-forgiveness의 가능성으로 이어진다. 샤론 샐즈버그는 이렇게 말했다. "전 세계를 다 뒤져도 당신만큼 자신에게 사랑받을 가치가 충분한 사람은 찾지 못할 것이다."

자기 안에 잠들어 있는 통제 불능의 아기에게 사랑을 베푸는 것. 어쩌면 이것이 세상에서 가장 위대한 지혜일지도 모른다. 자신에게 관대해지는 법을 배우면 그 관대함을 다른 이들에게까지 확장할 수 있다. 우리는 만나는 사람들에게 진실한 모습을 숨길 필요 없다는 신호를 보낼 수 있고, 스스로 성장하는 동시에 타인의 귀감이 될 수 있다. 우리가 그들에게 결점과 모순을 가진 인간이라도 있는 그대로 아름답다는 교훈을 선물할 수 있다.

자아수용은 인정받고 싶다는 욕구, 특권을 누리고 싶다는 욕구의 감소로 이어진다. 인간의 본능이라고 할 수 있는 경쟁심이 완전히 사라지는 것은 아니지만, 적어도 무조건 남을 이겨야 한다는 충동은 사라진다. 내 친구 중 상당수는 남에게 깊은 인상을 주거나 대단한 업적을 성취해야 한다는 압박을 별로 느끼지 않는다고 말한다. 그들은 오히려 다른 이들에게 도움을 주면서 솟아나는 기쁨을 느낀다.

윌로우는 자신을 오직 생산성의 도구로만 보던 과거의 잣대를 버렸다. 그는 아픈 남편을 돌본다는, 예전과 사뭇 다른 종류의 직업을 갖게 됐다. 여전히 일에 강한 목적의식을 갖고 있지만 이제는 종종 휴식을 취하기도 한다. 그는 가끔씩 누리는 쓸모없는 시간이 쓸모 있는 시간만큼이나 중요하다는 사실을 배웠다. 지금은 한낮에 낮잠을 즐기거나 〈뉴욕타임스〉의 연예란을 보면서 머리를 식히곤 한다. 사울과는 전보다 농담을 더 많이 주고받는다.

어느 날 우연히 거울을 본 윌로우는 자신이 자연스레 미소를 머금고 있다는 사실을 깨닫고 깜짝 놀랐다. 어느 날엔가는 깔깔대는 자신의 웃음소리를 듣고 이렇게 생각했다. '이런 버전의 나도 괜찮은데?'

내 경우를 돌아보자면, 나는 인생을 사는 동안 끊임없이 더 충실한 삶을 갈망해왔다. 하이쿠 작가 마쓰오 바쇼松尾芭蕉가 노래했듯, '교토에 있으면서도 교토를 갈망하는' 삶을 살아온 것이다. 하지만 70대가 된 지금, 나는 현재의 삶에 더 만족하게 됐다. 오늘이 세상에서 보낸 마지막 하루였대도 이 정도면 꽤 괜찮게 보낸 것 같다고 생각하며 잠드는 날도 많다. 만약 내게 주어진 시간이 일주일뿐이라는 선고를 받아도, 내 일정이 크게 달라질 것 같지는 않다.

충실한 삶에 대한 갈망과 동시에, 나는 인생의 대부분을 더 나은 사람이 되기 위한 노력으로 채워왔다. 독일에는 '슐림베세르옹Schlimmbesserung'이라는 말이 있다. 번역하자면 '더 나아짐으로써 더 나빠진다'는 뜻이다. 나는 때때로 이 표현을 몸소 증명해왔다. 더 나은 사람이 되려고 발버둥 치다 보니 나만의 개성을 즐기지 못할 때가 많았던 것이다.

불교의 일부 종파는 "인간은 있는 그대로도 완벽하지만, 그 가운데 조금씩 발전해갈 수 있다"는 가르침을 전한다. 나는 종종 이 문장이 지금의 내 모습과 같다는 생각을 한다. 너무나 다행스럽게도 현재의 나는 더 나은 사람이 되고자 하는 욕망에만 사로잡혀 살지 않는다. 이따금씩 있는 그대로의 내가 너무 좋다는 생각도 한다. 나는 여전히 수련자에 가깝지만, 적어도 끊임없는 자기계발 프로젝트 중에 잠깐씩 휴식을 취할 수 있는 여유를 갖게 됐다. 예민하고 변덕스러운 성격 또한 자신의 일부로 받아들였다.

이러한 자아수용 능력은 수십 년에 걸쳐 천천히 이뤄진 성장의 결과물이다. 나는 앞으로도 종종 급격한 성장을 이끌어내는 통찰의 순간이 찾아오리라는 것을 안다. 나는 우주의 잔인함과 관대함을 모두 경험할 준비가 돼 있다. 자신과 타인을 똑바로 바라보겠지만, 섣불리 평가하진 않는다. 나는 모든 것을 받아들일 것이다.

어느 6월, 나는 친구 잰과 함께 그랜드바하마섬으로 떠난 여행에서 이러한 순간을 경험했다. 우리는 20대 시절부터 이 여행을 꿈꿔왔다. 하지만 우리의 남편들은 해변 휴양지를 좋아하지 않았고, 무엇보다 젊은 날의 우리에겐 이렇게 사치스런 휴가를 보낼 경제적 여유가 없었다. 모든 준비를 갖췄을 때 우리는 만 69세가 돼 있었다. 물론 잰과 나는 언제 어디서든 즐거운 시간을 보냈다. 자전거 하이킹도, 좁다란 식당에서 먹는 점심도 나름대로의 매력이 있었다. 하지만 이제 우리는 새하얀 모래사장과 푸른 바다, 높다란 야자수가 늘어선 카리브해의 섬에 갈 수 있게 됐다.

우리는 아주 원초적인 여행을 했다. 해가 뜨면 일어나고, 해가 질 무렵에는 저녁놀을 바라봤다. 하루 일정을 정하는 기준은 파도와 구름, 햇빛, 꽃이었다. 뜨거운 한낮에는 실내에서 책을 읽었지만, 그 외에는 대부분의 시간을 야외에서 보냈다. 해변을 걷고, 간단한 음식을 만들어 식사를 하고, 카약을 탄 채 터키석 빛깔의 물 위를 노닐었다. 잰은 수영을 할 줄 몰랐지만, 나는 스노쿨링을 하며 아름다운 물고기와 산호를 감상했다.

밤에는 발코니의 안락의자에 누워 별을 관찰했다. 그곳의 깨끗한 하늘에는 쏟아질 듯 많은 별이 매달려 있었다. 근처 해변에서 파도 소리와 커다란 코코넛 야자수 잎이 스치는 소리가 부드럽게 들려왔다. 그 천국 같은 하늘을 바라보던 어느 날 내 마음속에 문득 물음표가 떠올랐다. 나는 별들이 답을 알려주리라 기대했다. 스스로도 그 질문이 뭔지 제대로 정리할 수 없었지만, 어쨌든 하늘에는 반드시 답이 있을 것만 같다는 생각이 들었다.

처음에는 세상을 떠난 가족과 친척들의 추억이 되살아났다. 그들 대부분과 함께했던 순간들은 내가 사랑받는 사람이라는 행복한 기분을 안겨줬다. 하지만 내게 큰 고통을 남긴 이들의 얼굴이 떠오르자 가슴속에 슬픔이 차올랐다. 나는 마음의 흉터가 영원히 아물지 않으리라는 사실을 알았다. 그 기억은 내 안에 머물러 있다가 언제든 떠올라 나를 괴롭힐 것이다.

나는 하늘의 신호를 기다렸다. 밤하늘을 보고 있으면 돌아가신 할머니가 내게 별똥별이라는 형태로 안부 인사를 보낼 것만 같았다. 나는 별이 된 가족들에게든, 아니면 별 자체에게든 내 존재를 알리고 싶었다. 하지만 뒤이어 또 다른 생각이 찾아왔다. 그것은 내가 어떻게 물어야 할지 몰랐던 질문에 대한 대답이었다.

내가 찾아낸 답은 단순했다. '별은 그냥 별인 채로 놔두자. 그걸로 충분하니까.' 바쁘고 성급한 내 마음은 그 짧은 순간에 이미 하늘을 향한 기대와 요구, 심지어 이야기까지 준비해두고 있었다. 가만히 있는 밤하늘을 멋대로 조종하려 하는 우스꽝스러운 짓을 하고 있었던 것이다.

"별은 그냥 별인 채로 두자." 나는 온몸에 평화가 밀려오는 것을 느꼈다. 그 순간만큼은 그 반짝이는 존재를 그냥 있는 그대로 내버려둘 수 있었다.

나는 한참 동안 하늘을 바라봤다. 문득 감사한 마음이 들었다. 나는 현재의 상태를 단순하고 올곧게 받아들인다. 일상에서 느껴지는 감정에 제대로 된 이름을 붙여줄 수도 있다. 예를 들어, 나는 인생 전체에 걸쳐서 고통을 '고통'이라고 부르는 것을 피했다. 스스로 힘든 감정을 미화함으로써 상황이 좀 더 나아 보이도록 만들고 싶었던 것이다. 하지만 굳이 그럴 필요가 있을까? 분노를 '분노'라고 부르고 슬픔을 '슬픔'이라고 부르면 되는 것 아닐까? '배신감'이나 '비통함' 같은 감정을 감추려고 애쓰는 대신 솔직하게 드러내면 되지 않을까?

내게는 그 어떤 감정도 부정하거나 에두르거나 위장할 이유가 없다. 한 감정에 언제까지나 머물러 있을 필요도 없다. 감정에는 유통기한이 있고, 내가 할 일은 그 기한이 지날 때까지 감정이 내 안에 머물며 표출되도록 내버려두는 것이다. 레너드 코헨Leonard Cohen은 말했다. "내면의 감정Inner Feeling은 왔다가 다시 간다." 그리고 그 내면의 감정이 완전히 가버린 뒤, 나는 뒤이어 찾아온 또 다른 감정에 다시 한번 제대로 된 이름을 붙일 수 있을 것이다.

그날 밤, 나는 스스로 가질 수 있는 가장 넓은 관점으로 하늘을 바라봤다. 별은 어딘가로 올라가거나 내려가지 않는다. 그 자리에서 빛으로 대기를 비출 뿐이다. 해변에서 찾아온 깨달음 덕분에 나는 차분하고 평화롭고 행복한 시간을 즐길 수 있었다. 적어도 그 순간만큼은 치유되는 기분이었다. 더불어, 나는 내 안에서 뭔가가 바뀌었으며 어쩌면 지금부터 감정에 더 솔직하고 압박에 덜 짓눌리는 삶을 살 수 있을지도 모른다는 예감을 느꼈다.

삶의 이 단계가 주는 가장 큰 선물은 진실성이다. 우리는 인생의 여정에서 잠시나마 노를 내려놓고 주위를 둘러볼 수 있는 지점에 이르렀다. 두려움을 버리고 내면 깊숙한 곳에 잠들어 있던 힘의 우물을 찾아내자. 우리는 보이는 모든 것에 감사할 수 있다. 자신의 몸과 마음, 영혼에 고마움을 표시할 수 있다. 우리의 성숙함과 곧은 마음은 삶을 다양한 관점에서 볼 수 있는 가능성을 열어준다. 우리는 모든 조상과 살아 있는 존재를 보살핌의 영역에 포함시킬 수 있다. 늘 친절함과 호의를 베푸는 사람이 될 수도 있다. 우리는 세계가 우리에게 끝없이 가져다주는 선물을 제대로 감상할 수 있다.

19장
시간이 우리에게 가져다주는 것

나이 듦의 가장 큰 장점은
지금까지 보낸 세월이 고스란히 쌓인다는 것이다.

매들렌 렝글 Madeleine L'Engle

네 조상이 너를 통해 다시 사는 것처럼 살아라.

그리스 속담

＊

　최근에 집 한구석에서 향을 피울 수 있는 오래된 금도금 향로를 찾아냈다. 10년 전, 나는 이 향로 안에 기도를 담은 쪽지를 넣어두곤 했다. 대개는 "남동생이 건강하길", "여동생이 현명하게 행동하길", "친구의 결혼생활이 행복하길" 같은 짧고 간단한 내용이었다.

　나는 이 오래된 물건의 뚜껑을 열고 그 안에 담긴 쪽지들을 전부 꺼냈다. 그리고 찬찬히 읽으면서 당시의 어떤 상황이 그런 기도를 이끌어냈는지 기억하려고 노력했다. 그리고 그 모든 기도가 응답받았다는 사실을 깨달았다. 내가 직접 문제를 해결했거나 기도가 신통력을 발휘했기 때문이 아니라 시간이 지나면서 그 모든 문제의 의미가 옅어졌기 때문이었다. 나는 지금 그때와 다른 시간을 살고 있고, 그때와 다른 새로운 문제를 겪고 있다. 이러한 깨달음은 걱정을 덮는 시간의 고마운 특성에 대해 곰곰이 생각해보는 계기가 됐다. 어쩌면 기도에 대한 응답이란 단순히 걱정이 중단되는 시점을 말하는 것인지도 모른다.

우리는 나이를 먹으면서 깊은 시간 속에서 자신의 위치를 점점 명확히 알게 된다. 우리는 진화가 시작된 이래 끊임없이 흐르는 강물에 속한 하나의 물방울이다. 생명의 역사는 우주의 시작까지 거슬러 올라가며 인류의 조상은 약 1,500만 년에서 2,000만 년 전에 나타난 것으로 추정된다. 우리는 고대의 장엄한 리듬과 순환주기에 연결돼 있고, 지금 이 순간에도 가족과 친구, 동족, 70억 명의 지구인, 그리고 모든 살아 있는 존재와 같은 시간을 공유하고 있다. 이처럼 깊은 시간과 상호연결에 대한 감각은 종종 인생의 황혼기가 돼서야 찾아온다. 이러한 감각을 온몸으로 체험하면서 우리는 심오한 기쁨과 슬픔을 동시에 느낀다.

시간은 관점의 훌륭한 스승이다. 현실에 충실하고 주어진 경험을 이해하려 노력한다면, 우리는 시간이라는 약으로 상처를 치유할 수 있다. 인간은 끝없이 실수를 저지르며, 그 결과로 인해 고통받을 가능성은 언제나 존재한다. 하지만 인생의 여정을 걸어오는 동안, 우리는 인간에게 충격을 흡수하는 능력이 있다는 사실을 배운다. 이러한 깨달음은 회복력과 더불어 희망을 잃지 않는 불굴의 의지에 대한 존중으로 발전한다. 지난 삶을 돌아보면 끊임없는 위기와 성장의 순환주기가 눈에 들어올 것이다.

"만 65세쯤 되면 누구나 많은 것을 경험했을 수밖에 없어." 내 사촌 스티브가 한 말이다. 이는 의심할 여지 없는 진실이다. 돌이켜보면 우리 삶의 여정에는 수많은 기쁨과 슬픔, 실패와 승리, 황금빛 강물을 만끽하던 순간과 캄캄한 어둠 속을 헤매던 순간이 존재한다. 이러한 순환은 아주 어린 시절부터 시작된다.

나는 헌혈을 해서 받은 돈으로 반짝이는 비즈가 잔뜩 달린 복고풍 미니 드레스를 사서 입었던 만 스물한 살의 나를 거의 알아보지 못한다. 그 옷을 입고 걸으면 온몸이 가냘픈 검은 불꽃처럼 희미하게 빛났다. 지금의 나는 오직 생사가 달린 문제를 위해서만 헌혈을 한다. 평소에는 주로 헐렁한 티셔츠와 트레이닝복 바지를 입으며, 차림새로 남들의 시선을 받고 싶은 생각은 조금도 없다.

하지만 찾으려고 마음먹으면 연속적인 흐름 또한 얼마든지 찾을 수 있다. 지금 내가 즐기는 취미는 대부분 10대 때부터 좋아했던 것들이다. 나는 독서와 공부, 수영, 산책을 사랑하고, 가족이나 친구와 보내는 시간을 소중히 여긴다. 인생의 어느 단계를 지나고 있든 사람과 동물을 보살피는 데서 보람을 느꼈다. 얼마 전 중학생 때 가장 친했던 친구와 대화를 나눴는데, 그는 내가 잔디밭에 누워서 하늘을 바라보자는 얘기를 자주 했다고 회상했다. 나는 아직도 가족과 친구들에게 똑같은 제안을 한다.

나는 소녀 시절 하루에 몇 시간씩 독서를 했다. 주로 《나를 있게 한 모든 것들》이나 《안네의 일기》 《앵무새 죽이기》 같은 책을 읽었고, 헬렌 켈러나 퀴리 부인, 엘리너 루스벨트 여사의 전기도 좋아했다. 그때 읽은 책들은 내게 옳고 그름을 구별할 수 있는 능력을 일깨워줬다. 나는 지금도 시간과 공간을 초월해서 존재하는, 복잡하고 다면적인 인간의 경험을 이해하는 데 도움을 주는 책을 읽으며 시간을 보낸다.

나는 제2차 세계대전이 끝난 지 1년도 되지 않아 시작된 내 인생에 어떤 사건들이 일어났는지 떠올리곤 한다. 우리 세대는 한국

전쟁과 냉전, 쿠바 혁명, 시민권 운동, 존 F. 케네디 대통령과 마틴 루터 킹 목사의 암살, 베트남전쟁, 기후변화, 9·11 테러, 중동전쟁 등을 겪으며 성장했다.

이 밖에도 내 삶은 도자기 만드는 법을 알려준 스웨덴 이민자 여성, 고등학교의 뛰어난 영어 선생님, UC버클리대학교에서 강의를 들었던 인류학 교수님, 임상심리학 석사과정의 지도교수님, 출판 업계에서 만난 지인들, 그 외에도 오랜 기간 알고 지낸 친구와 조언자들의 영향을 받아 형성됐다. 1972년부터는 지역 주민으로 구성된 공동체 동료들과 개인적 취향, 삶의 가치, 인생에 대한 태도를 공유해왔다.

하지만 내게 가장 큰 영향을 미친 존재는 가족이었다. 나는 위아래로 총 여섯 세대에 걸친 가족 구성원들을 알고 지냈으며, 운이 좋다면 죽기 전에 일곱 번째 세대를 만날 수 있을지도 모른다. 가족을 향한 이 긴 관점은 내게 '성격이란 무엇인가?', '육아는 자녀에게 어떤 영향을 미치는가?', '대대로 물려 내려오는 기질이 존재하는가?', '나는 어떻게 지금의 내가 됐나?' 같은 질문들을 상기시켰다.

내가 어렸을 때는 이러한 질문을 이해하기가 한층 수월했다. 우리 가족과 친척은 네브래스카 비버시티에서 거의 비슷한 문화적 기회를 누리며 살았다. 우리는 세상 돌아가는 일에 대해 같은 정보와 소식을 접했고, 덕분에 한 사람이 지니고 있는 문화적·가족적·개인적 특성을 손쉽게 구별할 수 있었다. 나는 작은 마을에서 지내는 삶이 더없이 즐거웠다. 하지만 요즘 같은 환경 속에서는 먼 친척의 생활까지 알고 지내기가 쉽지 않다.

우리 외가와 친가는 무척 달랐다. 우리 아버지의 가족은 아일랜드인이었다. 그들은 격식에 얽매이지 않고, 가족들에게 직접적으로 애정표현을 하며, 사교적이었다. 반면 스코틀랜드에서 온 어머니의 가족은 청교도 윤리와 격식을 중요시했다. 그들은 언제나 교육의 중요성과 도덕적 책임, 시민의 의무 등을 강조했다. 나는 두 가족의 성향을 조금씩 나눠서 물려받았다.

어머니와 외할머니는 내 가치관에 가장 큰 영향을 미쳤다. 외할머니는 나를 도덕적인 사람으로 키우는 것이 자신의 의무라고 믿었다. 우리는 주로 내가 읽은 책이나 사귀고 있는 친구, 참여하는 활동에 대해 이야기를 나눴다. 외할머니는 나를 "우리 메리"라고 부르며, 어떻게 하면 세상에 도움이 될지 생각해보라고 격려했다.

내가 지닌 의무감은 거의 외할머니의 영향으로 생긴 것이다. 외할머니는 내게 다른 사람의 행복을 생각하는 법만 가르쳤다. 그리고 나는 다소 지나치게 우수한 학생이었던 것 같다! 덕분에 나는 지난 10년간 자신의 필요와 즐거움에 따라 행동하는 법을 배우기 위해 무던히 노력해야 했다.

우리 어머니는 마을의 유일한 의사였고 언제나 학교 신체검사, 왕진, 수술, 고속도로나 경마장에서 벌어지는 의료 비상사태에 불려 다니느라 바빴다. 어머니는 바보를 용납하지 않았다. 쉽게 흥분하거나 게으름을 피우거나 불평하는 사람도 참지 못했다. 어머니는 자신의 아이들이 본인처럼 매 순간 부지런하게 살길 바랐다.

그는 좋은 어머니였지만, 직업상 자녀들과 많은 시간을 보내지 못했으며 우리의 감정적 욕구를 거의 용납하지 않았다. 남매 중 누군가가 아파서 학교 가기 싫다고 말하면 즉시 이런 대답이 돌아왔다. "좋아. 대신 엄청나게 큰 항생제 주사를 맞고 하루 종일 차만 마시면서 침대에 꼼짝없이 누워 있어야 해." 우리는 그런 어머니에게 응석을 부릴 수 없었다. 슬프게도, 이런 가정환경은 아이들에게 고통에 대한 솔직한 의사표현을 체념시키는 부작용을 낳았다.

우리는 주변 어른들을 보면서 되고 싶지 않은 사람의 모습을 깨닫기도 한다. 인색한 삼촌, 잔인한 선생님, 가혹한 부모는 때로 우리를 정반대의 방향으로 성장시키는 촉매제가 될 수 있다. 많은 여성이 부정적인 인간성의 예시를 보며 그와 반대되는 성향을 계발하겠다고 결심함으로써 정체성을 형성해왔다. 알코올중독자 어머니 밑에서 방치된 유년시절을 보냈던 한 친구는 이렇게 말했다. "엄마가 됐을 때, 나는 우리 어머니와 전혀 다른 방식으로 아이들을 키우겠다고 맹세했어. 술과 담배는 입에 대지도 않았고, 쿠키를 구우며 걸스카우트 소녀들을 데리고 견학을 다녔지. 학교 행사에는 절대 빠지지 않았고, 늘 아이들의 말에 귀를 기울였어. 나는 그 애들이 어떤 사람인지 정확히 알아."

운명과 선택은 한데 얽혀 우리를 만든다. 우리는 살면서 운과 우연의 존재를 똑똑히 느낀다. 예를 들어 내 남편 짐은 대학원에서 우연히 나와 같은 수업을 들었다. 나는 그에게 함께 공부를 하자고 말했고, 나중에는 데이트를 하는 사이로 발전했다. 만약 그때 내가 다른 학교에 가거나 다른 수업을 들었다면, 나는 지금과 전혀 다른 삶을 살고 있을 것이다. 우리 모두는 이런 종류의 이야기를 갖고 있다.

현재 시점에서 돌아보면, 수많은 가닥이 모이고 얽혀서 인생이라는 강을 만들었다는 사실을 알 수 있다. 우리는 그 강의 굽이진 골짜기와 쇠뿔 모양의 우각호, 거친 물줄기와 그 위를 떠다니는 얼음 조각을 볼 수 있다. 이 나이가 되면 강물과 강바닥, 오래 지속되는 것과 덧없이 사라지는 것을 구별할 수 있게 된다.

이러한 관점은 우리에게 영감과 기쁨, 위안을 선사하고, 때로는 실용적인 도움을 준다. 우리는 과거를 돌아봄으로써 관계에 깊이를 더하고 자기 자신을 정확히 이해하며 과거와 현재와 미래, 나아가서는 세상을 떠난 후에도 사랑하는 사람들과 깊이 연결될 수 있다는 확신을 얻는다.

우리는 온갖 문제를 접하고 해결했던 경험을 통해 현재의 다양한 문제를 해결할 수 있다. 누군가 고민을 털어놓으면 상대방의 말을 듣고 위로해야 한다는 사실도 안다. 우리는 아이를 즐겁게 하거나 달래는 법을 알고 있다. 결혼식과 장례식을 주재할 줄 알고, 감정적 고통과 육체적 고통을 다스릴 줄 안다. 우리는 과거의 기억을 통해 지금처럼 깊은 마음을 갖게 해준 비극적 사건들을 확인할 수 있다. 도덕적 상상력을 넓혀주고 세상을 바라보는 시각을 바꿔준 사건과 사람 또한 찾아낼 수 있다.

적갈색 머리카락의 윌로우는 종종 먼 과거를 돌아보곤 한다. 윌로우 가족의 상당수는 홀로코스트 때 목숨을 잃었다. 할머니와 다른 친척들이 보관하고 있던 가족사진을 볼 때마다 윌로우는 전쟁과 대량 학살이 없었다면 자신이 얼마나 다른 삶을 살았을지 상상했다. 그의 부모님은 아마도 가족이 수백 년간 뿌리를 내리고 살아온 러시아 마을에서 그대로 지냈을 것이다. 하지만 그들은 살기 위해 뉴욕으로 건너왔고, 윌로우는 영어를 쓰는 어른으로 자랐다.

그의 머릿속에 부모님은 대부분 담뱃갑의 먼지를 털거나 하루의 끝에 그날 팔린 담배 개수를 세는 모습으로 남아 있다. 윌로우는 어머니가 끓여주던 러시아 전통 수프와 새콤달콤한 양배추 절임의 냄새를 기억한다. 대학 시절이나 졸업식에서 축사를 하던 순간도 생각난다. 같은 과 동기들 여럿과는 지금도 연락을 주고받으며 지낸다. 그는 자신에게 이상주의의 영감을 심어주고 직업윤리의 개념을 가르쳐준 프랑스 출신의 사회학 교수님을 떠올렸다.

윌로우는 일생 동안 변함없는 사랑을 준 남편을 만났다는 사실에 깊이 감사했다. 결혼생활 내내 바쁘고 무신경한 아내였던 지난날이 후회되기도 했지만, 지금 그는 잃어버린 시간을 보충하고 있다. 요즘 두 사람의 관계는 그 어느 때보다 단단하다. 파킨슨병이라는 시련은 부부가 사소한 일에 얽매이지 않고 삶에 감사할 수 있는 계기를 마련해줬다. 그는 사울과 인생을 함께하는 것이 영광이라고 느꼈다.

하지만 윌로우의 가장 큰 자부심은 역시 직업과 관련된 커리어에서 나왔다. 그는 갈 곳 없는 고객들이 집과 직업을 찾고 병원 치료를 받을 수 있도록 도와주던 시절 느꼈던 행복을 생생히 기억한다. 루비와 마이론을 포함하여 수많은 노숙자들과 만든 추억은 그

안에 고스란히 남아 있다. 그는 가장 가깝게 지냈던 직원들과 자신에게 조언을 구하곤 했던 여성들을 떠올렸다. 다 함께 피자와 사이다를 먹으면서 쿠바 음악에 맞춰 춤을 췄던 어느 휴일의 파티도 생각났다.

윌로우는 자신이 힘든 시기를 헤치며 단체를 이끌었고, 뉴욕시에 있는 만성적 정신질환자들의 삶에 큰 변화를 가져왔다는 사실을 안다. 그는 생각했다. '엄마 아빠가 살아 계셨다면 나를 자랑스러워하셨을 거야. 나는 이 행성의 일부를 더 나은 곳으로 만들기 위해 최선을 다했어.'

오스틴의 실비아는 자신의 삶을 되돌아볼 때마다 슬픔과 자부심이 뒤섞인 묘한 느낌을 받는다. 실비아의 부모님은 자식들에게 물려줄 것이 거의 없는 소작농이었다. 실비아는 열심히 공부해서 중산층으로 계층 이동에 성공한 사례로, 부모님이 생전에 이런 즐거움을 누리지 못했다는 사실이 안타까웠다. 그와 남편은 딸 레노어를 데리고 멕시코만의 파드리섬으로 여행을 가거나 자동차를 타고 뉴올리언스의 사순절 축제에 놀러 다니면서 여유로운 생활을 즐겼다. 그들 가족은 좋은 음식과 컨트리음악, 이웃과 교회 신도들의 친절을 음미했다.

하지만 딸아이를 떠올리면 깊은 회한이 밀려온다. 레노어는 밝고, 사랑스럽고, 행복할 운명을 타고난 것 같은 아이였다. 실비아는 지금도 딸이 어렸을 때 받아 온 운동 대회 트로피나 글, 그림 작품을 모두 보관하고 있다. 레노어에 대한 기억은 무척 복잡하다. 딸을 생각하면 가슴이 찢어지는 아픔과 함께 온갖 감정이 파도처럼 밀려온다. 불안과 두려움, 슬픔 그리고 절절한 모성애가 느껴진다.

실비아는 남편과 함께 손주들을 키울 수 있다는 사실에 감사한다. 두 아이는 그들에게 기쁨과 책임감, 그리고 레노어와의 연결고리를 가져다줬다. 실비아는 자신들의 양육 방식을 자랑스럽게 여긴다. 언젠가 가족 모두가 휴가를 떠날 수 있도록 몇 달러씩이라도 저축을 하고 있으며, 맥스와 그레이시가 어른이 될 때까지 자신들이 오래 살기를 바란다. 잠이 오지 않는 밤이면 레노어를 위해 기도한다. 언젠가 딸이 집에 돌아온다면 실비아는 기꺼이 그 아이를 받아줄 것이다. 레노어는 가족이고, '가족'이란 실비아에게 신성한 의미다.

엠마는 외롭고 슬플 때마다 지난 수십 년의 추억을 되짚으며 기운을 회복하는 전략을 사용한다. 그는 살면서 아름다운 곳에 방문할 때마다 이렇게 생각했다. '이 장면을 병에 담아서 집으로 가져갈 거야.' 그리고 지금, 그는 힘든 순간에 그 병을 꺼내들고 옐로우스톤 국립공원이나 태평양에서 담아온 풍경을 크게 한 모금 마신다.

함께한 긴 시간 덕분에 우리는 가족과 친구들이 가장 필요로 하는 순간에 사랑을 나눠줄 수 있는 힘을 얻게 됐다. 나는 길게 기른 머리를 휘날리며 〈아이들을 잘 가르치세요Teach Your Children〉나 〈고향의 푸르디푸른 잔디The Green, Green Grass of Home〉를 부르던 스물두 살 가수 시절 남편의 모습을 기억한다. 갓난아기의 아버지이자 양계장 옆에 위치한 정신건강클리닉의 원장이자 마라톤 선수였던 그의 모습 또한 생생히 떠올릴 수 있다. 나는 거실 소파에 앉아 십자말풀이를 하는 백발노인에게서 그 모든 삶의 단계를 엿볼 수 있다. 그와 보낸 45년 세월은 내게 남편이 행복해하는 순간과 슬픔 혹은 분노를 느끼는 순간이 언제인지 알려줬다. 나는 이러한 지식을 활용해서 그가 우울할 때마다 위로해주거나 웃게 만들 수 있다.

하루는 내 남동생이 새 교황을 만나고 싶어 했던 재단사에 대한 이야기를 들려줬다. 재단사와 같은 성당에 다니던 신도들은 그를 바티칸으로 보내주기 위해 한 푼 두 푼 돈을 모았다. 교황은 그 작은 성당 사람들의 따뜻함과 재단사의 열정에 감동을 받았고, 개인적인 시간을 내서 그와 긴 대화를 나눴다. 그가 마을로 돌아왔을 때, 사람들은 환영 파티를 열며 새로운 교황님이 어떤 분이신지 물었다. 하지만 재단사는 한마디 대답밖에 하지 못했다. "교황님은 가슴둘레 44인치에 미디엄 사이즈를 입으셨어요."

우리는 세상을 있는 그대로 보지 않고 자신의 관점에 맞춰서 본다. 화가 나고 비통한 상태에서는 어디에서나 적대감의 증거를 찾아낼 수 있지만, 믿음이 충만한 상태에서는 어딜 가나 친절함의 증거가 보인다. 성장하기 위해서는 끊임없이 시야를 확장해야 한다. 유년기에는 오직 자기 자신만이 세상의 전부지만, 정상적인 발달 단계를 거치는 한 우리의 관점은 점점 가족과 학교 친구들의 영향을 받기 시작한다. 어른이 된 뒤에는 만나는 모든 사람과 교감하며 공감능력을 계속해서 확장해나간다. 어떤 현상에 궁금증을 느낄 때도, 우리는 자신의 좁은 의견을 뒷받침하는 증거에만 의존하지 않고 보다 많은 사람의 다양한 의견을 이해하기 위해 노력한다. 우리는 가장 넓은 렌즈를 통해 세상을 보길 원한다. 최대한 긴 관점을 취하면 감사와 지혜, 그리고 우리 삶의 도덕적 연속성에 대한 감각이 따라온다. 이러한 경험은 우리의 정체성을 강화시켜주는 동시에 평화로우면서도 타인과 연결된 삶을 가져다준다.

시간과 도덕적 상상력은 인간 정신의 위대한 치료제다. 어느 여름날 오후, 나는 시에라리온 출신의 이민자 부부 무하마드와 탐부가 네브래스카에서 낳은 한 살배기 딸의 명명식에 참석했다. 내 역할은 앞으로 이사투라고 불릴 그 아이의 대모로서 축복을 내려주는 것이었다. 교외의 주말농장에서 열린 명명식은 네 개 주에서 찾아온 손님으로 북적였다. 무하마드는 아프리카 전통음악을 연주했다. 그의 친척들은 의식에 따라 인도적인 방법으로 작은 염소를 도살한 다음 모든 손님과 고기를 나눠 먹었다. 오늘의 주인공인 이사투는 보드라운 흰색 드레스를 입고 나무 그늘에서 다른 아이들과 놀고 있었다.

행사를 마치고 떠날 때, 무하마드는 고향의 전통적인 관습이라며 내 손에 콜라 나무 열매를 쥐어 줬다. 그는 알밤 정도 크기에 적 갈색을 띄는 그 열매가 생명과 존경 그리고 의미를 나타낸다고 했 다. 처음에는 맛이 이상하게 느껴지겠지만, 멈추지 말고 계속 씹어 보라는 조언도 덧붙였다. 초반의 쓴맛이 지나가고 나면 달콤함이 찾아오고, 잠시 후에는 입안이 깨끗해지면서 씁쓸함이 모두 사라 진다고 했다. 그는 콜라 나무 열매가 우리에게 중요한 교훈을 준다 고 말했다. 많은 것이 처음에는 달콤하지 않지만, 인내와 끈기를 갖 고 계속하다 보면 결국 달콤해진다는 교훈을. 나는 그 열매를 입에 넣었다. 처음에는 즉시 뱉고 싶은 충동이 들었다. 하지만 무하마드 의 말처럼 씹으면 씹을수록 쓴맛이 사라지고 입안이 상쾌해졌다. 살면서 콜라나무 열매를 먹을 기회가 많을 것 같진 않았지만, 적어 도 그 교훈만은 기억하고 싶었다. 시간은 인생의 씁쓸함을 가져가 고 달콤함을 남겨준다.

우리는 성장하는 과정에서 자신과 타인을 보살피는 마음이 결국 모든 살아 있는 존재와의 연결로 확장되는 경험을 한다. 우리 마음 속에는 본질적인 공감이 자라난다. 세상에는 '우리'나 '그들' 같은 개념이 존재하지 않는다. 우리 모두는 똑같은 심장을 갖고 살아간 다. 고스트랜치에서 만났던 린은 이것을 '깊은 행복'이라고 묘사한 다. 그는 자신이 속해 있는 모든 모임을 떠올릴 때마다 그 사람들 과 함께할 수 있음에 고맙고 뿌듯한 기분을 느낀다. 황무지에서 하 이킹을 할 때면 자연의 아름다움과 경이로움에 끝없이 감탄한다. "저는 많은 것을 놓아주는 법을 배웠어요." 린은 말한다. "때로는 불확실성을 두려움의 대상이 아니라 인생의 선물로 받아들일 줄도 알게 됐죠."

우리 대부분은 시간의 흐름과 함께 타인을 용서하고 사랑을 나눌 줄 아는 사람이 된다. 우리는 어릴 적 느꼈던 번뇌에서 자유로워졌으며, 작은 충격에도 흔들렸던 그 시절을 부드러운 시선으로 바라볼 수 있게 됐다. 이미 이 세상에 존재하지 않지만 여전히 우리 안에 남아 있는 외롭고, 연약하고, 겁에 질린 소녀를 사랑으로 돌봐줄 수도 있다. 더불어 우리는 그 사랑을 밖으로 꺼내서 모든 살아 있는 존재에게 베풀 수 있다.

20장

모든 것이 밝아지는 시간

우리는 모든 존재가 안전하고 행복하며
사랑받을 수 있도록 설계된
우주의 자궁 안에 살고 있다.
우리는 그저 주위를 가득 채운 이 아름다움을
알아보기만 하면 된다.

조앤 프라이데이 Joanne Friday

노년은 추락이 아니라 시간을 초월한 상승이다.
육체의 힘이 줄어들수록
우리는 더 밝은 빛을 향해 나아간다.

메이 사튼

✳

엠마는 남편 크리스의 70번째 생일을 축하하기 위해 호숫가 산장에서의 가족 모임을 계획했다. 그는 복숭아와 체리, 빵과 치즈, 집에서 만든 에너지 바를 정성스레 준비했다. 남편이 좋아하는 레몬 케이크를 굽고, 양초 70개도 잊지 않고 구입했다. 불안과 기대를 동시에 안고서 그는 보드게임과 캠핑용 의자와 자외선 차단제를 챙겼다. 아이들, 손주들과 48시간이나 붙어 있다 보면 분명히 어느 정도의 다툼과 논쟁을 피할 수 없을 것이다. 아니나 다를까, 그의 우려는 현실로 나타났다.

쌍둥이 손주 중 한 명이 갑자기 사라졌고, 일행은 아이를 찾느라 극도의 스트레스를 받았다. 앨리스와 엠마의 며느리는 샌드위치에 마요네즈를 넣느냐 마느냐 하는 문제로 말다툼을 벌였다. 가벼운 의견 차이로 시작된 대화는 얼마 후 누가 더 능력 있는 주부인지 겨루는 은근한 기 싸움으로 발전했다. 그들이 유기농 식재료에 대한 지식을 놓고 설전을 벌이는 동안, 엠마는 슬그머니 숙소 밖으로 빠져나왔다.

엠마는 산장에서 한 블록 정도 걸어서 도착한 사시나무 숲의 부드러운 바닥에 누웠다. 대지와의 접촉은 언제나 그를 감상적으로 만들었다. 엠마는 북쪽의 눈 덮인 봉우리 위로 떠다니는 구름을 바라보며 심호흡을 했다. 들숨에는 평화를 들이마셨고, 날숨에는 스트레스를 내뱉었다. 자리에서 일어났을 때 그는 다시 중심을 잡고 무리에 합류할 마음의 준비를 마친 상태였다.

일요일 오후, 가족은 화창한 햇살 아래 모였다. 어린아이들이 물가에서 노는 동안 10대 손주들은 송어 낚시에 도전했다. 어른들은 캠핑용 의자에 앉아 맥주를 마시며 서로의 농담에 깔깔댔다. 크리스는 꼬인 낚싯줄을 풀다가 바지와 신발을 물에 흠뻑 적셨다. 웃음소리가 조금 더 오래 이어졌다.

엠마는 약간 옆에 떨어져 앉아서 이 아름다운 장면을 음미했다. 큰아들은 팝콘과 종이컵과 화이트와인을 나눠주고 있었다. 아이들은 호숫가에서 집짓기 놀이를 했다. 송어는 잡지 못했지만 흥이 오른 낚시꾼들은 푸른 물속으로 뛰어들었다. 말다툼을 벌이던 두 여성도 머리를 맞댄 채 미소 짓고 있었다. 엠마는 고등학생 때 배웠던 프로스트의 시구를 떠올렸다. "세상은 사랑하기 가장 좋은 곳. 나는 이보다 더 좋은 곳을 알지 못한다."

그 순간 엠마는 공기의 성분이 바뀌는 듯한 느낌과 함께 그 순간에 완전히 몰입했다. 마치 자신이 우주의 중심에 있는 것처럼 느껴졌다. 그는 순수한 행복과 압도적인 육체적 쾌감을 경험했다. 시간은 완전히 멈췄고, 주변의 모든 소리가 희미해졌다. 대기는 그가 오직 희열이라고밖에 표현할 수 없는 어떤 것으로 가득 차 있었다.

꽃

희열, 깨달음, 경외심, 경이로움은 모두 평범한 언어로 표현하기 어려운 경험을 상징한다. 사실 이러한 경험은 오직 은유를 통해서만 묘사될 수 있다. 경외심에 찬 상태에서는 모든 것이 은유로 변하기 때문이다.

희열은 오르가즘과 마찬가지로 첫 경험 이후에 더 쉽게 찾아온다. 한번 겪고 나면 우리는 그 기쁨을 다시 실현할 수 있다는 것을 알게 된다. 행복의 순간은 인생 전반에 걸쳐서 찾아오지만, 나이를 먹으면 그 순간을 일상적으로 맞이할 수 있다. 어린아이들을 키우던 젊은 엄마 시절, 하루 종일 일과 육아에 시달리던 나는 멈춰 서서 희열을 느낄 여유를 거의 가질 수 없었다. 당시의 나는 언제나 피곤하고 서두르고 온갖 의무에 짓눌려 있는 상태였다. 하지만 지금은 보다 한가로운 일상을 보내며 주변에서 일어나는 일을 충분히 이해할 만큼 천천히 움직일 수 있게 됐다.

경외심은 우리 자신에 대해 지금까지와는 전혀 다른 느낌을 갖게 한다. 우리는 자신의 존재가 더 작고, 더 겸손하며, 더 많은 것과 연결돼 있다고 느낀다. 스스로 대단한 사람이라는 나르시시즘에 빠지지 않고, 자신이 인류의 한 구성원에 불과하다는 사실을 깨닫는다.

어떤 이는 남들보다 쉽게 경외심을 느낀다. 나는 늘 삶의 황홀함에 취해 살아가는 여성을 몇 명 알고 있다. 그중 한 명인 에밀리 디킨슨은 이렇게 말했다. "나는 이토록 경이로운 인생 외에 그 어떤 것에도 관심을 가질 수 없다."

하지만 개중에는 희열을 거의 느끼지 못하는 사람도 있다. 실비아는 여러 해 동안 희열을 추구할 힘을 내지 못했다. 그의 삶은 일과 스트레스로 가득 차 있었다. 그러던 어느 날, 그에게 기적 같은 일이 일어났다.

그날은 평소와 다를 바 없는 주중 저녁이었다. 실비아는 저녁 식사를 차린 뒤 가족들을 식탁으로 불렀다. 루이스는 맥스에게 셔츠를 제대로 입지 않을 거면 식탁에 앉지 말라고 으름장을 놨고, 화가 난 맥스는 라자냐 접시를 바닥에 집어던졌다. 루이스는 자리를 박차고 일어나 TV가 있는 방에 틀어박혔다. 그레이시는 울기 시작했다. 실비아는 그레이시의 접시를 쟁반에 담은 뒤 아이를 할아버지 곁에 앉혔다. 그런 뒤에는 맥스의 감정이 누그러질 때까지 그를 꼭 안아줬다. 실비아는 자기 접시에 담긴 라자냐를 싹싹 긁어 먹고, 엉망이 된 주방을 정리했다.

잠시 후, 실비아는 아이의 잠자리를 봐주기 위해 맥스의 방으로 올라갔다. 두 사람은 함께 《초원의 집》을 읽은 뒤 침대 옆에 무릎을 꿇고 기도를 올렸다. 그들은 내일 하루 레노어에게 더 좋은 날이 펼쳐지길 기도했다. 실비아가 굿나잇 키스를 했을 때, 맥스가 그의 뺨을 어루만지며 말했다. "할머니는 너무 아름다워요."

실비아는 아이의 눈빛을 통해 그 말이 진심이라는 것을 알았다. 그는 늙고 뚱뚱하고 다리를 절었지만, 맥스는 그가 정말로 아름답다고 생각했다. 실비아의 몸에 온기가 퍼져나갔다. 맥스는 마치 빛으로 만들어진 아이 같았다. 그는 자신이 언제나 잡고 싶었던 바로 그 순간에 도달했다는 사실을 깨달았다. 이보다 더 좋은 순간은 존재할 수 없었다. 이것은 완벽한 행복이었다.

꿰스트럴이 일생 동안 가장 많이 느낀 감정은 두려움이었다. 그는 항상 다른 사람들이 어떤 식으로든 자기를 해칠 것 같다는 두려움에 사로잡혀 신경을 곤두세웠다. 하지만 작년에 겪은 어머니의 죽음과 가족의 화합, 베카의 친절은 그를 변화시켰다. 그는 난생처음 편안한 기분을 느꼈다. 이것은 그에게 너무도 낯선 감정이었기 때문에, 그가 자신의 상태를 인지하고 받아들이기까지는 몇 달의 시간이 걸렸다.

시애틀로 돌아간 후, 베카는 케스트럴의 일상으로 완전히 들어왔다. 두 사람은 여성 단체 행사에 함께 참석했으며, 운동과 저녁 식사도 함께했다. 베카가 학생들의 서류를 확인하는 동안 케스트럴은 옆에서 십자말풀이를 했다. 그는 베카의 가족을 만났고, 심지어 베카의 어머니 댁에서 열린 크리스마스 파티에도 초대받았다.

12월 치고는 따뜻했던 어느 겨울날, 베카는 케스트럴에게 전화를 걸어 루비 해변으로 드라이브를 가자고 말했다. 두 사람은 차 안에서 크리스마스 파티에 어떤 선물을 가져갈지, 베카의 집에서 알코올 없이 보낼 신년 저녁에는 무엇을 할지 의논했다. 정오 무렵 해변에 도착한 그들은 구운 치킨과 과일을 나눠 먹고 손을 꼭 잡은 채 아름다운 바위들을 바라보며 해변을 산책했다.

케스트럴은 소나무와 삼나무 사이로 퍼지는 부드러운 바람 소리를 들을 수 있었다. 공기는 짭짤하고 촉촉한 바닷가 특유의 냄새를 머금고 있었다. 그들은 오후 내내 바위를 감상하며 해변을 어슬렁거렸다. 해가 질 무렵, 두 사람은 은빛 유목을 발견하고 그 위에 앉아서 파도를 지켜봤다.

케스트럴은 베카의 손을 잡고 놓지 않았다. 베카가 그의 손을 맞잡았을 때, 케스트럴의 호흡은 깊고 느려졌다. 그는 문득 베카가 자신과 똑같은 사람이라는 사실을 깨달았다. 진정한 자신을 찾기 위해 노력하고, 좋은 사람이 되려고 애쓰며, 사랑하는 이들에게 사랑받길 원하는 사람이라는 것을. 이러한 깨달음과 함께 그는 자신을 둘러싸고 있던 보호막이 나무껍질처럼 떨어져나가는 것을 느꼈다. 그는 베카뿐 아니라 다른 사람들도 믿을 수 있다는 자신감을 얻었다. 이제 더는 두렵지 않았다.

케스트럴은 살면서 겪어본 적 없는 평화로운 기분 속으로 녹아들어갔다. 그리고 자신도 모르는 사이에 "사랑해"라고 속삭였다.

두 사람은 함께 눈물을 흘렸다.

우리 중 많은 이들은 가장 고통스러운 상황 속에서 희열과 경외감을 경험한다. 상실과 슬픔은 결국 우리를 구원으로 이끈다. 우리는 절망 속에서도 균형을 잡을 수 있는 감정 상태를 찾아야 한다. 커다란 개인적 고통은 때로 우리의 영혼을 활짝 열어서 커다란 아름다움을 맞이할 수 있는 성숙한 상태로 만들어준다.

마음이 열리면 고통을 겪는 모든 사람을 인지하고 그들에게 공감할 수 있는 능력이 생겨난다. 우리는 자기 자신만이 아니라 고통받는 모든 이들을 위해 기도한다. 마침내 우리는 슬픔과 상실, 분노와 두려움으로 연결된 공동체의 일원이 된다. 우리는 고통 속에서 외롭게 지내는 대신, 같은 감정을 느끼는 모든 이들과 하나로 연결된다. 이러한 경험은 경이로움을 자아낸다.

파킨슨병의 경과를 확인하는 정기검진을 받고 집으로 돌아왔을 때, 사울과 윌로우는 녹초가 돼 있었다. 그들은 한 시간 넘게 혼잡한 도로에 갇혀 있었다. 택시 운전사는 수다와 욕설과 경적을 끊임없이 반복하면서 그렇잖아도 예민해진 그들의 신경을 긁었다. 주치의는 사울이 근력과 근육 조절 능력을 점점 잃어가고 있다고 진단하며, 목 근육이 약해지면서 스테이크나 사과 한 조각에도 쉽게 질식할 수 있으니 앞으로는 곱게 간 음식만 먹으라고 조언했다. 사울과 윌로우는 '곱게 간 음식'이라는 말에 겁을 집어먹었다.

그들은 아름답고 조용한 아파트에 도착해서야 긴장을 풀었다. 사울은 스스로 앉았다 일어날 수 있는 유일한 의자에 자리를 잡았다. 그 의자는 석양을 감상할 수 있도록 서쪽 방향으로 놓여 있었지만, 오늘 바깥에는 억수 같은 장대비가 내렸다.

그날 저녁, 사울은 으깬 감자 조각에 목이 막혔다. 그는 검붉게 변한 얼굴로 윌로우에게 도움이 필요하다는 신호를 보냈다. 윌로우는 의사에게 하임리크 구명법(목에 이물질이 걸린 사람을 뒤에서 안고 세게 압박해서 토해내게 하는 방법-옮긴이)을 배웠고 유인물까지 받아 왔지만, 막상 위급상황이 닥치자 대처 방법은 물론 유인물을 놓아둔 위치조차 기억나지 않았다. 그사이 사울은 계속 질식해갔다.

월로우는 상황에 제대로 대처하지 못하는 자기 자신에게 화가 났다. 그는 일단 남편의 뒤로 달려가서 그의 흉부를 안고 있는 힘껏 잡아당겼다. 사울의 입에서 약간의 음식물이 튀어나와 식탁을 가로질러 월로우의 의자까지 날아갔다. 사울은 여전히 켁켁거렸지만, 천천히 숨을 들이마시고 내쉴 수 있게 됐다. 두 사람은 함께 흐느끼기 시작했다. 방금 상황은 너무나 아슬아슬했다. 지금까지는 둘 중 누구도 이렇게까지 겁을 먹은 적이 없었다.

눈물은 곧 멎었지만 식욕은 다시 돌아오지 않았다. 그들은 가만히 앉아서 음식으로 가득한 접시를 하염없이 바라봤다. 몇 분 뒤, 월로우는 식탁을 치우고 사울을 부축해 거실로 돌아왔다. 그리고 흰색의 키 큰 양초에 불을 붙이고 라벨의 연주곡을 틀었다. 창밖에서 거센 빗소리가 들렸다. 하지만 아름다운 음악과 촛불이 그들의 마음에 평화를 가져왔다.

사울은 아내의 손을 잡고 말했다. "감자가 목에 걸렸을 때 숨을 쉬지 못한다는 게 무서웠지만, 사실 죽음은 두렵지 않았어. 나는 당신과 함께 멋진 인생을 보냈으니까. 신이 언제 정지 버튼을 누르더라도 나는 받아들일 준비가 돼 있어."

월로우는 그의 현명하고 상냥한 얼굴을 바라봤다. 그는 누구보다 신사적이고 똑똑한 사람이었으며, 언제나 자신을 기쁘게 해주기 위해 노력했다. 윌로우가 말했다. "우리가 함께했던 시간 중 단 1분이라도 소중하지 않은 순간은 없었어."

희열은 진정한 평안을 느끼며 상황을 수용할 때 찾아오는 빛나는 경험이다. 기쁨과 감사는 희열의 일부라고 할 수 있다. 인간은 세상에서 가장 깊은 슬픔과 가장 숭고한 행복을 동시에 지닌 존재다. 우리는 살면서 현실의 이중적인 본질을 경험한다. 프랑스 니스의 해변 산책로가 테러범에 의해 파괴됐을 때, 잰은 이렇게 말했다. "세상이란 어쩜 이렇게 아름다우면서도 암울할까."

희열은 평범한 현실과 전혀 다른 느낌이지만, 어떤 의미에서는 더욱 현실적이라고도 할 수 있다. 우리는 희열 속에서 마치 눈동자에 붙어 있던 비늘이 떨어진 것처럼 세상을 선명하게 볼 수 있다. 자만심과 수동적 성향, 각종 결함은 보다 크고 순수한 현실 속에서 모두 사라진다. 일상 속에서 무심코 봤을 때는 눈에 들어오지 않았던 세상의 아름다움이 별안간 빛을 발한다. 우리는 축복에 휩싸이고 경외심에 사로잡힌다.

모든 사람이 나이를 먹으며 희열을 느끼는 건 아니지만, 이러한 경험을 추구하는 데 늦은 나이란 없다. 그리고 닥터 지바고가 오래전 내게 알려줬듯, 우리는 보통 스스로 추구하는 경험을 손에 넣을 수 있다. 좋은 의도와 능숙한 선택 기술을 가진 사람은 기쁨과 희열을 찾을 준비를 마친 것이나 다름없다. 내 친구 한 명은 이렇게 말했다. "젊을 때는 섹스나 마라톤에서 희열을 느꼈지만, 지금은 농산물 시장에서 잘 익은 토마토를 보며 같은 기쁨을 느끼곤 해."

희열을 경험하는 가장 빠른 길 중 하나는 생명을 위협하는 큰 병을 앓는 것이다. 살날이 얼마 안 남았다는 선고를 받는 순간 우리 앞에는 인생의 쓸쓸함과 달콤함이 동시다발적으로 펼쳐지고, 삶의 가치는 믿을 수 없을 정도로 생생하게 느껴진다.

내 친구 재키는 세포암과의 싸움에서 마지막 단계에 이르렀다. 9개월 전 암 선고를 받았을 때까지만 해도 재키는 대기업의 이사로 한창 활발하게 일하던 중이었다. 그는 자신의 불운을 믿을 수 없었다. 평생 건강한 생활습관을 지켜왔고, 병가라곤 내본 적이 없던 그였다. 그는 진단 이후에도 얼마 동안 출근을 계속했고, 그 이후에는 잠깐 동안 재택근무로 일했다. 하지만 이제는 화학요법과 방사선치료로 체력이 너무 약해져서 도저히 일을 계속할 수 없게 됐다.

재키의 외동딸은 어머니의 병이 확정된 직후 수년 동안 사귄 남자친구와 약혼했다. 결혼식은 재키가 한창 항암치료를 받고 있을 때 진행됐다. 적어도 그날 하루 동안 그는 건강한 여성이 됐다. 그는 손님용 의자를 정렬하고, 문가에서 하객들을 맞고, 예식 중에는 딸 곁을 지키고, 피로연 때는 음식을 나누고, 친척들과 함께 노래와 춤을 즐겼다. 나는 재키의 모습에 놀라지 않았다. 이보다 더 심각한 상황이었더라도, 그는 절대 딸의 결혼식에서 풀 죽은 모습을 보이지 않았을 것이다.

9월 초, 나는 재키와 함께 호숫가를 산책했다. 나는 천천히 벤치를 향해 걸어가면서 그가 얼마나 여위고 연약해졌는지 관찰했다. 그는 암세포 때문에 뼈들이 부서지고 있다고 말했다. 진통제를 싫어하는 그였지만 지금은 정기적으로 복용해야만 한다. 건강을 위해서는 체중을 유지해야 했지만 음식을 먹으면 즉시 통증이 밀려왔다.

우리는 늦은 오후의 햇살 속에 앉아서 역광을 받아 반짝이는 서쪽의 초원을 바라봤다. 목화나무의 금빛과 초록빛 잎사귀들이 머리 위에서 살랑였다. 몇 미터 거리에서는 낚시꾼들이 낚싯대를 드리우고 있었고, 카약 몇 대가 우리 옆을 미끄러지듯 지나갔다.

눈앞에 펼쳐진 전원 풍경을 보면서, 재키는 자신이 슬픔의 모든 단계를 경험했다고 말했다. 처음에 그는 분노했다. 그는 겨우 50대였고, 앞으로 20년은 더 일할 계획을 세우고 있었다. 하나뿐인 딸이 부모 없이 세상에 남겨져야 한다는 현실에도 화가 났다. 재키는 어째서 악덕 범죄자나 삶에 의지가 없는 사람들을 놔두고 자신이 죽어야 하는지 이해되지 않았다.

재키는 살아 있다는 느낌을 사랑했지만, 항암치료와 방사선치료는 그의 생명력을 앗아갔다. 하지만 그는 몸과 마음을 지치고 혼란스럽게 만드는 실험적인 치료법에 지고 싶지 않았다. 점점 감정을 통제하기가 어려워졌지만, 그는 현재의 삶을 최대한 긍정적인 시선으로 바라보려고 노력했다. 예를 들어 그의 딸은 어머니를 돌보기 위해 몇 달 동안 휴직계를 냈는데, 그 덕분에 재키는 건강할 때보다 훨씬 긴 시간을 딸과 함께 보낼 수 있었다.

이 시기 동안 그는 넘치는 희열과 가슴 찢기는 고통을 모두 경험했다. 몸은 아프고 죽음은 시시각각 가까워졌지만, 사랑을 주고받는 능력과 삶에 감사하는 능력은 그 어느 때보다 커졌다. 그는 암

선고를 받기 전에는 자신이 얼마나 많은 사람에게 사랑받는 존재인지 전혀 깨닫지 못했다. 그는 타인의 도움을 거의 병적으로 두려워하는 독립적인 여성이었다. 하지만 투병생활을 하는 동안, 그는 도움의 손길을 기꺼이 받아들이는 법을 배웠다. 가끔은 타인의 친절에 감동해서 눈물을 흘리기도 했다.

그는 반짝이는 잔디와 호수 표면에 비치는 구름 속에서 마법을 찾으려고 했다. 지금 그에겐 마법이 절실히 필요했다. 제비는 먹이를 쫓아 급강하하고 초원의 종달새는 아름답게 노래했다. 재키는 숨을 깊이 들이마시고 마치 이 풍경을 손으로 잡으려는 듯 팔을 뻗어 눈앞을 훑었다. 그는 윌라 캐더의 소설에서 가장 좋아하는 구절을 읊었다. "훌륭하고 완결된 무언가로 녹아드는 경험. 이것이 바로 행복이다."

세상 누구도 자신의 끝을 알지 못한다. 죽음 앞에서 우리 모두는 동등하다. 우리는 가능한 한 충실한 매일을 살고자 한다. 우리는 희열을 느끼는 순간을 선택할 수 있다. 중독 혹은 정신적 상처를 치유하기 위해 세워진 요양원이나 치료센터는 종종 조용하고 아름다운 장소에 위치한다. 아름다움은 그 자체로 치유의 매개체가 되곤 한다.

깨달음은 때로 작은 경험을 주의 깊게 살피는 데서 나온다. 깨달음은 더 큰 깨달음으로 이어진다. 우리는 빛에 둘러싸인 붉은 단풍나무를 바라보다가, 교회에서 예배를 드리다가, 침실에서 기도나 명상을 하다가, 친구와 함께 웃으며 공원을 거닐다가, 사랑하는 사람의 얼굴을 바라보다가 이 순간을 맞이할 수 있다. 자세히 들여다보면 이런 종류의 깨달음은 일종의 구원과도 같다.

네브래스카에서 이러한 희열을 맞이하는 한 가지 확실한 방법은 3월에 플랫강변으로 모여드는 캐나다 두루미떼의 대이동을 감상하는 것이다. 해 질 무렵이 되면 약 50만 마리의 두루미가 나타나 우리가 태어나기도 전부터 불러왔을 노래를 부르며 강물 위로 내려앉는다.

매년 봄, 나는 로 동물보호구역Rowe Sanctuary으로 가서 철새의 방문을 환영하고, 저녁 시간 동안 플랫강변을 산책한다. 두루미 떼는 석양과 함께 도착해서 은빛 강물 위에 여러 개의 섬을 만들어낸다. 하늘은 새들로 뒤덮인다. 그 울음소리는 다른 모든 소리를 차단한다. 마치 세상이 두루미로 이뤄진 것 같은 착각이 밀려올 정도다.

두루미 떼는 매년 최고의 경험을 선사한다. 나는 매년 경이로움을 느끼는데, 이 감정은 수치화할 수가 없다. 따라서 모든 해의 경험이 최고가 된다. 현재의 경이로움은 단지 그것이 지금 이 순간 일어나고 있다는 것만으로도 가장 멋져 보인다.

우리 가족이 가족용 텃밭에 새와 여우를 위해 준비한 먹이를 내려놓으면, 늘 다가와 음식을 조금씩 먹고 가는 고양이 한 마리가 있다. 그 고양이는 다리 하나가 없다. 맨 처음 그 동물을 봤을 때 우리 손자는 울음을 터뜨렸다. 그 깡마른 짐승은 평생 힘겹고 배고픈 삶을 살 것이다. 빨리 달릴 수도 없고, 언제든 부엉이나 매, 코요테의 먹잇감이 될 수 있다. 그럼에도 그 고양이는 지난 몇 년 동안 살아남았다.

춥고 우중충하던 겨울의 한 주가 지나고, 해가 나오면서 기온이 거의 영상권으로 올라왔다. 창밖을 내다보니 텃밭으로 들어오는

입구 옆에서 새 모이를 먹고 있는 세 발 달린 고양이가 보였다. 만찬을 즐긴 뒤, 그 짐승은 땅에 등을 대고 드러누워 기분 좋게 뒹굴었다. 몸을 구석구석 핥고 기지개를 켠 뒤 햇살 아래 누워 있는 고양이는 분명 삶의 희열을 느끼고 있었다. '나도 저 고양이처럼 희열을 느끼고 싶다.' 나는 생각했다.

희열은 우리가 완벽하거나 모든 문제를 극복했기 때문이 아니라, 때때로 현재를 온전히 누릴 수 있을 만큼 현명해진 덕분에 찾아온다. 우리는 주어진 모든 것에 있는 그대로 감사할 수 있는 능력을 얻었다. 이러한 상태는 인간의 모든 경험 중에서 가장 단순하면서도 복잡하다. 어떤 상황에 처했든 간에, 우리는 세 발 달린 고양이가 햇빛에 흠뻑 젖어드는 것처럼 행복한 날을 보낼 수 있다.

모든 위대한 진리는 모순을 품고 있다. 인간은 혼자인 동시에 함께 살아가는 존재이다. 시간은 아무것도 아닌 동시에 모든 것이다. 인생은 즐거우면서도 비극적이다. '희망봉Cape of Good Hope'과 '폭풍의 곶Cape of Storms'은 같은 장소를 가리키는 서로 다른 지명이다. 하지만 희열 속에서는 이 모든 역설이 이질감 없이 공존할 수 있다. 원인과 결과는 존재하겠지만, 어떤 것이 원인이고 결과인지는 분간하기 어렵다. 모든 것은 떼려야 뗄 수 없는 관계로 단단히 연결돼 있다.

나는 우리 모두가 인생의 희열을 경험할 수 있길 바란다. 이 삶이 얼마나 커다란지, 얼마나 치열하고 즐겁고 고통스럽고 복잡하고 아름다울 수 있는지 깨닫길 원한다. 모든 것을 포용하자. 이러한 희열은 빠른 물살과 위험한 늪, 깊고 맑은 물, 은빛 일몰을 지나며 강의 마지막 구간을 항해하는 우리에게 구원이 돼줄 것이다.

감사의 글

인간의 경험을 다룬 모든 책의 저자가 그러하듯 나 역시 평생 동안 만났던 모든 사람에게 고마운 마음을 전하고 싶다. 그들과의 상호작용은 우리가 타인에게, 그리고 서로에게 무엇을 해줄 수 있는지에 대한 내 관점에 큰 영향을 미쳤다. 살면서 한 번이라도 나와 스쳤던 모든 이여, 부디 스스로 감사받을 가치가 충분하다는 사실을 깨달아주면 좋겠다. 여러분 모두는 내 스승이었다.

나와 구체적으로 인터뷰나 상담을 했던 사람들, 엘루이즈 클러프콘, 샐리 헤린, 신시아 히슈케, 팻 리치, 케이 영, 마지 맹글리츠, 폴 올슨, 잰 앤드트롬, 스콧 스바보다, 낸 슈바이거, 재닌 브래이, 카르멘 그랜트, 그레첸 데이비스와 아르디 데이비스, 바버라 디 버나드, 주디스 깁슨, 르네 상 수시, 다이앤 '지프' 리즈, 디아나 로프레도, 홀리 케이, 린 이저, 론디 라이트마트, 메리 루 미탄, 리치 사이먼, 레지나 에딩턴, 플로린느 조셉, 폴라 D. 워싱턴에게 특별한 감사 인사를 전한다.

나탈리 오닐과 잰 지거스, 오브리 스트레이트 크룩, 메리 디킨슨, 킴 하치야, 제이미 파이퍼, 사라 길리엄, 로라 베르츠, 제인 이세이를 비롯한 어시스턴트들에게도 감사한다. 내가 아픈 손과 컴퓨터 사용법에 대한 무지를 딛고 원고 작업을 무사히 마칠 수 있도록 도와준 기술 자문역 쿠도스 길리엄과 존 길리엄, 든든한 지원군 역할을 해준 카르멘 그랜트와 크리스티 하제스하이머 그리고 말론센터의 래리 윌리엄스가 없었다면 이 책은 세상에 나오지 못했을 것이다. 호스피스에 대해 자문해준 재닌 브레이에게도 큰 도움을 받았다.

30년 동안 내 출판 에이전트이자 인생의 가이드 역할을 해준 수전 리 코헨, 훌륭한 편집자 낸시 밀러, 이 책의 집필을 결심할 수 있도록 나를 믿어주고 든든한 지원을 아끼지 않은 블룸즈버리 출판사의 팀 여러분에게도 고마운 마음을 전한다.

1980년대부터 함께 활동하며 나와 함께 인생의 강물을 굽이굽이 헤쳐 온 작가 그룹 '초원의 송어Prairie Trout' 멤버들에게 늘 축복이 함께하길 기원한다.

마지막으로, 소중한 가족인 남편 짐과 아들 지크, 딸 사라, 사위 존, 며느리 제이미, 다섯 손주인 케이트, 에이든, 클레어, 콜트레인, 오티스를 향한 감사는 말로 표현할 수조차 없다. 그들은 내 삶을 지탱해주는 버팀목이다.

옮긴이 **서유라**

서강대학교 영어영문학과 및 신문방송학과를 졸업했다. 백화점 의류패션팀과 법률사무소 기획팀을 거쳐 현재 전문 번역가 및 일러스트레이터로 활동 중이다. 바른번역 소속 번역가로 《태도의 품격》 《인듀어》 《좋은 권위》 《트렌드 인사이트 2030》 등을 우리말로 옮겼으며, 계간지 〈우먼카인드〉 〈뉴필로소퍼〉 번역에 참여하고 있다. 직장인에서 프리랜서로 생업의 형태를 바꾸어가는 과정을 그린 에세이 《회사 체질이 아니라서요》를 쓰기도 했다. 좋아하는 책을 실컷 읽고 번역하고 글을 쓰고 그림을 그리면서 다방면에서 활발하게 활동하고 있다.

나는 내 나이가 참 좋다

1판 1쇄 발행 2019년 8월 23일
1판 19쇄 발행 2022년 9월 29일

지은이 메리 파이퍼
옮긴이 서유라
발행인 유성권

편집장 양선우
책임편집 신혜진 **편집** 윤경선 임용옥 박채원
해외저작권 정지현
마케팅 김선우 강성 최성환 박혜민 김단희
제작 장재균 **물류** 김성훈 강동훈
펴낸곳 ㈜이퍼블릭
출판등록 1970년 7월 28일, 제1-170호
주소 서울시 양천구 목동서로 211 범문빌딩 (7995)
대표전화 02-2653-5131 **팩스** 02-2653-2455
메일 tiramisu@epublic.co.kr
인스타그램 instagram.com/tiramisu_thebook
포스트 post.naver.com/tiramisu_thebook

이 도서의 국립중앙도서관 출판예정도서목록(CIP)은 서지정보유통지원시스템 홈페이지
(http://seoji.nl.go.kr)와 국가자료공동목록시스템(http://www.nl.go.kr/kolisnet)에서
이용하실 수 있습니다. (CIP2019029172)

editor's letter

다가올 나날을 생각하면 어찔해질 때가 있어요.
그래도 나이 들어 비로소 알게 되는 찬란한 기쁨이 있다고,
언제든 좋은 날을 만들어갈 수 있다고 하니
그 말에 한번 기대보는 건 어떨까요.
그래요, 아직은 걱정할 때가 아니잖아요.